知っておくべきクリーン化の基礎

ものづくりに関わる全ての方へ

クリーン化技術アドバイザー

清水 英範
Shimizu Hidenori

風詠社

はじめに

本書は、日本のものづくりに対して危機感を伝えたいと思い執筆した。

その中心には、"心"を置いている。

難しい技術書ではなく、幅広い読者を対象に執筆した。日常生活にも活用できる事例も多く盛り込んだ。

小説に向かう感覚で、ぜひ多くの方にお読みいただきたい。

表紙に、"ものづくりに関わる全ての方へ"と添えたが、私の経験から記した人財育成の部分もあるので、経営者、管理監督者、そして教育に携わる方にも参考にしていただきたい。

現場側（現場目線、現場視点）からの提言書でもある。

読者の方と双方向の場にもしたいので、様々なお声をいただければ、嬉しいです。

『日本の製造業、厳しい時代をクリーン化で生き残れ！』を出版したのはおよそ10年前（2012年）の秋。定年退職直後のこと。

国内外の現場で、クリーン化の診断、指導、アドバイス、そして教育を実施してきた中で、日本のものづくり基盤がかなり弱くなってきたと感じた。そして東南アジアからは猛追され、追い越されたという危機感が増幅していた。

でも現実は、いまだに東南アジアを上から目線、つまり油断です。

そのことを伝えたくて出版した。

この間に、日本のものづくりはどう変わったのだろうかと考えてみると、その危機意識はほとんど伝わってこない。

ものづくり企業で、現場を見て来たものとして、日本のものづくりが衰退していくのを見るにつけ、なんとも寂しい気がする。

もう遅いという気がしないでもないが、もう一度伝えたいと思う。

ものづくりの現場が東南アジアに移った。いわゆる国内空洞化であるが、それは同時に心の空洞化ではないのかとさえ思う。つまり、思いや心が一緒に出て行ってしまったのではないか。

例えば、日本の大手企業による不祥事が多すぎる。しかも何年も続いていた

ものも多い。

　大手企業の数、および携わる人の数は、中小企業のそれとは比べ物にならない程少ないが、海外から見ると、その大手企業の姿を通して、日本を見ているのかもしれない。

　中小企業のお手本になるべき立場であるべきだが、その意識はあるのだろうか。

　反面中小企業は目指す姿、目標を失ってしまったのではないか。

コロナ禍から学ぶ企業のあるべき姿

　コロナの時代が長く続いている。

　様々なことをまとめてコロナ禍と言うが、その主役である新型コロナウイルスに着眼してみる。

　これは私のイメージです。

　このウイルスは、地中深く、あるいは海底深くにひっそりと暮らしていたのではないだろうか。

　このような未知のウイルスはまだたくさんいると言われている。

　これからも同じような事例が発生するかも知れない。

　今回のウイルスはひょんなことから地表に出てしまった。

　そして、瞬く間に、南極も含め地球を覆ってしまった。しかも地球儀を回すように何周も旅をしている。

　コロナウイルスが日本に上陸したのは、令和2年1月のことだ。

　この時、私は、東京でセミナーを実施していた。

　そこで、『ものづくり企業のクリーンルームは、室圧を高め、ゴミが入り込まないように設計されている。逆に、怖い病原菌等の研究機関では、それらが外に漏れないよう、室圧を下げている』と言う話をした。加えて、SARS（重症急性呼吸器症候群）の例を引用し、"絶対に油断してはいけない"と強調した。

　ところがその頃、日本に病院が多すぎるとして、突然削減対象が発表された。

　先を考えてやっておくどころか、恐らく、机上で電卓を叩いて判断したのだ

と推測する。

　机上で考えるのではなく、**地方と言う現場を見て、声を聞き、取り組んで欲**しかった。ものづくり企業では、経営者や管理職が現場に足を運ぶことが重要だが、それと同じだ。

　そしてコロナが入ってきて、病院も医療関係者も全く足りないという事態に陥った。

　このウイルスは、今までにない最強のものだと推測している。

　それは、太古の、あるいは原始の昔から生き続けて来たのではないだろうか。

　その体質は強く、気温、湿度、季節、場所など、いずれにも関係なく生き続けている。

　それだけでも生き続けられるだろうが、それが渡った先では、その環境に適応するために変異している。

　つまり、生き続ける DNA と、知恵を持ち合わせているのだと感じる。

　そして人間が油断した隙には、抜け目なく入り込む。

　"油断も隙もあったもんじゃない"と言う言葉があるが、まさにその通りだと思う。

　これを企業に当てはめると、**強固なものづくり基盤があり、しかも様々な環境に柔軟に対応する**ということではないだろうか。加えて、**油断しないことも**重要だ。

　コロナが始まった頃、老舗の和菓子屋さんで店を閉じたところもあった。

　うちは江戸時代から続いている老舗です。このスタイルをずっと維持するのだと言って、行き詰まり、優秀な職人を抱えながらも店を閉じたところもあった。

　暖簾だけでは、生きていけないのだ。**強い体質**と、**柔軟な対応**が求められているのだ。

油断から始まったコロナ対策

　コロナが日本に入り始めた頃、専門家や医師でさえも、「あれは風邪のようなものだ」と言う人もいた。この時、油断があったのではないかと思う。

　遡ると、SARS が発生した時、あれが日本に入ってきたらどうなるか。

室圧を下げて患者の隔離や治療ができる病院、病室はどのくらいあるのかを調べたところ、ほとんどないということがわかり、一時大騒ぎになったことがある。

　しかし、幸か、不幸か、日本には上陸しなかったので、経験しなかったのだ。

　そこで油断したのだろうか。先を考え、準備しておくべきだった。

　第一波が収まった時、突然、専門家の組織も解散されてしまった。ここにも油断があった。

　その後、海外で次々変異株が見つかった。感染力は高いが、後遺症は小さいなどとの報道があれば、また油断をし、感染者が増えた。

　移動制限しないと言えば、もう終わったようなものだという風に解釈され、大きな波が来た。

　油断を重ね、そのたびにコロナウイルスが蔓延する。コロナの方が、したたかであり、下等な生き物ではなく、人間よりはるかに生き延びる力を持っている。おそらく消滅はしないだろう。

　医療現場は完全に崩壊状態になっていたが、国の対応は、それから検討に入った。

　医療現場、保健所の大変さは、毎日の報道で理解しているつもりだが、実際にその現場に身を置いてみると、緊迫感、切迫感は並大抵なことではないことを直に感じることができると考える。

　この状態の中で、また早くから指摘があったのに、その後対応を検討するのでは、悠長過ぎるのではないか。

　つまり危機感が薄いのだろう。

　これが企業だったら先行きが見えず、倒産しているところが多いであろう。

　さて、少し反れたが、話を戻すと、今の日本のものづくり企業は、ものづくりの心をどこかに置いてきてしまった気がする。

　今、コロナの対応を参考に触れたが、ものづくり企業はどうだろうか。

　経営者や管理監督者が現場に足を運んでいるのだろうか。

　現場に足を運んでこそわかることがある。

　これはQC七つ道具の一つ、特性要因図を作成する時も同じだ。

　特性要因図は、原因と結果との因果関係を図にしたものだ。

　その図を作る時、机上で確かこうだったという記憶だけで記していくと、違う方向に行ってしまう。従って、原因の究明、対策を誤ってしまう。

　それを現場で見ながら、記録することで、適切な対応ができる。

　良く、三現主義と言うが、現場で、現物はどうか、現実はどうかをきちんと確認することだ。

　だから現場に足を運ぶことは重要なことなのです。

　本書は、ものづくりの基盤強化に必要なクリーン化を中心に置いているが、安全、人財育成とも切り離せない。

　"ものづくり企業の現場体質強化には、クリーン化、安全、人財育成の3点セットが必須" です。

　企業基盤、体質がしっかりしていて、しかも状況に合わせ、柔軟に対応できることは、企業の存続のためのあるべき姿だと考える。

　コロナ禍と漠然とみるのではなく、コロナから学ぶことが大切ではないだろうか。

　なかなか終息しないのは、人類に対しての警鐘のように思う。

　『何事も基本が大切。そして油断しないこと。先手を打ち、柔軟に対応すること』を学びたい。

※新型コロナウイルス感染症（COVID-19）とは、新型コロナウイルス（SARS-CoV-2）による感染症

　コロナ禍、私は何をすべきか。

　コロナ禍、セミナーや講演会などの出番は極端に減った。思いを伝える機会がなくなったのだ。

　それでも、日本のものづくりに対しての危機感は、ずっと持ち続けていた。

　日本のものづくり基盤を強化するために、絶えず情報発信をしていくことが、私の最優先の課題だと認識している。

　そのことを、本書で伝えたいと思った。

　新型ウイルスが入ってきてから、急に国内全体に元気がなくなった。

　今まで、普通に稼働していた企業でも、それまでは見えなかった企業基盤、体質の弱さが表面化したところもある。

これはジェット旅客機の離着陸に似ている。景気の良い時、つまり離陸時はジェットの推進力で突き進むが着陸の時は減速する。この時周囲の影響を受けやすいのと同じだ。

今後も、このような危機的な波が来ることを想定し、危機感を共有化し、ものづくり基盤、体質強化をしておきたい。

コロナ禍が過ぎ去ったとしても、それで安心すべきではなく、これを機会に継続的に、強い体質を構築していただきたい。

定年退職後の私の役割は、今まで学ばせていただいたことを、広く社会に還元、貢献をしていくことだと考えている。

このことを初版（2012年）でも触れたが、もう一度訴えたいと思い、整理した。

色々考えているうちに、国内だけでなく、世界情勢が大きく変化してしまった。

その結果、サプライチェーンもあちこちで千切れてしまった。

例えば、半導体不足、海外からの部品調達ができないために製造ラインが止まってしまう。

また、インフラの劣化による水不足で工場が止まるなど、予測できない、サプライチェーンの毛細血管のようなところにまでもほころびが出て来た。

今後は自然災害による生産活動の停止が容易に予想できる。今から準備をしておきたい。

また、世界的な食糧危機も起きてしまった。

急な変化に、今日、明日生きていくことだけに心血を注ぐ状態でもある。

その様な中でも、企業がしぶとく生き残るために、ものづくり企業全体の基盤強化に注力していただきたい。

危機感を伝えたい

その日本はいまだに東南アジアを上から目線で見ているのが現状ではないだろうか。

ところが東南アジアの現場を見ると、日本国内と逆転していると感じることが多々ある。追い越されてしまっているという危機感である。

このことは初版でも触れたが、再度、本書で警鐘したい。

人は夢を持ち、それを追い続ける。また "人は心に痛みを感じて行動する動物" でもある。

私は、在社中 25 年、クリーン化専任として国内、海外のものづくり現場を歩き続けてきた。

その過程で抱いた危機感と心の痛みを伝えたい。

クリーン化とは何か

ここで本書のメインテーマである "クリーン化とは何か" を簡単に触れておきたい。

ものづくり企業におけるクリーン化は、"できるだけお金をかけずにできる利益向上活動であり、企業体質強化、業績改善に直結する" と言われてきた。

元々半導体業界から端を発している。

これは、企業競争力の根幹であり、そのノウハウは長い間門外不出だった。

企業競争力向上のノウハウゆえ、他社には公開しない、教えないということです。

従って他社からの技術入手が難しいため、それで諦めてしまうのではなく、自社独自の技術を確立し、体質強化に結び付けることが重要です。

より多くの方に知っていただきたいので、クリーン化の本文中では事例を多く紹介し説明する。

近年、特にその危機感が増幅してきている。

例えば、エアバッグの品質問題、電車の台車の亀裂の問題、製薬会社の製造過程での別製品の混入や検査の問題、電機メーカーのデータ改ざん、自動車メーカーの点検偽装問題など取り上げるときがない。

しかも過去の問題ではなく、現在も続いている。

これらの不祥事は、国内の企業の手本となり、牽引する立場である大手企業の問題であり、人の命にかかわる重大な問題である。

手本になるということは、大企業の使命でもあるが、それが感じられないのだ。

そして人命が軽んじられてきてしまったと感じる。ひとごと、よそごとになってしまっている。

国内の他のものづくり企業だけではなく、社会全体への悪い手本となってしまった。

単に不祥事と括って仕舞うのではなく、現場のものづくり、上層部の対応の仕方など個別にみると、それぞれに様々な問題が露見している。

これらを見るにつけ、日本のものづくりに対する思いや心を、どこかに置き忘れてきてしまったと感じる。

"何のために、誰のために"作っているのだろうか。その先には、ものづくりって何だろう、ということに辿り着く。

たくさん作って売ればそれで良しとしてはいないだろうか。自問の日々である。

それぞれの企業のものづくりの原点では、夢や思いがあったはずだ。その原点に立ち返って欲しい。

これからの日本のものづくりには何が残るのだろうか。このままで良いのだろうか。もう一度問いかけてみたい。

企業の存続、永続を考えるならば、今、ここからスタートしていただきたい。そのきっかけにしていただきたいとの思いがある。

余談だが、政治の世界でもデータ改ざんは行われてきた。

統計って何のためにやるのだろうか。難しい統計学を駆使し、出てきたデータを改ざんするために国民の税金と多大な時間を失い、自ら信頼のない仕事にしてしまっているのだ。

ここにも、"誰のための、何のためのデータなのか"が存在しない。

ものづくり企業だけでなく、様々な分野での士気の低下を感じる。

日本のものづくりの根底にあるもの

『お客様に喜んでいただけるよう、心を込めて作り込み、満足していただくこと。そのことを通じて社会貢献をしていくことが使命ではないでしょうか。

そのためには、自信と誇りを持ち、そしてそれにふさわしい知識、技術、技能を磨き、作り手の思いを込めることではないだろうか』

テレビを見ると、「日本製品はすごい」という番組が目に付く。

確かに、日本のものづくりの凄さを感じる。しかしこれらはほんの一部であ

ることを認識し、満足したり、油断しないで欲しい。

　全てに共通していることは、"心の不在、心の空洞化"だと感じる。

《私の思い》

　初版では長年現場を見て来た中で、相当な危機感を感じ、退職を機に執筆したが、危機感を早く伝えたいとの思いから一気に書き上げた。

　しかし、訴えたいと思う部分が弱かったと反省している。

　その後10年経過したが、やはり日本のものづくりの現状は、先ほど紹介した不祥事のように、心が失われたと感じる事例が減らないばかりか、増加していると感じる。

　お読みになっている皆さんには、本書はどのように映っているだろうか。

　本書は、四つのテーマで構成した。

　最初に、私の詳細経歴。

　これを最初に持ってきたのは異例かも知れないが、私は少々変わった人間である。これをお読みいただくことで、私はどのような人間かを、少しでもご理解いただけるのではないか。

　それが、その後のクリーン化、品質そして人財育成に繋がってくと考えた。

　度々脇道に逸れるが、それが私の性格そのものです。ご容赦ください。

　こんな人間が、長年現場を這いずり回った経験をもとに、現場目線、現場視点で書いた、"クリーン化と人財育成の書"です。

　現場を知る方なら、身近に感じていただけるものと思います。

　忘れていたものづくりの心を思い出し、企業のものづくり基盤の構築、強化に活用していただきたい。

　そして日本のものづくりの再興に繋がることを祈念したい。

　必要とされるなら、遠慮なくお声がけください。

　微力ながらお手伝いさせていただければ、私にとっても幸せなことです。

2023年4月

クリーン化技術アドバイザー

清水英範

目　次

知っておくべきクリーン化の基礎

ものづくりに関わる全ての方へ

第一章　私の経歴　その場で学んだこと

　私は在社中、周囲から変わった人だと良く言われてきた。

　また、後年、社外の現場診断、指導に出かけると、"エプソンの人じゃないみたい"などと言う企業のトップもいた。

　長く付き合うと、その会社のイメージができてくる。その色と違って見えるのだろう。

　その違いは、私の育った環境や経験から学んできたことが多かったからだと感じる。

　つまり会社のカラーに染まらなかったことだろう。

　その私のこれまでの経歴（私の生き様）を紹介する。

　その自分のことを、ここで記す必要があるのか迷った。

　しかし、その場、その場でどんな経験をし、どんなことを学んで現在に至ったかを詳細に記すことで、私の素顔も見えて来るでしょう。

　少々細かく記すので、経歴というよりも、体験、経験録と言った方が良いかも知れない。

　文章の構成上、経歴や履歴は巻末に来るのが普通だろうが、内容をお読みいただき、私を理解していただくことが、クリーン化の本文、その次の人財育成にも繋がってくると考えたからです。

　定年退職後は振り返りの人生ともいう。

　この経歴の部分は今になって振り返り、整理してみたのであって、在社中は考えもしなかったことが多い。

　お読みいただく方にしてみると、"その場で学んだこと"は、ごく当たり前のことばかりだろう。

　その当たり前のことは、頭で理解しても、なかなか行動には繋がらないのです。

　入社以来ずっと他人より劣っているとの意識があり、その不足を補うため毎日夢中で過ごしてきた。私は理論的に考えるより、体験学習から学んだ事の方

が多い。

　何十年も経ってから振り返ってみても、日々刺激があり、また挑戦の連続だったように思う。

　本格的にクリーン化に関わり25年、現場を這いずりながら遭遇したこと、そこから得られた現場の体験、経験、ものの見方、考え方を含め、"クリーン化本文"、品質、"人財育成"とともに重要な部分と位置付けた。

　その過程で形成されてきた"私のクリーン化への関わりや思い"を感じていただきたい。

　共感、活用していただけることが少しでもあったなら、私にとって幸せなことです。

　小説に向かう感覚でお読み下さい。

〈父のこと〉

◆ゼロ戦の設計者から学んだ品質の大切さ

　父は昭和2年生まれ。戦時中は、三菱重工の名古屋の工場で、ゼロ戦の製造に携わっていた。

　今の高校生くらいのことだった。

　小さな部品も小型工作機械で加工、組み立てていたという。

　ゼロ戦の設計者である堀越二郎氏も勤務していて、製造現場に良く入り、時々声をかけてもらったと言う。

　"現場に足を運ぶことの重要さ"を認識していたのだろう。

　『どんなに設計が良くても、それを実際に作る技術や品質が伴わなければ、良い製品ができない』というのが口癖だったようだ。

　硬く言うと、設計品質と製造品質（作り込み品質）どちらも重要である。

　その設計を具現化する現場を見、情報を得て、設計にフィードバックしていたのかも知れない。

　一方、父親にしてみると"しっかり仕事をしてね"という士気の高揚、励ましであったと捉えていたようだ。

　父とものづくりの話をすると、時々この頃の話が出てきた。

よほど印象深く心に残っていたと感じる。話の最後に、"プロペラの間を玉が通過するんだ。凄い設計だ"ということを言っていた。晩年（令和2年）まで口癖のようだった。

　これは父親の"人生に刻んだ節"の一つだろう。

　この、"人生に節を刻む"は、人財育成のところで、少し深く触れる。

　ただ、戦争は絶対にやってはいけないと言うこと以外、口を開くことはなかった。

　恐らく、忘れられない、強烈な印象が残っていると思う。子供ながらに、それ以上聞いてはいけないことだとの先入観もあった。

　ちょっと神経質であり、几帳面なところもあったが、このような仕事の経験から、そうなったかもしれない。

◆父の交流の背を見る

　その後国鉄に入社。車掌時代は営業、接客の話を良くしていた最も輝いていた時期だと思う。

　退職後は水墨画に出会い、東京で有名な先生に師事し、個展を開催したり、母も付き添いブラジル、ドイツ、トルコ、ギリシャ等を巡り現地で交流した。

　その間に来日した鄧小平国家主席の長女鄧林さん（当時、国立北京美術学校の校長）にも会うことができたのは一生涯の宝だったようだ。

　私が札幌へ赴任した時、札幌市時計台の保守をされていた、井上和雄時計技師に大変お世話になった（後述）。

　井上様は戦時中、日立航空機羽田工場に就職し、海軍飛行予科練修生の練習機の製作に関わっていたという。

　井上様も父と似たような仕事をしていたのだ。

　その井上様も、そして私も時計に関わっている、何とも不思議な縁である。

　井上様は、昭和20年の東京大空襲の時、東京、銀座4丁目の時計塔の文字板が損傷したのを見て、涙を流したと言っていた。時計には人一倍愛着が強かったのだと思う。

　私の子供の頃の遊び道具は父の手作りだった。知恵と工夫を凝らし、とても

器用に作ってくれた。その父には似ても似つかず、私は不器用だった。

父が作ってくれたものに有難みも感じず、感謝もせず平然と使っていた。

それにはどれほどの苦労や思いがあったのか、今となっては漠然と想像するしかない。

もっとたくさんのことを書きたいところだが、本題から外れるのでここまでとする。

ただ、長い間多くの人の背中を見、その生きざまに触れ、そして自分に重ねてみると、先人には及ばないが、人生には大きな波が幾つもあった。順風満帆とはいかないのである。

むしろ苦しいこと、大変なことの方が多かったようにも思う。

大変なことの中に褒められたり、嬉しいことが散在し、人生を繋いで来ることができたと感じる。

その波は次から次へと押し寄せる。その中でどう生き、対応するのかという課題に遭遇するたびに、その時々で出会った経験豊かな人に助けられてきた。

そのことに感謝し、自分もたくさんの経験を積み、臨機応変に対応できるようになりたいものだと感じてきた。

世の中相互扶助で成り立っている。他の人や企業を支援できることがあるのなら嬉しいことだと思う。

コロナ禍の昨今、人との接触の機会が減り、相互扶助の機会も希薄になった。

それでも努力する人、危機意識を持ち続ける人は、自分に降りかかる人生の波の大きさや、周期を変えられるのではないだろうか、と言うことを加えておきたい。

〈社会人になって〉

◆高級腕時計の組み立てから品質を学ぶ

1971年諏訪精工舎（現セイコーエプソン）入社。高級腕時計の組立部門に配属。

そこには、スイスのニューシャテル天文台コンクールで上位を占めた3名の技能者がいた。

スイス、ジュネーブでの国際コンクールでも上位を占めていた。スイスが日本を脅威に感じた頃だろう。

中山きよ子氏（'71）、稲垣篤一氏（'73）、小池健一氏（'87）であるが、その後現代の名工にも選ばれている（数字は、現代の名工選出年）。

なお、中山きよ子さんは、スイス、ジュネーブの国際コンクールで、世界で初めての女性調整者賞を受賞している。そして、国内では、女性初の労働大臣賞を受賞している。

中山きよ子さんの労働大臣賞受賞はちょうど私の入社年のことであり、今でも新鮮に覚えている。

こんなに凄い人たちから、直接指導を受けることができたのは光栄なことだった。

指導を受けながら、それぞれが磨いてきた鋭いカン、コツだけでなく"妥協せず、究極を追求し、飽くなき技術への挑戦の魂"をも磨き上げてきたのだと強く感じた。

この三人は、それぞれのノウハウを究極まで追い込み、さらに相互共有し、切磋琢磨してきた仲間であり、ライバルである。

声をかけてもらうだけでも背筋を伸ばすような、凛とした感じを受けたものだった。

不器用な私だったが、訓練することで、1ミリの100分の5以下のアガキ（歯車の上下方向の余裕）やガタ（歯車の横方向の余裕）を指先の感覚で判断できるようになる。

このアガキやガタがないと歯車は動かない。逆に、余裕が大きすぎると歯車同士の噛み合いが外れ、いずれも故障に繋がる。

しかし、それより格段に高い技術を持っている、神様としか例えようのない人たちだった。

たくさんの部品で構成される機械式（ゼンマイ式）腕時計を組み上げ、調整した後、ゼンマイを一杯に巻き上げると、部品が眩しさを伴った輝きを見せ、時を刻んでいくのだ。

滑らかに回転していくのは、歯車の設計が**サイクロイド曲線**※であるためだ。

その動きを見る瞬間は自分が命を吹き込んだという感動の瞬間であり、愛着

を感じる。

　ずっと見ていても飽きない、さながら小宇宙の世界である。

※時計の歯車は、サイクロイド歯形曲線と言う設計。歯車のすべての箇所の滑りが
　一定であり、長寿命です。

◆心に残る品質管理の勉強会

　入社して作業にも慣れた頃、所属上長である課長が、時間外に定期的に品質
管理の勉強会を開いてくれた。

　最初は品質の重要さについて、様々な事例を紹介してくれた。

　この時、仕事は製造側だが、それを消費者という **"購入する立場"** になって
考える事の大切さを学んだ。

　お客様に喜んでいただけるよう、心を込めて作り込むことの大切さ、それを
購入していただく相手のことを考えることである。

　いきなりQC七つ道具などから入るのではなく、良いものをつくろうという
意識づけや、興味を持つ下地作りから始めたのです。品質管理の重要性を考え
るようになったきっかけである。

　教育の効果は導入部分で決まってくるのだ。

　これはその後、何かを企画、計画する時、手始めは何からするか、やろうと
することの **"効果を引き出すための準備の大切さ"** を考えることに繋がった。

　教育をとりあえずやったというのとは大きな違いがある。

　その課長の思いは、在社中ずっと意識していた。そして50年以上を経た今
でも、その時の話はいくつか覚えている。**心に残るのだ。**

◆クリーン化との出会い①

　腕時計の組み立て部門では、組立て、調整、外装取り付けなど一通りの作業
を身につけた。

　いずれの作業でもゴミは大敵、常に細心の注意が必要である。

　何しろ髪の毛よりも細いとか、キズ見（拡大鏡）を用いないと見えない極小
部品が多く、ゴミの影響も大きい。

　腕時計で止まり、遅れの原因になる三大ゴミは皮膚、金属、繊維である。

定年退職の頃になって、それが"クリーン化との最初の出会い"だったと気づいた。

　何かきっかけがあった、どこかで繋がっていたように思う。

　もちろん当時はクリーン化という言葉はなかったが、このゴミ退治が将来の自分の仕事になるとは思ってもいなかった。

　時計の扱いには指サックを使う。素手で扱うと塩分が付着し、錆びることや、剥がれた皮膚が製品内に混入するのを防ぐためである。

　百貨店や小売店で電池交換や修理の様子を見ていると、素手で扱うとか、明らかにゴミが多い環境で扱っているのを見かける。

　作り込み品質を強く意識した製造側の立場としては残念でならない。

　作業者に支給されたピンセットは自分の指と連動するので、自分が使いやすいように加工し、磨き上げ、初めて作業に用いる。オリジナルなものである。

　駅から会社までの通勤時間は、ピンセットと一体になるよう、そして、すぐにでも作業に入れるようにと指の運動をしていた。

　このピンセットは、作業開始前は、これから1日お世話になる。そして作業終了後は、1日お世話になったという気持ちを込めて磨き、防錆紙に包み保管していた。

　精密ドライバーも、慎重に扱うが、それでもネジ締め作業では、金属粉が発生する。

　また衣類から脱落する繊維のゴミもある。

　このような小さなゴミは、身の回りのわずかな静電気の影響も受ける。

　単にゴミの混入に注意するだけでなく、たくさんのことに気を配り、細心の注意を払う。

〈水晶発振式腕時計の製造から学ぶ〉

◆利便性と環境への配慮を追求した究極の時計

　水晶腕時計が世界に先駆け発売されたのは、入社2年前（1969年）のこと。

　会社生活の後半、トップから直接クリーン化の指導依頼が来ることが多々あった。

そのトップから、水晶腕時計の開発に携わっていた当時の話を聞いたことがある。

水晶腕時計は電池で動く時計である。

砂漠の真ん中で電池交換ができるのか、そして捨てれば廃棄物になる。

これらの問題を解消する必要がある。これが次の課題だとその時から考えていたというのだ。

"利便性と環境への配慮に対し、先手を打つこと"であり、自社で開発した製品への責任も考えたというのです。

作って、売って、普及させるだけでなく、先発メーカーとしての作る責任も同時に考えていたわけです。今でいうSDGsに繋がってくるのです。

この思想を取り入れ、廃棄物の出ない水晶腕時計の開発も進められていた。

その研究、開発リーダーが道半ばで亡くなってしまい、開発はしばらく止まっていた。

後継者たちがその意思を繋ぎ、長い時間を要したが、スプリングドライブ※という画期的な腕時計の商品化に成功した。

製品のタイプによって違うが、多いもので部品点数は400を超える。

"精密を超える精緻の時計"の実現である。ここにその思想と現代の名工や卓越技能者の技術、技能が集積されている。それらのDNAは永遠に継承されていくと信じている。

※ゼンマイを巻き上げ、ほどける力でローターを回し発電する。そして水晶を振動させ、正確に時を刻む。機械時計と水晶時計を組み合わせた究極の時計。電池の廃棄はない。

この中でもグレードの高い製品（スプリングドライブ・ソヌリ）は毎正時に鐘を鳴らすことができる機構を備えている。スイスの時計塔の鐘の音を思わせる上品な音色だ。

◆**伝えることの難しさ①**

さて、私はと言うと、ゼンマイ式高級腕時計の製造に携わり、その後、水晶腕時計の製造も経験した。

水晶腕時計の増産にあたり、工場が建設され、いくつかの生産ラインが増設

された。

その作業者の受け入れ教育を担当したことがある。

この時"自分の得た知識、技術、技能をどう伝えるのか、伝わったのか"ずいぶん悩んだ記憶がある。

自分の思っていることの半分も相手には伝わらないと言われてきた。それを如何に増やすかが課題だった。"伝えることの難しさ"である。

〈本格的な時計技術習得〉

◆プロ意識とは

複数の拠点や工場メンバーの受け入れ教育終了後、社内の技術技能研修所（人事部門管轄）で、半年間の時計科専門教育を受講した。

機械時計や水晶時計の組立て技術の習得だけでなく、取り巻く各種技術の理論や実習など時計学全般を学んだ。

図面を見ながら、小型工作機械などで微細な部品製造も経験した。

何だか、父親の歩んだ道を歩いているような感じだった。

不器用でもなんとか実技の部分は通過した。ところが、学科試験で一科目の不合格、追試験を受け、所属上長から大きな雷が落ちた苦い思い出がある。

学生時代に追試験の経験があるが、自己責任だけで終わる。ところが、ここでの成績は在籍の部門長以下の職制に開示される。

「部門内で選抜され、給料をもらいながら、勉強させてもらっているのに追試験とは何事か！ プロ意識が欠けている」というわけです。

でも、そのような上司も、きちんとフォローしてくれた。怒鳴るのではなく、叱る、そして真剣に指導してくれた。人財育成とはこういうものかもしれない。

このあたりから、仕事に向かう意識が変わり始めた気がする。20歳のことだ。

〈モデルラインを任される〉

◆見せるラインとは

その20歳の時、現場に戻りモデルラインを任された。

　国内、海外のお客様が、廊下からガラス越しに時計の組み立てラインを見学するのだ。

　見られるわけだから、見学者はどんなことに着眼するのかを意識し、整理整頓に注意を払った。

　お客様はどんなところを見るのだろうかと、廊下から作業風景を見たりもした。

　その後、現在の上皇様、上皇后様が天皇陛下、皇后陛下の時に見学されたことがある。

　皇太子時代も含め、二度目の訪問だった。

　防塵衣を着用し、実際に作業の様子を間近で見たり、作業者に声をかけたりしたので、指が震えピンセットが持てない程緊張したのを覚えている。

〈店頭支援で学んだこと〉商売の街大阪で

◆二度目のクリーン化との出会い

　'74年のこと。小売店の繁忙期の支援として、春のフレッシュマンセール、年末のボーナス、クリスマスセール計２か月、大阪の小売店に派遣された。会社としても初めてのことだった。

　「儲かってまっか」から挨拶が始まる。そこには、商売の厳しさも感じた。

　出勤初日から朝すぐにお店の**トイレ掃除**を始めた。

　指示されたわけではないが、**お客様が使うところを奇麗にしようという思い**があった。

　どうやらこれが２回目のクリーン化との出会いだった。

◆店頭支援は四つの交差点

　店頭は自分が関わった商品を販売する現場。そこに私が加わったことで、**製造、営業、小売店、顧客の四つが交差する場**になり、それぞれの立場の違いを学んだ。

　製造現場で育ち、そのメーカーの色に染まっていたが、その固定観念打破の機会になった。

この四者が相互に連携、情報交換すれば、市場の欲するものを効率的に製造し、タイミング良く製造から顧客へ提供でき、また情報をフィードバックすることで、さらに時計と言う製品品質や価値のレベルアップが期待できるのではないか、おぼろげながら考えた物流改革や品質意識である。

　この漠然と考えたことを、もう少し具体的に考えてみたいと考えていた。

　その後、半導体製造部門に移った時、生産管理に着目し、生産士二級を取得した。

　それでは満足できず、一級も取得した（二級は製造系の知識、一級は経営、管理の知識である。立場が違うのだ）。

◆現場の声を聞くことの大切さ

　同じ考えの人だけが集まると意見や考えが揃うので、安心感があるが偏りが出る。

　その場、その時は安心するが、総体的には成長していないのである。

　十人十色と言われるように人それぞれに違いがある。色々な人が集まることで、多種、多様な意見、考えが出てくる。この活用が衆知を集めるということだろう。

　"より多くの人の考えを知ること"を体験、経験から理解し、そこで自分がバランス良く成長していくことが重要だと認識した。

　クレームなどの情報の流れを見ると、顧客の情報は、小売店→営業→メーカーという流れになるが、徐々に丸く薄くなる。そして消えていくものもある。

　このような情報の伝わり方では顧客の情報がメーカーに辿り着くのかどうか。例え届いたとしても、情報の価値は薄れ、商品への反映は期待できない。

　顧客にしてみれば、メーカーには声が届かない。そしてメーカーの反応がないと不満が増幅するのだ。

　同じような例では、新型コロナウイルスに感染した患者が、次々に病院に運び込まれてくる。

　この病院という現場では、常に緊張、緊迫した状態が続いている。医療関係者は心身ともに擦り減らしながらも頑張っている。それが国民に届く頃には、その緊迫感、切迫感は薄れている。

　各機関を経て吸い上げられ、自治体のトップ、そして国のトップへ届く頃にはタイムラグが発生し、かつ数字やデータだけが伝わって行く。そして対策は遅れ、取るべき対策を見誤ってしまうとか、遅れてしまうのではないだろうか。

　企業の組織が硬直化し柔軟性が欠けるのと似ている。共通するのは現場との距離が遠いということだろう。

　医療関係者の"人を助ける強い使命"には頭が下がる。この場でそのことを記しておくとともに、深く感謝したい。

◆伝えることの難しさ②

　大阪での店頭支援の時のこと。

　来店したお客様に、水晶腕時計の良さを一生懸命説明したことがあった。

　「この時計は電池で動き、水晶振動子で高い精度の時を刻む……」と長々説明した。

　そのお客様は、ウン、ウンと頷きながら聞いてくれたので、話が伝わったと思った。

　そしたら、「君の説明は良くわかったよ。ところでネジ（ゼンマイ）はいつ巻くの？」と聞かれ、今までの説明は何だったのだろうかとがっかりした。

　冷静に考えると、自分はその専門家であり、多くのことを説明したが、お客様はそんなことまで必要なかった。"お客様が欲しい情報やポイントを的確に伝える"ことができていなかった、ということを学んだ機会だった。これも"伝えることの難しさ"である。

　話をする場合は必ず相手がいる。お客様はどんな情報が欲しいのか、その相手を意識した内容、話し方をしなければ伝わらない。自分が主人公ではないのだ。

　ここでは、製造側の技術者ではなく、顧客の立場に立った対応が必要なのだ。

◆不測の事態に備えよ！

　ある時、店の前のアーケード街で喧嘩が始まった。

　多くの店員がその様子を見に行ったが、私は行かなかった。

　皆が戻った時、社長の奥さんが、「こういう時こそ店を守りなさい」という

のです。店が手薄になる、何が起きるかわからない。**"不測の事態に備えよ"** ということです。

　店頭支援では、お客様に対しての説明の仕方、小売店の考え方を学ぶなど、**"多面的な見方考え方"** に興味を持つ機会になった。

　この頃の時計店では、宝石を扱っているところも多かった。

　時には、お客様からダイヤモンドの指輪についても聞かれることがあり、少々勉強した。

　ダイヤモンドの輝きを見ていると、ふと自分もこのように輝いてみたいものだと思った。

　それが **"多面的に見たり考えたりすること"** の大切さを考えるきっかけになった。

　この **"ダイヤモンドの輝き"** については、人財育成のところでお話しする。

◆重くなるほど頭を垂れる

　店頭支援終了日、ちょっとした出来事があった。

　その店の社長が深々頭を下げ、「長い間、ありがとうございました」と言ったのだ。

　私を引き取りに来た営業マン、偶然その様子を見て大変驚いた。「君は何をしたのか？」というのだ。

　私はただ一生懸命、誠心誠意やったというだけなのだが。

　このお店は他にもいくつか店舗を持つ。商売には非常に厳しい社長で、全国でも５本の指に入るほど有名な方とのこと。その社長が頭を下げるところを見たことがないというのだ。

　このことは大阪支店でも話題になったようだ。

〈水晶腕時計修理技能講座講師として札幌へ赴任〉

◆誰かが、どこかで助けてくれている

　'75 年３月、水晶腕時計の普及に伴い、小売店への修理技術の指導を目的に札幌に赴任。加えてクレームなどにも対応した。23 歳の時のこと。

　この時、先程の大阪支店の営業マンが、私より少し前に札幌営業所に赴任していて、私のことをPRしてくれていた。またフォローもしてくれた。

　営業の会社に、工場の人間を迎える環境を整えてくれたのだ。

　その営業所のすぐ近くに時計台はあった。

　営業所で仕事をしていると、時計台の鐘が聞こえる。至福の時間だった。

　昼食は営業所内の食堂だったが、すぐに外に飛び出し、赤レンガの庁舎内の庭園で休憩したり、昼食が足りなければ、大通公園でとうきびをかじったりもしていた。なんともよい環境だった。

◆市場の声を聞く

　講習会場は札幌だが、小売店訪問は北海道全域を担当した。

　講習会は1週間（5日）朝9時から夜6時半まで実施。

　その翌週は過去の受講者のフォローを繰り返していた。

　北海道は九州よりも面積が大きく、さすがに広範囲の活動はできなかった。

　大阪の店頭支援でも感じたが、小売店に持ち込まれる生の声は、メーカーの製造現場まではなかなか届かない。

　小売店訪問は新鮮な情報入手の場であり、メーカーでは最も欲しいもの、貴重な機会だった。

　店頭支援の時、伝えることの難しさを知ったが、講師として教壇に立つ時も、小売店訪問でも、やはり伝わっているかを意識していた。

〈井上技師との出会い〉世の中を広く知ることの大切さを学ぶ

◆札幌市時計台について

　札幌市時計台の井上時計技師や、時計商組合の技術委員長などにも講習会の第一期生として受講いただいた。

　その縁から交流が続き、貴重な声をたくさんいただいた。

　この井上技師のお父さんである、井上 清時計士からも貴重な話を聞いた。

　時計台は、もとは札幌農学校（現北海道大学）の演武場だった。

　ある時その近くを歩いていて、窓が壊れ、時計も止まっていたのに気づいた。

管理されていなかったのだ。それに自ら手を入れ、現在のように復元した。これは昭和の初め頃のことだ。

　無償でコツコツ修理、見事に復元し、現在のように正確に時を刻む。そして澄んだ鐘の音が毎正時に鳴る。

　親子２代で守り続けてきた。その努力の積み重ねが日本機械遺産認定※に繋がった。

※2009（平21）年 日本機械遺産第32号。

　"伝承や継承は単に技術を伝えるのではなく、そこに先人の思いや心を伝えていくこと"が重要だと感じる。

　日本の多くの時計台（塔）は電気駆動に代わっている。

　機械で動いているのは、この時計台を含め国内に三つしかなく、その中で最も古いものだ。

　機械部分はアメリカ製で、駆動方法は、

① 二つの大きな木箱の中に漬物石のような大きな石がいくつか入っている。

② これを時計塔内部の２階よりも高く引き上げる。これが動力源だが、重労働である。

③ それが少しずつ降下し、時を刻む。

　それがなんと１日に数秒しか誤差が出ないのは驚きである。

　そこに長い間の苦労が積み重ねられている。

　技術、技能を後世に引き継ぐことを意識し、そのために急所、ポイントを掴み、あるべき姿を追い求めていく。職業訓練の考え方にも合致する。

　実際にやって来た方の言葉は重い。今でも心に残っている。

　現在は後継者である下村技師、時計台の歴史に詳しい角谷様をはじめ、多くの方がその意思を継いで、時計台を守っている。

　このお二人は、NHKでも紹介されたので、実名とさせていただいた。

　札幌市市民憲章の起草は昭和38年頃で、時計台が復元されてからかなり経っている。

　この市民憲章は、「私たちは時計台の鐘が鳴る札幌の市民です」から始まっている。

復元されなければ、これもなかったでしょう。

こうなっては止めるわけにもいかず、継続する責務は重大だと感じたようだ。

井上清様、和雄様と会話をすると、旧北海道庁（赤レンガ庁舎）、豊平館（国指定重要文化財）だけでなく、時の新政府が民間（札幌ビール他）での使用も奨励した北海道開拓使のシンボルマークの北極星（五稜星とも呼ばれる）のいわれなど様々な話が出てくる。

北海道の開拓の話から始まるのだ。

そこに持論も含めていて、単に時計のことだけでなく、幅広い知識をお持ちで、人としての深みと言葉の重みを感じたものです。つまり、事例をたくさんお持ちで、もっと話を聞きたくなるのだ。

そして、自分もそうなりたいものだと思った。今でも尊敬し、目標にしている先生です。

残念なことに、私の帰任後、市内の狸小路商店街の大火で井上時計店も焼失してしまった。

それでも時計塔の保守に全力を注ぎ、動かし続けてきた熱意には頭が下がる。

"伝えることの難しさ"と書いたが、このように話題をたくさん持つことにも価値があると感じた。

相手を見て、例えばとか、蛇足ですが、という風に様々な事例を引用できるからわかり易いのだ。

クリーン化の業務に移ってからは、海外、国内の現場診断、指導に出掛ける時は、事前に国民性、県民性、風土、習慣を調べてから出掛けるようにしてきた。

指導の時、話題が多ければ、例えを用い、より多くの人に理解していただく工夫ができるからだ。すると理解者も増え、逆にそこから学ぶことも沢山ある。

余談だが、札幌市時計台のことを、観光名所で、"日本の三大がっかり"の一つだとも言うようだ。

これは、観光名所だけを拾って、外観からそう感じるのだろう。

表面だけを見るのではなく、中に入ってその歴史を見ていただきたいと思う。

旧札幌農学校の演舞場であり、建てられた当時は、周囲に大きな建物はないので、目立つ存在であり、澄んだ鐘の音が数キロ四方まで聞こえたという。

それが住民の生活を支えていたのです。

　札幌は、大通公園を境に南と北に分かれる。

　時計台の南側の道路は、大通公園の一つ北側を並行して走っているので北一条通りと言う。

　この通りを西に向かえば、北海道神宮に辿り着く。

　この通りはアカシア並木だが、北原白秋作詞、童謡〝この道〟のモデルとされている。

　私は、ここを馬車が往来している風景を連想する。

　今では周囲は高層ビルだから、その谷間の中にある時計台とはアンバランスかも知れない。

　でもこの歴史を知ることで、また違った風景になるのではないか。

◆大先輩の言葉

　この大先輩の言葉を紹介したい。

　時計士（名刺の表示）：井上清様は、

『最後の点検怠るな。後世後輩に良き手本を示せ』

　そして、塔時計保守（名刺の表示）：井上和雄様（北海道文化財保護功労者-1998年）は、

『ベテラン必ずしもベテランならず。慣れがミスを呼ぶ、初心忘るべからず』

『点検の基本　1.目で見る　2.音をきく　3.臭いをかぐ　4.触って見る』

とおっしゃっていた。

　定年退職後、旧北海道庁を訪ねたことがあった。

　この建物に入ってすぐに振り返る。あるいは二階に上がって窓から外を見ると、時計台と同じように、開拓時代には、この前庭の向こうの道路を往来したであろう馬車を想像する。

　ここには、道庁のことや歴史について、案内してくれる年輩の方たちがいた。

　この人たちが言う赤レンガにある星のマークの数より、私が数えたものの方が一つ多いが、どうしてだろうか。

　そのある方に、「今、時計台の井上さんに会ってきた」と言ったところ、急に背筋を伸ばし、「えっ、あんなに凄い方と親しいのですか」とびっくりして

いた。

　赴任中、井上様親子は、本やテレビで紹介されていることは知っていたが、道内では特別な存在なのだ。このような方と関われたことは幸せなことです。

〈北海道庁からの呼び出し〉

　赴任直後で北海道のことは何も知らない頃、道庁の石炭起電課から呼び出しがあった。

　理由は、「水晶時計は電池で動く時計であり、炭鉱内のメタンガスに着火して落盤事故が起きないかを説明しなさい」というものだった。

　当時北海道にはたくさんの炭鉱があり、落盤事故もあったので、水晶時計は安全かどうか心配だったのです。

　赴任したのは北海道庁爆破事件の翌月のこと。

　呼ばれた部署に辿り着くまでに何回も厳しい身体検査を受けた。

　データを示しながら炭坑内での使用は安全だと説明したが、会社の中での発言とは異なり、責任の重さが違うのを肌で感じながら、ヒヤヒヤしたのを覚えている。

◆市場の声をどう拾うか、ものづくりに反映するか

　道内の、炭鉱の町の小売店を訪問すると、そのことが心配だと言って、炭鉱労働者も機械式（ゼンマイ）の時計しか購入しないのだという。

　炭坑内の環境を知って欲しい。炭坑に実際に入ってみないかとの話も出たほどだ。

　逆に、ゼンマイ式の時計の中には石炭の粉が入り込み、時計が故障することもある。

　パッキンがあっても、その劣化によりゴミが侵入するほど過酷な環境なのだという。

　この両面の情報が得られたが、現地に出向き、生の声を聞かないとわからないことが多い。

　赴任前までは、仕事をしていても、良い情報は入るが、このような情報はほ

とんど入ってこない。どこかで途切れてしまうのだ。或いは小売店で問題を抱えているだけかも知れない。

良く、市場調査と言うが、表面的なものではなく、真の実態把握が重要だ。

これは、店頭支援でも感じたことだが、その必要性、重要性を改めて認識した。

市場の声をどう集め、ものづくりに生かしていくかがメーカーとしての責務である。

赴任中は、未熟な考え方ではあるが、私見も含めたレポートを作成し、自社に報告していた。

製造側でも持ち得ない情報もいくつかあったので、役員などからの問い合わせもあった。

つまり、派遣担当部署から、上層部へ報告されていることが確認できたのです。

製造側と消費者の協業で製品を作ることが大切だ。一方的に製品製造をして市場に供給するのではなく、相互の立場を理解し、製品を作ることが重要である。

一方的に製品を作って、後は営業の力で販売するとしても、不要なものをたくさん作ってしまうと需要と供給のバランスが崩れるのです。その不要なものや余剰品は在庫金利（＝在庫を保有することで生じる費用の総称）も発生する。

少子化の時代を考えていくと、やがて必要なものを必要なだけ作る時代が来るでしょう。先を見て、その準備、構築をしたいものである。

〈大手百貨店の店頭に立つ〉消費者の生の声を聞く

◆アイデアを企画してみる

そこで札幌では、時計店の店頭にも立ってみたいと思った。北海道は本州とは雰囲気が違う。

"消費者の求めるものは何か、どんな品質問題があるのか" を聞いてみたい。肌で感じてみたかった。いわゆる市場調査だ。

実際の市場と言う現場での実施であり、単なるアンケートとは違う。価値あ

　小売店巡回では、電車に乗ったり降りたりの繰り返しになる。

　車内で同席になった人たちに話しかけてみると、「今日は旭川に買い物に行くんです」などと返事が来る。

　「そうか、この辺りの人は旭川に行くんだ」。それらをメモし続けると、札幌、函館、苫小牧、旭川、帯広、釧路などの商圏が見えてくる。近年は北見も大きな商圏になってきたようだ。

　余談だが、商圏の絵を描いてみると、形状は同心円にはならないが、近い感じがする。

　何だかひげゼンマイを見ているようだ。そして逆回転をさせると、中心に集まるように、それらの都市を中心に人も集まるのだ。商圏も時計のひげゼンマイのようだと感じた。

　そこで小売店訪問時、単に修理の話だけではなく、その商圏の中で、どの範囲に広告を出すのが効果的なのか、もちろん投資に対しての費用回収が可能な範囲だが、そのようなことも話題にできる。そこから新たな情報も出てくる。会話に幅ができ、より多くの情報を得ることができる。

　単に時計の話題だけなら、単純な会話で終わってしまうのだ。

〈二度とない偶然の出会い〉

◆有珠山の噴火に遭遇

　赴任中の、昭和52年8月6日、営業マンなど寮のメンバーと昭和新山の火祭りを見に行った。

　昭和新山は世界的にも珍しい、個人所有の畑から噴火した山だ。その再現のお祭りだった。

　麦畑を模した緑の花火の中を、赤い溶岩が流れて来るように仕掛けてあった。

　その花火を見ている間中、絶え間なく地面が揺れる。本当に噴火するのではないかと言うほどだった。

　その夜のうちに寮に帰り、翌日石狩浜に出かけた。その車のラジオで、有珠山の噴火を知った。

昭和新山のすぐ背後が有珠山である。

噴火時、上空を飛行中の全日空機に噴石が当たり、窓にひびが入ったため、函館空港に緊急着陸したとの報道もあった。

有珠山ロープウェイも噴石で穴だらけ、放牧中の牛も犠牲になった。洞爺湖温泉街は真っ黒の雲に覆われたかのようだった。噴煙は遠く札幌からも見えたが、北海道の3分の1ほどにも降灰した。

灰で汚れたスーツなどがクリーニング店にたくさん持ち込まれたそうだ。

秋に、先輩の営業マンとともに、有珠山入り口の監視所の許可を得て、有珠山を見てきたが、以前の風景とは大きく変化していた。

そして洞爺湖に立ち寄ったが、軽石が湖畔を埋め尽くしていた。拾って来たものは、今でも自宅に置いてある。

北海道は火山の島でもあるが、被害を受けた洞爺湖温泉街の様子が目に焼き付き、その生活はどうなるのか、心が痛んだ。時計台近くの北海道新聞本社に、僅かだが義援金を届けた。

◆**利尻島の民宿にて**

休日を利用し、最北の島、利尻、礼文を旅した。その利尻島で偶然の出会いがあった。

利尻島の港に着いた時、若い男性が迎えに来ていた。

予約してあった民宿に向かう車中で、迎えに来てくれた人はその民宿の客だとわかった。

民宿のおばさん（経営者）に頼まれたというのだ。

夕食後、その主人が、「今日の客はあなたたち三人だけだ。若い人同士で同じ部屋で寝たら」というので、そのようになった。

私の他、同じ20代で日立のエンジニア、東芝のエンジニアだった。

膝を突き合わせて夜遅くまで延々と語り合った。こんな偶然な出会いは二度とないだろう。良い経験だった。

それから、多くの人に会うのが楽しみになった。社内の常識という同じ環境で育った人たちよりも幅広い世の中を知ることができるような気がした。

井の中の常識は大海の常識ではないということをつくづく感じた。

利尻島や礼文島の港では、観光客を迎える時、お帰りなさい、送る時はいってらっしゃいとギターなどの楽器や歌を交え、そしてたくさんのテープを用意して、にぎやかに送迎してくれる。

この時は何だか胸がきゅんとする。また来ようという気にもなる。

みんな仲間であり、家族であるかのような錯覚さえする。結局3回も行った。

〈三浦綾子記念文学館を訪ねて〉

◆小説、塩狩峠から学ぶ、心に入り込む文章表現

その帰途、鉄道で稚内から南下、音威子府を経て塩狩峠、そして旭川に出た。

この"塩狩峠"は、作家三浦綾子が、実話をもとに執筆した小説の題名にもなった。

その当時は全く知らなかったが、帰任後読んで感動した。

小説には札幌大通公園沿いの病院が出てくるが、ここは赴任中に健康診断に行ったところだ。

北海道赴任中にもっと色々なところを歩き、多くの人に触れておけば良かったと今でも思う。

今でも、紅葉の景色を見ると思い出す。国鉄夕張線に、紅葉山、楓という駅名がある。そこはどのようなところかと思いを馳せていたが、ついつい行くこともなかった。

退職後、旭川の三浦綾子記念文学館を訪ねたことがあった。真冬の夕方で雪の深い時だった。

バスで郊外に出て、人通りの少ない道をキュッ、キュッという雪を踏む音を聞きながら向かった。

手がかじかむほど寒かった。薄暗い道をわずかな足跡を辿りながら、しばらく歩くと、林の中に明かりが見えた。なんと、小説「氷点」に出てくる風景にそっくりだった。

文面から想像する風景と一致していた。恐らくこの風景を現したものだと感じ、読み手にその風景を想像させ、心に自然に入るその表現力に感心した。

これ以降、読み手にどう伝えるかということを考えるきっかけにもなった。

これが、NHKの話し方講座受講のきっかけの一つでもある。

三浦綾子の小説は、心に入り込むので殆んどの作品を読みあさった。

〈襟裳の時計屋さん〉

◆約束を守ることができた！

帰任を前に、講習会のフォローのために襟裳に出かけた。

どうしてもフォローしておきたい課題があり、それを実現してから帰任しようとの思いがあった。

札幌から苫小牧を経由、様似に向かう予定だったが、苫小牧に着いて突然のこと。北海道内の国鉄で初めてのストライキがあった。行くことも帰ることもできず、長時間今か今かと待った。

その時計屋さんには公衆電話で事情を話し、「必ず行きます」と連絡した。

やがて運転が再開された。3月のこと、初めて見る日高の寒々とした風景。右手の海岸線は長く、左手には時々競走馬の姿が見えたが、町らしい風景はなかった。

終点の様似から車で襟裳に向かった時、これで約束は果たせると思った。

そのお店では、先生がこんなところまで来てくれたと、涙ながらに歓迎してくれた。

要件が終わり、外を見たら、もう真っ暗、どうしたものかと思っていたところへ、某万年筆会社のセールスマンが来た。

時計屋さんが、「この先生を様似まで送ってください」とお願いしてくれて、電灯の明かりが消えた様似駅に着いた。もう列車もなかった。

薄暗い中、目を凝らすと旅館らしきものが見えたので、玄関を叩いたところ、今日、宿泊者はいないので電気を消したとのこと。それでも泊めてもらった。

今なら、携帯電話で予定を変更してしまうところだろうが、約束は守ることができた。

この機会を逃したら、恐らくそのまま帰任していただろう。

私が籍を置いていた営業所の営業マンは、道内の都市部中心の活動だが、大雪で電車が止まり、移動中の車内に閉じ込められることもある。弁当は二つ準

備するという方もいた。

　私の経験も同じようなことだろうか。あまり表面には出ないが、営業の水面下の苦労も感じた。

〈'77年　本社へ戻る〉

◆涙の帰任

　札幌に赴任した時、この地で仕事をうまく進めるには、札幌の人間になる、染まることだろうと思い、文化、風習、習慣、言葉など様々なものに興味を持つようにした。それが潤滑剤だと思ったからだ。今では、カーリング娘の言葉も懐かしく思う。

　いざ帰任となると急に寂しくなってしまう。

　帰任当日は休日だった。市内のホテルのロビーで、営業所やサービスセンターの方が見送りをしてくれた。

　高速道路に入ってからバスの窓の景色を眺めていると、追い越し車線を並走する車があった。

　良く見ると、窓から手を振る人がいた。しかも何台もいた。ウオッチの修理センターのメンバーだった。バスに乗る時はこらえていたのに、急に涙が溢れた。

　千歳空港の出発ロビーで再び合流し、最後まで見送ってくれた。

　良く考えると、往復の高速道路代や駐車料金もかかるのだ。そして貴重な時間を割いてまで大勢が見送ってくれたのだ。

　時計の講習会のアシスタント、国家検定の受験当日のサポート、積丹への海水浴の誘いなどたくさんの交流、お世話になった時のことを思い出すと、心臓が破裂しそうだというのも大袈裟ではなかった。

◆世界一薄い水晶腕時計の製造に関わる

　機械部分（ムーブメント）の厚さ0.9㎜、電池部を入れても0.95㎜だった。

　歯車は紙のように薄く、それぞれの部品を爪楊枝で磨き、部品の精度を高めた。

繊細な作業だったが、やはりゴミが大きな問題だった。

ここでは、先述の卓越技能者も含め社内の技能者が集められた。

本社帰任後、社内の技能競技会※に挑戦した。

その時、技能オリンピック世界大会の優勝者たちを抑え1位になったこと、札幌赴任中に受験した時計修理技能士の国家検定で1位合格したことなどが評価され、そのメンバーに加わった。

ところが、それらの看板では太刀打ちできないほど緻密、精密な時計だった。

その製品に合わせ技術、技能を日々高めていく努力が必要だと悟った。

本物の技術、技能に完成はないのだ。

※国内、海外の工場において、多種にわたる職種の知識、技術、技能を競う。毎年実施。点数によって順位は付くが、各メダルには標準点があり、到達しないとメダルは授与されない。

〈NHK の話し方講座受講〉

◆本物を学ぶ

札幌から帰任後、再び人前で話をすることがあるかも知れないと思っていた。

先に記した "NHK の話し方講座" という通信教育をみつけて受講した。

質問に対しての回答をカセットテープに録音して提出すると、NHK の現役アナウンサーが添削・指導をしてくれるというもの。

見えない相手にどう伝えるか、と言うのも課題の一つだった。

自分という人間を客観的に見るきっかけになった。思ってもいない欠点を指摘されることはショックではあったが、冷静に自分を見つめるきっかけでもある。

その後長野県の工場や、赴任した山形県酒田市の拠点での、クリーン化教育の立ち上げ、退職後のセミナー、講演会など人前で話す時に意識してきた。

〈 '77年 半導体部門に異動〉

◆クリーン化の世界へ

　諏訪の本社構内にあった半導体部門を独立させ、長野県富士見町に新工場を建設することになった。その工場の立ち上げから参加した。

　クリーンルームの構造や清浄度の作り方などつぶさに見ることができた。

　特に、品質向上、効率化、費用削減などからクリーン化が必須であり、時計時代には想像できない程踏み込んだ活動に入った。

　また最初に稼働したラインの終息まで見届けた。

　工場を稼働させるには莫大な費用が掛かることや、製品の効率生産を追求することが必要だと考え、その知識を学ぼうと、先述の生産士2級、その後1級を取得した。

　これらには論文も必須だったので、知識だけでなく実際の改善事例なども提示しながら、執筆した。自分の考えや取り組み内容が評価され、良い勉強の機会だった。

　これが次の社内試験の論文に繋がった。

　社内には、業務改善提案制度があったが、札幌赴任中に同僚から随分差がついてしまった。

　その挽回のため、着眼点を学び直そうと思い特許管理士を取得した。発想力を高めたいと思ったからだ。その結果事業部内では提案件数、得点とも一番になることができた。

　社内の業務改善提案だけでなく、特許の取得にもチャレンジした。

〈学ぶことについて〉

　札幌赴任前に社内の技術、技能研修所で時計の技術習得をしていた時、一人の指導官との出会いがあった。

　それ以来、様々な指導、アドバイスをもらうことができ幸運だった。

　その方は、のちに人事部内の別な業務に異動したが指導は続いた。

◆**監督者全国大会に参加して　自ら情報を取りに行く**

　入社3年目の頃、監督士全国大会の参加者に指名してくれ、連れて行っても
らった。

　この時は宿泊研修ということもあり、他社メンバーとゆっくり話し合うこと
ができた。

　会社が違うとこんなにも考え方が違うのか。**“自分の常識は、社外では通用
しない”**こともあることを知った。**“会社の色に染まり、それが常識”**だと
思ってしまっていたのだ。

　つまり、**“井の中の蛙”**である。

　この時、**“自ら情報を取りに行くこと”**の大切さをつくづく感じた。

　井伏鱒二の小説「山椒魚」を思い出す。

　岩屋を住処にしたが、その中で大きくなり過ぎて外に出られなくなった。そ
して岩屋に入ってくる小魚からわずかな情報を得られるだけだった。従って、
外のことをほとんど知らないという部分が似ているように感じる。

　それからというもの、様々な研修、セミナーを見つけ受講を繰り返した。

　会社の支援もあったが、多くは自費参加だった。これは将来の自分への投資
と考えた。

　どんどん外に出かけ、様々な方と出会い、いろいろなものを見て、多様な考
えを身につけ、自分が世間で通用するよう、バランスを取っていくことの必要
性を強く感じた。

◆**年収の5%は自分に投資する**

　その指導官に出会ってから、考え方が変わった。

　例えば、**“年収の5%は自分に投資しなさい”**とのアドバイスがあった。

　それをきっかけに資格取得、講演会聴講、講習会受講など積極的に行動した。

　社外教育、研修などは受講料が高額だ。当然自費参加は真剣になる。自分に
対しての費用対効果を考える機会だった。

　ある時の上司も、各種セミナー、社内外の講習など、行きたいものがあれば
どんどん行きなさい。行きたいと言った人ほど吸収するだろう。行き過ぎだっ
たら止めるから、と言ってくれた。

　居住地で山梨学院大学の公開講座が開催され、夜間2時間、年7回コースに3年通った。

　こんな風に、足元にも学ぶ材料は転がっている。それに気づくかどうか。そして行動に移すかどうかだ。

◆将来の肥やし

　やればやるほど、資格取得、通信教育、社内、社外講習など業務以外のことも幅広く吸収することが重要だと感じ、積極的にチャレンジしてきた。

　この様子を見ていた周囲の人からは、「あなたは馬鹿だね。若いうちは遊べばいいじゃないか」と良く言われた。

　この時は、「これらではメシは食えないだろうけど、何かに役立つかも知れない。将来の肥やしです」と言っていた。

　後のクリーン化診断・指導・アドバイスの時に、これらを総動員して活用している。

　実際に年齢を重ねてみると様々な障害があり、学ぶということが長続きしない。

　三日坊主と言う言葉がある。本来は長続きしないことを言っているが、今では、"3日も続いた"という意味になってしまった。

　本を読んでいてもすぐに眠くなり、それを枕にしている時もある。

◆イチローの言葉

　2020年後半、イチローがテレビで話しているのを聞いた。

　"やりたいことは、やりたいときにやるのがベスト"という話だった。

　単純な言葉ではあるが、実は重要なことを言っている。このことは私も同感だ。先ほどの話と共通しているからだ。

　何かをやる時にはタイミングがある。後回しにしていると、そのタイミングを失ってしまう。

　私がやっていた陸上競技も、定年退職後は時間がたくさんあるだろうから、その時もっと充実できると思っていた。しかし退職時、大病をしてしまい、その夢は潰えた。

色々なことに取り組んでおくと、やりたいことが一つ消えても別なことに取り組めば良い。

将来の長い時間をうまく使えるよう、趣味も含めいろいろな引出しを用意しておきたい。

退職したらやることがないのでは、残りは退屈な時間になってしまう。

確かに忙しい日々である。時間がないとすぐぼやいてしまう。

在社中は、"時間はないのではなく作るものだ"と良く言われた。やり繰り、工夫して作るのだ。

"忙しい"という文字はりっしんべんに亡くなると書く。りっしんべんとは心のことだ。

忙しいと思うのは、すべてを並列に並べるから混乱するのだ。

忙しいと心を失い、いろいろな配慮に欠けてしまうのだ。

極端に忙しい時は、冷静になって、"基本は何か、問題は何か、優先することは何か"、だけを考え行動してきた。課題を明確にし、優先順位付けをする。よく言う選択と集中である。

そうしないと混乱しているのに、さらに拍車がかかり、優先順位を間違えたり後手になる。

〈ユーモア発明クラブに参加して〉

◆色々な分野の人との交流の大切さ（異業種交流にも通じる）

通信教育や資格取得は、若いうちはなかなか続かなかった。

特許管理士を取得してから、なんだ、やる気になればできるんだということが分かった。

その後、東京でユーモア発明クラブの発足記念パーティーがあり、声がかかった。

うろ覚えだが、この頃も世の中暗かった。それをユーモアで明るくしようという呼びかけでもあったように思う。

その場には初代会長になった初代江戸屋猫八師匠、財界人、落語家、音楽家、歌舞伎役者の岩井半四郎など各界の著名な方々や財界人などが顔を並べていた。

ドラえもんの大山のぶ代さんもいた。

　特に落語家は毎日話題を探している人たちだ。

　その事例発表が柔軟に考えるきっかけとして参考になった。

　話しかけると気楽に対応してくれたが、それぞれ分野、立場が違うので、世の中こんなに様々な考え方があるのかと、自分の狭さをつくづくと認識した。

　もっといろいろな見方、考え方を知りたいものだと思った。

　ちょっとばかばかしいとか、これは落語の世界の話だと思うようなことでも、実用新案に出願したというのだ。

　特許や実用新案などは、技術者が考えることだと錯覚するが、落語家の話を聞いて、技術者が触れない隙間の技術には、そのヒントがたくさんあると考えている。

　それを機に、資格取得だけではなく、実際に自分も出願してみようと思った。

　アイデアはいくつか持っていたが、仕事に位置付けたものとして、半導体の特許も取得した。

　その時は手書きで明細書も書き、特許担当からアドバイスをもらい出願し、登録までできた。半導体の取り引き先は海外にもあった。それらの企業にも関係する内容なので技術担当や海外メーカーにもアナウンスしてくれた。

　行動しないで終わると、絵に描いた餅だということだ。

〈夢を叶える〉

◆マスターズ陸上に登録、国立競技場で走る

　国内、海外の試合に挑戦。様々な人と交流の機会ができた。そして幅広い考え方を学ぶことができた。

　これに参加してみようと思ったのは、忙しい日々のストレス発散、リフレッシュの場を持ちたいと考えたからだ。

　走ることは元々好きだったが、最初から大きな大会にチャレンジしても、通用するのか不安だった。でも、勇気をもって挑戦しようとした。

　プロ野球では、3割バッターは一流選手だ。その一流選手だって7割は失敗するのだ。失敗して当たり前と言う気持ちで出場した。

また、成功する前にやめるから、失敗なんだ、と言う言葉もある。

　粘り強くやり、簡単には諦めないと言うことだ。つまり継続は力なりでもある。

　その年の春の東京選手権が初めての大会だった。そして入賞できたことがきっかけで、何とかできそうだと思った。そしてのめり込んだ。

　何よりも嬉しかったのは、私のような初心者でも、みな対等に接してくれることだった。

◆小学生の時テレビで見た競技場でデビュー

　小学校6年生の時、東京オリンピック（1964年）をテレビで見た。その時の国立競技場のイメージが残っていた。その会場でデビューできたのだ。

　その4年後は高校1年生、この年メキシコオリンピックが開催された。

　僅かな期間だったが陸上部に籍を置き、その山梨県予選会に参加した。その時は、とりあえず走ってみただけだが、良い思い出だった。

　札幌赴任中も豊平川沿いのウオーキングコースを練習の場とし、北海道選手権、札幌選手権、札幌マラソンなどに挑戦していた。

　この豊平川は、大都会の中で鮭が遡上する川として有名だ。その河川敷は多くの市民の憩いの場だった。走りながらも心が休まる場所だった。

　その後しばらく競技からは離れていた。マスターズ陸上に参加してからというもの、多くの大会に参加したが、たくさんの方に会うことが嬉しかった。

　24年連続全日本選手権に出場、世界大会にも参加したことで、幅広い多くの友人ができ、ネットワークもできた。

　アジアでもライバルであり、友人でもあるメンバーも数人できた。貴重な経験である。

　主な種目はトラック競技の短距離とハードルだった。

　トラックは、1レーンから8レーン、または9レーンある。昔はコースと言ったが、今はレーンと呼ぶ。

　1レーンは空けることが多いが、400mや400mハードルでは、1レーンから9レーンを見るとはるか彼方、戦意を失ってしまう距離である。

　1周すれば距離は同じだが、コーナーだけを見るとすごく離れていると感じる。

　強気の時は、9レーンなら得した気にもなるが、余り練習ができず、気が弱くなっている試合では、あんなに遠回りするのか、逆に、内側からは追いつくのは無理だとも思う。

　外側は、スタート直後から直線に近いので、加速しやすい。一方で200mや400mは内側のレーンはコーナーからのスタートなので、加速しにくい。ただ、外のレーンは自分が先頭を走るので、他の人のターゲットになる。弱い立場ではある。

　どちらも利点、欠点はあるのだ。この時は、都合良く自分を騙すこと。自分に勝つことを考える。そんなことも学んだ。気持ちの切り換えだ。

　マラソンや駅伝を観戦すると、カーブでその曲線通り、あるいはその範囲の中でも大回りするランナーもいる。

　トラックのコーナーの感覚からすれば、コーナーだけでも最短距離を走りたい。長い距離なら当然違いが出てくる。1秒を絞り出すと言うが、長い距離では特にその繰り返しが大きな差になる。

　マラソンランナーは、トラック競技で1秒、一歩の大切さを肌で感じてみても良いのではないか、そんなことを思いながら観戦している。

◆社員一人一人が営業マン

　マスターズ陸場競技参加当時は、ランニングシャツの胸に社名を付け、競技に出場していた。

　現在、アマチュアは社名の表示はできないルールになっている。

　ある大きな大会でのこと。一人の方が近寄ってきて、「お宅の製品にこのようなものがありますね」といろいろ聞いて来た。

　ところが、その製品について説明できなかった。帰宅途中の電車内でも、説明できなかった悔しさが続いた。

　帰宅は深夜になったが、自分の会社の製品が説明できなかった悔しさと、今度は説明できるようにしようという思いから、そのまま休むことはせず、社内報をひっくり返した。

　自社製品を説明できることも社員の務めと感じる。

　一旦社外に出れば、"社員一人一人が営業マン"という意識を持ちたい。

◆引き算の楽しみ

　マスターズ陸上は5歳刻みでクラス分けされている。

　次のクラスになってすぐの大会では、そのクラスで最も若いので、良い記録が出せるだろうと言って早く年齢を重ねたいという人もいる。

　一方で、それを目指すと5年ごとにすぐ次のクラスになってしまう。歳は取りたくないという人もいる。この年齢は何とかならないものか、いつまでも若さを保つにはどうすれば良いだろうか。

　それで至ったことは、引き算の楽しみである。

　50歳の翌年は、普通に考えれば51歳だが、歳を取る、取り去るという考え方をすると50歳の次は49歳、その翌年は48歳ということになる。

　すると、実年齢が80歳になれば、20歳になるということだ。つまり気持ち的には若返るということだ。気持ちの持ちようだと自分に言い聞かせるのだ。

　あるアジア大会の時のこと。80歳過ぎの方と雑談をしながら競技場からホテルに戻った。

　フロントで別れたが、後でその方の部屋の前を通ると泣いているのが聞こえた。

　立ち止まって聞いていたら、今日の種目でメダルが取れなかったと泣いていたのだ。

　でも翌日競技場で会うと、目をキラキラ輝かせながら、一生懸命競技をしていた。

　まるで子供のようだとも感じた。歳を重ねると子供に帰るというが、こういうことを言うのかも知れない。

◆出会いの素晴らしさを伝える

　私は山梨県のマスターズ陸上競技連盟に所属していた。

　この一部のメンバーとは、甲府の陸上競技場で定期的に練習していた。地元には走る場所がなかったからだ。

　その中の大先輩の一人が、NHKの"おはよう日本"（入田直子リポーター）で紹介され、私たちも一緒に参加した。

　この陸上競技場に朝早く集合し、練習風景が放送された。

入田さんは、"出会いのすばらしさを伝えたい"と言っていた。

この時、初めて裏方さんの時間管理や細かな配慮を知った。ただ時間内に終了すればよいのではなく、そこにそれぞれの思いや視聴者に価値ある話題と時間を凝縮し、提供するのだ。

その後、大会に行くと、「テレビ見たよ」とか、トレーニングについての話題で会話ができる人が増えた。

その大先輩が、今度はNHKの"ためしてガッテン"で紹介された時、収録の手伝いをしたが、やはり日頃見ることがない、裏方さんの努力のお陰で番組ができているのだと確認できた。

このような滅多にない経験をすることができた。

ニュースを担当するアナウンサーも、例え5分や10分でも、その裏で大変な努力をしているに違いない。

私は運よく、たくさんの外を見、立場の違う多くの人と関わり合うことで、自分の考えが変わってきた。

ところが、人との関わりが少ない人との会話では、話に食い違いが出てしまう。そのようなことが多かったので私は孤立してしまうのだ。

経験が豊富であれば話題には困らないが、社内ではこのような経験の機会が少ない。話の食い違いが起きるわけだ。

従って私の話は信じられないとか大袈裟だという。そして"変わった人"だと見られる。

恐らくそのような方は人との関りが社内中心であり、その領域から抜け出せないのかも知れない。

そんな時、また井伏鱒二の「山椒魚」を思い出す。

在社中は陸上の練習が思うようにできなかった。

退職したら時間は沢山あるのだから、陸上に少し力を置いて頑張ってみようと思っていた矢先、定年直前の健康診断で腹部に大動脈瘤が発見され、やむなく競技から離れた（先述）。

台湾で開催されたアジア大会が最後になった。その台湾の友人であり、ライバルでもあった警察官の陳氏（格が高い方のようだ）からも、「いつ復帰する

のか、また一緒に競技しよう」という励ましが届いた時は涙が出た。

沖縄、インド、タイ、マレーシアで一緒に走った。そして、次は台湾で会うという約束だけは果たせた。

退職してからやれば良いと言う人もいたが、やれる時にやっておいたことが良かった。

後回しにすると、その機会を逃してしまうのだ。これはイチローの言葉に通じる。

◆陸上審判の経験

マスターズ陸上に登録後、陸上審判の資格を得た。そして、甲府で開催された、全国高校総体や、関東高校総体で自分が最も興味のある、ハードル競技を担当させてもらった。

全国高校総体では、超高校級と言われた、広島の為末 大選手が400mに出場した。それを目の当たりにした。

その後彼は、400mハードルに転向し、世界陸上で2回3位に入っている。

自分も400mハードルに取り組んでいたので、為末選手のように、いつかは表彰台へと言う夢を持った。もちろんレベルは全然違うのだが。

それが、全日本選手権で、金、銀、銅を、そして念願のアジア大会（タイ、バンコク）で3位に入った。それまでのアジア大会では、ロングハードル、スプリントハードルともに一桁台ではあったが、この時やっと夢が実現できた。

審判の経験と、大きな大会で、挑戦する選手の姿を見て追いかけて来たようにも思う。

なお、110mハードルでは、インドのバンガロール大会での5位が最高だった。

〈本格的にクリーン化に関わる〉

半導体部門に異動、新工場立ち上げから関わったことで、クリーンルームができる過程や構造も見ることができた。この頃から徐々にクリーン化に関わり始めた。

最初は前工程の最終工程に籍を置いた。

そこは基本的な電気特性関係の品質だけでなく、前工程、後工程、外注、生産管理（国内、海外向け出荷、送品、納期管理など）、および各工場の清浄度（浮遊塵、落下塵）測定、品質問題に対して技術、品質部門との連絡、調整、そして安全、品質など多様な業務に関わった。

従って多くの知識が必要になり、色々なことを学ぶ機会にもなった。

◆伝えること

全国設備管理協調月間の作文で３年連続社内代表、うち２回は全国入選（全国で20編、関東甲信越地区では三名だった）。

これはいずれもクリーン化のことを書いた。社内では全国入選は初めてのことであり、全社広報でも紹介された。

また、２回というのも前例がなかった。

東京での表彰式に臨んだが、気が引き締まる思いだった。内容には深い思い入れを込めた。その心が読み手に伝わったように感じる。

伝えることは、大別すると、書いて伝える、話して伝える、動作や行動で伝える、がある。

その書いて伝えることの難しさを、改めて知った機会でもあった。

NHK話し方講座を受講したが、書いて伝えることには少々弱さを感じていたので、エッセイの書き方の通信教育を受講した。それが上記の作文に少し生かせた。そして社内試験の論文にも繋げることができた。

一方で酒田の工場赴任時、朝日新聞山形版や地方紙への投稿が掲載されたことで、自信になった。

TPM（Total Productive Maintenance）活動にも取り組んでいた。その審査の時、現場でクリーン化の事例を発表した。

「これは君がやったのか」と聞かれ、お褒めの言葉もいただいた。審査員のリーダーであり、某大学の有名な教授だった。それも自信を持つ機会になった。

叱られる、怒られるのは良い気持ちではないが、一言でも褒められれば、向かう気持ちになるものだ。ここからますますクリーン化にのめり込んだ。

褒められたことは後々まで心に残るものである。褒める効果は大きいことを改めて理解した。

◆現場診断では褒めることを多く

　例えば現場診断、指導に出かけた時、少しでも苦労していると感じられれば、褒めてみる。「良くやっているじゃないですか」と。

　すると対応してくれた人、特にトップはすごく喜んでくれる。そして、「まだまだできていないことが多い」という本音が出てくる。そこに指導、アドバイスをすれば良いのだ。

　それを、「何ですかこれは！」などと冒頭から言ってしまうと、また叱られたくないという意識も働き、本音が出てこない。

　これでは会話が減り、気まずい異様な雰囲気で進めることになり、相互にマイナスである。

　社長はその会社のトップ、褒めることはあっても褒められる機会はめったにない。だからその努力を褒められれば気持ちが楽になって本音が出てくる。そしてトップとしての苦労談や考え方を知ることができる。トップだって話を聞いてもらいたいのだ。

　このように、**現場診断・指導の場は双方が学ぶ機会にすべきだと考えている。**

〈大河ドラマのエキストラ〉

◆歴史を考えるきっかけ

　私の住む町内でNHK大河ドラマの撮影があった。平成の大合併の前のこと。

　武田信玄のところへ、京都三条家から嫁いでくる場面が初回放送だった。

　この時、三条夫人の御輿を担ぐ役として行列の先頭にいたので、画面には少々大きく映った。

　このロケの時、草鞋が自分では履けなかった。

　テレビではそのようなところには着目したことがなかった。つまり表面の見えるところだけで、そのドラマを理解しているのだ。

　山があり、牧場が多く、馬もたくさんいるので、大河ドラマの撮影は何度かあった。

　別な大河ドラマの撮影の時は、幼少の子供二人を連れて行った。

　その時は、武将たちが秀吉を囲んで、悲痛な面持ちで話し合っている風景。

　5歳だった長男が、その侍たちを押し分けて中を覗き込んでしまった。

　そして、私のところへ戻ってきて、「パパ、みんな血だらけになって死んでいるよ！」と言ったのが、集音マイクに入ってしまった。ドラマの撮影などは理解できていないのだ。

　そこで休憩になったが、誰一人怒ることもなく、有名な俳優の方たちも、「いいんだよ、俺たちもちょうど休憩をしたかったんだよ」と言って子供たちを代わる代わる膝にのせて、写真を撮らせてくれた。

　テレビで見る武将たちは厳しい表情が多いが、実際に接してみると、柔らかさ、人情味など様々感じた。

　ほっとしたのも束の間、今度は二男がその周囲を走り回ってしまった。

　冬の撮影だったので、子供もジャンパーを着ていた。その擦れる音が入ってしまった。それでも嫌な顔をせず、休憩しようと言ってくれた。

　信長が白馬に跨り走ってくる。この辺でその馬が倒れるので、少し離れて見て下さいと言われた。するとその通り、合図で馬が倒れるのだ。馬は賢いものだとつくづく思った。

　そういえば、子供の頃、父の実家は農業を営んでいた。馬や牛も1頭ずつ飼っていた。

　丘を越えた先に、牧草を作っていて、そこに馬を連れて行き、刈り取った草を背に載せ、馬の尻を叩くと、その馬が、自分で（ちょっと変な表現だが）ポコポコと家に帰っていく。

　家に着くと、馬がいななく。すると家の中からおばあさんが出て来て、荷を解く。そしてまた馬の尻を叩くと、その馬が先ほどの牧草地まで歩いていく。

　子供ながらに、なんとも賢い馬だと思った。そんな場面を思い出した。

　このようなことをきっかけに、日本史や歴史のことを色々考えるようになった。

　学生時代は、学ぶのではなく、単位を取得することが目的だった。**年号と項目を暗記**し、内容、背景について深く考えることはなかった。

歴史の背景などと良く言うが、この言葉も聞き流しているだけで、心にとめることはなかった。

　大河ドラマの経験から、歴史小説なども読むようになった。もちろん筆者の切り口から歴史観を学ぶのだが。経験、体験は、暗記するより強く心に残るのだ。

　その時代はどんな生活をし、どんな考え方で今の世に繋がってきたのかなど考えもしなかった。

　子供たちも少しずつ歴史に興味を持つようになり、図書館で調べたりしてきて、逆にいろいろ教えてもらうことも多くなった。

　「なるほどそんな背景があったの？」という感じだ。

　イタリアのポンペイの遺跡やローマのコロッセオも見たが、当時はすごい都市国家があったのに感心した。その世界史と日本史を対比させて考えるようにもなった。

　子供の目が輝くのは、生まれてから見るもの、体験するものがはじめてのものが多いからだろう。大人の自分でも人生初体験は、新鮮なことだ。それが子供なら、なおさらだと思う。

　この時期は子供を育てるというより、子供に育ててもらったという方が正しいのかもしれない。

〈聴力障害になって〉

　精神的にかなり参った時期があった。

　首の後方にピンポン玉くらいの瘤ができた。病院に行ったところ、脳の神経痛だとの診断。注射してもらい、こんこんと寝たあと瘤は引いた。

　これが予兆だった。

　会社の健康管理室（医務室）で情報は把握していて、病院の精神科（今は心療科）の先生とも連絡を取り、バックアップしてくれた。迅速な対応だった。半年ほど通い治療した。

　また、心の相談室でも親身に相談に乗ってくれた。いずれも人事部門管轄である。

　これがなかったらと、今思い出しても危ない時期だった。

　回復したとのことで治療は終了したが、結局その原因である職場環境が改善しなかった。

　しばらくして、今まで経験したことのない、激しいめまいが続いた。寝てもいられず、起きてもとにかくひどく、死ぬかと思うほどで何日も会社を休んだ。

　そして聴力障害になった。

　地方の病院では対応できず、上京して大学病院をいくつか回った。

　結果的には、蝸牛（カタツムリの部分）の障害で、電気の配線が断線、あるいはショートしたようなもので元に戻ることはないが、進行性とのこと。変化があったら対応すると言うことになった。

　最初は頻繁に通ったが、それから25年、いまだに春、秋東京の慶応大学病院に通院している。

　障害者手帳は4級である。

　心の病は、完治すると言うことはないようだ、未だに心の奥には残っている。

　大阪の心療科の医院が放火され、大勢が亡くなった。心のよりどころを失った人たちのことを思うと心が痛む。

◆クリーン化の先生の声を聞く

　精神的、肉体的にかなりの無理がたたった。そのストレスで聴力障害になった。

　死ぬかと思った時、のちに私のクリーン化の先生になった人の声が聞こえたような気がした。

　「お前にはまだやることがあるだろう」というのである。

　元気になってそのことを思い出した。それは"クリーン化と陸上"のことだと思った。

　左耳はやや聞こえた。短距離の場合スターターのピストルの音は、左から入ってくる場合が多いので何とか聞こえた。

　これまでの精神的な障害やストレスを払う気持ちで再び始めた。

　大会に行くと、多くの人に会うので、気が休まる、和む時間があり、心の逃避場所でもあった。

少し走り込んで大会に出られるようになってから、まず100mに出場した。スタートしてから異変に気付いた。

目を開けているのにまっすぐ走れないのだ。走りながら方向を変えていくような走り方だった。

その時、耳はバランスを取ると教わったのを思い出した。でもこんな体験はしてはいけない。

若い人には無理をしないように言ってきた。無理しても通れているうちは良いが、それができなくなった時、蓄積した時にこのようになるかも知れないし、また、なってからでは遅いのだ。

情報が入ってこない、コミュニケーションが取れないなど、自分の生活に支障が出る。その苦しみが永遠に続くのである。

仕事や家族との会話でも聞こえていないとか、話の聞き違い、意思の疎通ができないばかりか、赴任先のアパート、国内、海外の出張時のホテルでは、目覚まし時計が聞こえないので、寝ていても極度の緊張状態が続き、熟睡はできなかった。

現在は、左耳の神経が少し生きているのでと、医者の勧めにより補聴器をするようになった。

でも、片方の耳だけで情報を処理するので、これまた神経が擦り減る。

こうなってみて、初めて耳の聞こえない人の苦労、苦しみがわかるようになった。

そして多くの人にも迷惑をかけてきたものだとつくづく思った。

〈TPM推進部門に移る〉

全国設備管理協調月間の作文が2回全国入選したが、この内容はクリーン化のことだった。

その時、私が苦しんでいることを知っていた、TPM推進部門の課長が、その部門に引っ張ってくれた。

ここから別な立場でクリーン化を考えるようになった。

設備について興味を持つようになったが、特に設備発塵を意識するように

なった。

　この機会に TPM カレッジ経営幹部コースを受講させてもらった。

　企業、業種の違いや、経営側など**自分と違う立場の方との意見交流**の場が参考になった。

　上司である課長が異動したことをきっかけに、クリーン化に本腰を入れたいと思った。

　現場にいたので現場の強み、弱みも知っている。現場を強くしたいとの強い思いがあった。

　先述のクリーン化の先生は、当時私の上司ではなかったが、現場にいた時から、たくさんの指導、アドバイスをしてくれた。その先生に弟子入りしたいと懇願した。

　その先生も、定年が近く、後継者の育成を考えていたとのことで思い叶った。

〈国内現場診断、指導〉

　先生による指導が始まった。実際に他の会社の現場を見るのだ。

　自分でもある程度やってきたつもりだが、やはり神様だった。

　その時のことばの中に、"日々発見、日々喜び"というのがある。

　その先生は、多くの現場を見て歩いていた。

　ある工場で一生懸命活動し、クリーンルーム内を非常に良く管理しているところがあった。

　こんなに一生懸命奇麗にしているのだから、今日はもう不具合はないだろうと思いながら現場に入ると、また新しい発見があるという。

　その時に、昨日までの自分に見つけられなかったものを見つけると、"昨日よりも今日はレベルが上がったんだ、成長したんだという喜びを感じる"というのだ。

　また、現場とはその場に現れると書くように、日々違った顔を見せるので、そこに遭遇し、感動を覚えると言うこともあったのだろう。

◆言葉の裏に気づく

　私も日々現場に入ることに努めていたので、この言葉は良くわかる。肌で感じる言葉だ。

　ところがある日、クリーンルーム内を歩いていて、「この言葉には裏がある」と思った。何だろう。

　良く考えてみると、"**どんなに新しいクリーンルームや設備であっても日々劣化している。それを発見している**"ということだ。

　設備は初期不良もある。長く使えば摩耗不良もある。またTPMでは生まれの良い設備、悪い設備という表現もあるように、まったく同じ設備であっても人間と同じように個性が違うのだ。

　だから、早期発見し、不具合が発生する前に予防することが必要なのである。

　清浄度の高いクリーンルームか否かに関係なく、設備は発塵する。

　設備の不具合は日頃からチェックすることで発見されるのだ。

　その先生の定年退職を機に、一人で国内拠点、外注など広く出かけるようになった。

　そこでは、クリーン化教育を実施したところもいくつかある。

〈クリーン化教育立ち上げ〉

　定年までの間に、管理職か専門職かの分岐点がいくつかあった。

　私はクリーン化に深く入り込んでみて、その重要さを感じていた。

　これは、人はやりたがらないし、評価されないことではあるが、私は生涯やり続けようと心に決めていたので、専門職の道を走り続けて来た。

　このクリーン化をもっと広げなければ、浸透させなければという使命感のようなものがあった。この気持ちは退職してからも続いている。

◆教育手順の失敗

　クリーン化教育の必要性を感じ、最初の頃、周囲の職場から始めようと、各職場の管理職に声をかけた。

　いざ始めたところ、昨日、今日入社したような参加者ばかりだった。

そのメンバーが職場に戻り、何かやろうとすると、「あなた、それをすると何が良くなるの、どんな効果があるの」と質問してしまう。

受講したばかりで、すぐ回答ができない。そして、説明できないことはやらなくなってしまう。

上司も、品質や歩留まりが向上する活動というイメージは持っている。しかし、実際に体験、経験がないのに質問してしまうと、このように食い違いが生じるのだ。

その失敗の原因は**"上司から先に始めなかった手順ミス"**である。

半導体の前工程（原料投入から、およそウエハー—半導体素子製造の材料—状態での完成工程までを指す）の人たちはある程度理解していても、それ以外の分野では認識は薄い。

教育は共通の内容を上層部から順次実施し、徐々に下ろしてくることが重要だ。

それは現場の人だけ、あるいは正規社員だけでなく、全ての人を対象に実施することが必要である。

人事部門に依頼し、新入社員教育のメニューにも加えた。

そこで、まず社内の各事業所や工場のクリーン化担当の会合時、テキストの作成を提案した。

考え方や具体的な進め方を記した社内クリーン化教育テキストができた。これをもとに、教育を始めた。

このテキストの初めに、半導体をはじめ電子デバイス部門統括のトップに一筆いただいた。認められた活動にするためだ。

また、役員は、「私は書いただけ、後は知らない」とは言えないのだ。つまりバックアップしてもらえるのだ。

この役員はクリーン化のことは良く理解していて、役員のメッセージでクリーン化の重要性を説明してくれたり、現場診断に同行してくれるなどバックアップしてくれた。

〈山形県 酒田市の工場に赴任〉

　酒田に赴任して知ったことだが、夏、海水浴場が開かれる前に、海水浴場の掃除があるのだそうだ。もちろん気持ちよく使ってもらえるように奇麗にするのだが、もう一つ目的がある。

　冬は、西風が強い、また、海流も大陸から日本へ向かう。そして海岸にはハングル文字が記載された薬品のポリタンクなどが打ち上げられている。中身が有害な液体と言うこともあるので、事前に除去したいのだそうだ。これは環境問題でもある。

◆クリーン化教育立ち上げ

　山形県酒田市の工場に赴任した。クリーン化の導入、普及が目的だった。

　もちろん、半導体の前工程は微細化の進んだ製品製造であり、クリーン化にはある程度取り組んでいた。

　しかし、後工程やその他の事業のクリーン化はこれからという状況だった。

　その、後工程の部長が、「今度クリーン化の専門家が来るぞ」とPRしてくれていた。

　後工程に入りやすい土壌を作ってくれていたのだ。

　札幌へ赴任する時、営業マンが、販売会社に迎える環境を整えてくれていたのと同じだ。

　そして、後工程の品質部門のメンバーを一人用意してくれた。優秀なメンバーだった。

　これで、しばらくは私の話を聞く耳を持ってくれるだろうと思い、まず私はどのような人間かを理解してもらえるよう努めた。

　そのメンバーは、クリーン化を学び、また標準化を進めてくれたので、私には大きな力だった。

　クリーンルームではないところでも、クリーン化が必要な現場があったので、クリーンルームの有無に限らず、良いものづくり環境を整えようと考えた。

　そこで、現場を見ることからはじめたが、クリーン化教育も始めた。

　その拠点の総務部門に依頼し、"クリーン化教育を全社員必須"とし、広報

に掲載してもらった。

社員教育は、職制ルートで受講者を募る方法がやり易い。

前回の失敗を繰り返さないために最初は管理、監督者対象に実施、順次一般社員に下ろしていった。

全社員対象とし、受講後は教育訓練記録に残すことも重要だ。

◆社長の受講に感激

この拠点も一つの会社であり、社長がいた。

その社長に、「このようなことをやっているので時間があれば気軽に覗きに来てください」と話したことがあった。そしたら早速聴講してくれた。

3時間の教育だったが、席を外すことなく最後まで聞いてくれた。

ところが、しばらくしてその社長が、「良い話だったのでまた聞かせてくれ」と言って聴講してくれた。これには感動した。トップの姿勢が社内に拡がる機会だった。

クリーン化活動の成功の条件については、次のクリーン化のところで記すが、**"経営者や管理職の理解と旗振りが最も重要"**である。

そのことを行動で示してくれた。気持ちは冷静さを装ったが、心の中では躍り上がってしまいたい気持ちだった。

〈ゴミを捨てる文化と掃除する文化〉

◆労働組合の海外視察

現場でクリーン化を推進していた頃、労働組合で海外視察の機会があった。

香港から列車で深圳に入った時のこと。香港がまだ中国に返還される前のことで、駅では入国手続きがあったが、市内でも2回ほどパスポートのチェックがあった。

高層ビルが徐々に建ちはじめ、その合間を三角の編み笠を被り、天秤棒を担いだバナナ売りが往来している、ちょっとアンバランスな風景が残っている頃だった。

深圳にもいくつかの拠点があったが、その中の一つの工場でのこと。

この工場はビルの中層階を借用していた。上の階も下の階も違う企業が入っていた。昼になった時、現地メンバーが、「食事しながら窓の外を見ていてください」と言うが、その意味がわからなかった。

　暫くすると、何やら白いものが降ってきた。そのあといろいろなものが降ってきた。

　それは、昼食のゴミだった。

　昼食時には工場の付近に屋台が並ぶ。そこで買ってきて食事後ゴミは窓から放り投げるのだ。

　地面を見てもゴミだらけだった。

　後に日本企業が中心になり、ゴミ拾いをはじめた。そして他社にも呼びかけ、ゴミ捨ても禁止にしたとのこと。

　みんなで拾うことで徐々に捨てなくなり、しばらくして周囲の環境も良くなったと連絡があった。

　このことは、その後蘇州、無錫の工場指導に入った時も感じた。

　上海から近い蘇州、無錫には三つの工場があった。中国では最も多く通ったところだ。

　街中では至る所にゴミが捨ててある。

　蘇州の工場のクリーン化担当に話を聞くと、「中国はゴミを捨てる文化です」というのだ。

　そのあと一瞬顔色が曇った。

　どうしたのか聞いたところ、その担当は、以前日本でクリーン化について何か月も勉強した。

　その時どこにでもゴミを捨てることは良くないことを学んできた。日本の文化を学んだのだ。

　しかし、こちらでは、「食べた後のゴミはその辺に捨てなさい」というのが親の躾なのだ。

　会社の構内やクリーンルーム内を奇麗にすることを指導する立場になると、親の躾とは矛盾するので、なかなか浸透しないと悩んでいたのだ。

　通訳の方にも、廊下に落ちているゴミを指摘し、「こういうものはすぐに片

づけよう」と言ったところ、「それをやってはいけないんです。片づけてしまうと、掃除する人の仕事がなくなってしまうでしょう。それで生活をしているんだからかわいそうです」と言うんです。

そのクリーン化担当は、当時1万人を抱える工場のクリーン化組織の総責任者だった。

各職場のクリーン化担当を定期的に教育し、意識を変えるとともに、自らは標準化や管理職の教育にも当たっていた。

例え社長（総経理）であってもルール違反をすれば、躊躇なく指摘していた。

各職場のクリーン化担当も、自分の管轄メンバーの教育、不具合の改善など積極的に対応していたので、レベルは非常に高いと感じた。訪問のたび成長を感じた。

◆躾の難しさ

ある時その工場の食堂での出来事。

スーツ姿の方が数名で食堂に入ってくる作業者にきちんと並ぶように指導していた。

理由を聞くと、まずきちんと並ぶ人はいない。そして割り込むのは当たり前だというのだ。

それで北京オリンピックの前から、きちんと並ぶことを指導してきたのだそうだ。

毎月11日は1が二つ並ぶ、つまり2列で並ぶ日だそうだ。

様子を見ていると、手を洗う人はほとんどいないし、ハンカチも持っていない。

これは、中国の旅行者が日本に来ても同じような風景を目にする。

以前、小樽に旅行した時も、海鮮の食堂で豪華な船盛を注文していた中国からの旅行客に出会った。それを上だけ少しつついて、テーブルは食べ散らかしてゴミだらけ。

大きな声で、周囲の迷惑も顧みないで、店から出て行った。

それを片付ける店員の悲しそうな顔が思い出される。

同じ場所で中国と台湾の旅行者の違いを直に確認ができる。マナーやモラルと言ったものは全く違う。

　世界で一流の経済大国にはなったが、国際社会の仲間入りは相当先の話だろうと言われる所以でしょう。

〈掃除の文化〉

◆タイの工場で見た風景

　タイ、バンコクの郊外にある工場ではこんなことがあった。

　初めて訪問した時のことである。ある工程に入ったところ、モップを持った何人かの人たちが床掃除をしていた。

　現地のトップに、「こんなに大勢の清掃員を頼むと費用が嵩むのではないか」と言ったところ、「そうではないんです。これはみんなうちの作業者なんです。作業をしていて手が空くと指示しなくても自ら掃除をするんです。これは家庭の躾です」とのこと。

　ただ、良く見ていると、水分を多く含んだモップで拭くので、床に水が残ってしまう。

　国の文化なのかはわからなかったが、こうなると掃除することに抵抗感はなく、理解が早い。指導しやすいのだ。

　実際にやって見せながら、「水をきちんと絞って拭きましょう。床が濡れていると滑って転ぶかも知れない。腰や頭を打ち、大ケガをするかも知れない」と言うと、すぐに理解し、「こうですね」と目の前でやって見せてくれた。

◆日本の掃除の文化　お店の外まで掃除

　日本は昔から掃除の文化があった。

　個人商店でも、開店前から店の外、それが例え公道であっても掃除することが珍しくなかった。お客様を快く迎える準備だ。

　お客様が来るか否かに限らずきちんと清掃することは、その日の最初の仕事であり、心を清める時間でもある。そこには、"お客様を迎える心"がある。

　そして店内に埃が立たないよう、程良い加減に水を打つ。この手加減にも年

季（経験やコツ）がいるのだ。

自分のお店は神聖な場所なのであり、これも掃除の文化の一つだ。

〈ルールは変えられる〉何もしないで諦めるより、行動してみる

山形県酒田市に赴任中に、いくつか行動してみたことがあるので、ここで紹介する。

◆陸上競技場の使用料について

赴任しても陸上は続けたいと思っていた。その酒田市には陸上競技場があった。

ところが、競技場の管理人に利用方法を聞いたところ、半年か1年単位で利用料を支払うルールで、それ以外は受け付けないとのこと。

それでは帰省も考えると、月に数回しか利用しないので、かなりの出費になる。

そこで、市の体育課に手紙で相談したところ、ルールは変更できないが、特別ということで、利用した日を記録しておいて、まとめて1年分支払ってくれれば良いとのことだった。

初年度はそのようにした。ただ、管理人にはそのことが伝わっていなかった。行く度に、いつ払うのかと催促され、お互い嫌な思いをした。

やはり何とかしたいと思い、他県の例に触れながら、その都度の支払いに変更できないかと重ねて依頼した。

その直後から、都度の支払いに変更してくれた。

この時、利用者の声を聞いてくれた。"ルールは変えられる"と思った。

お役所は固いところ、というイメージがやや払拭された。

◆航空便の変更、お客様相談室の対応

私は単身赴任だった。月に2回程度帰宅できるというルールがあった。

自宅（山梨県）と赴任先（山形県酒田市）は、当時、車で片道525Kmあった。金曜日に仕事を終えて、自家用車で帰る時は7〜8時間を要した。1日仕

事をして、また同じくらい運転をすることになる。

　危険な思いもしたので、途中から航空便で帰宅するよう変更した。

　当時は、庄内空港最終便は夕方6時40分だった。羽田着は8時近くだ。加えて羽田のスポットは端に着くことが多かったので時間短縮のため荷物は預けなかった。到着後すぐに飛び出せるよう、座席は前方を予約していた。それでも、機内通路の人混みで思うように出られない。

　空港内の通路に出たらロビーを駆け足だ。さらに帰宅日の多くは金曜日だ。

　花の金曜日、駅のホームも人で溢れている時間だ。人を掻き分けてもなかなか進まず、新宿駅に着くと9時は過ぎている。偶然間に合うこともあったが、ほとんどは次の甲府止まりの電車になる。そしてだいぶ待ち、普通電車に乗り換える頃はすでに日付が変わっている。

　そして日曜日の昼の列車で上京し赴任先へ戻る。これでは家族の顔を見に帰るだけだ。

　かなりしてからだが、先述の陸上競技場の"ルールは変えられる"ことを思い出し、A航空会社に2項目の手紙を書いた。

　こんなことをしながら帰宅している。他にも同じことをしている人たちがいる。航空便の時刻を早められないか。

　もう一つは、気象条件に左右される。特に冬場は日本海からの強烈な海風で、猛吹雪になることが多い。せっかく航空回数券を用意しても、欠航になれば次の帰宅にとあと送りする。それをしていると3か月の期限が切れてしまうことがある。

　このことは市内の旅行会社に相談したが、対応できないとのことだった。

　この2件は無理だと思っていたが、お客様相談室の責任者の方から手紙が届いた。

　航空時間については早めます。また、期限延長については、他からも依頼があるので4か月に変更するというものだった。

　その航空会社の地上係員の対応にも良い印象を持っていた。

　そのことも含め、お客様相談室の責任者の方と、**"心の品質"**を話題に何回か意見交換した。

A社の庄内空港の支店長に偶然会う機会があり、この内容についても確認できた。きちんと伝わっているのだ。

◆上司の判断に委ねる

中国地方で開催のマスターズ陸上の全国大会の時のこと。

完走はしたが、400mハードルで太ももの肉離れをしてしまった。

もう走ることもできないので、帰りの航空便の予定を繰り上げ、その日のうちに帰宅しようと思った。

同じ県内のメンバーの団体扱いだったので変更は無理かも知れない。

陸上仲間に大手航空会社の航空整備技師がいた。

聞いてみたところ、事情を話し、空席があれば対応してくれるだろうとのことだった。

空席があるなら前倒しをすれば、他の客が次の便に搭乗できるかも知れないとのこと。

すぐに空港に向かい、カウンターの女性に変更依頼したが、ルールですからと断られた。

かなり粘ってみたがそれ以上話は進まなかった。一旦引き下がって、様子を見ていたところ、カウンターの女性が交代した。

また交渉したところ、「ちょっと待ってください。上司に相談します」と言って事務所に入っていった。

暫くして、上司の判断で搭乗OKになった。それから、「お怪我をされているとのことで、搭乗口に一番近い席をご用意しました。羽田に着いてからは車いすをご用意しましょうか」と言ってくれた。手厚い対応に涙が出る思いだった。怪我人なので特別に配慮してくれたようです。

ダメかも知れないが、"上司に相談してみる"という部分が印象に残った。

いまだに、ルールですから、決まりですからといって一蹴されることがある。

もしダメだったとしても、わかり易く説明をしたり、心ある対応は好感を呼ぶのだ。

〈話し方の極意を学びたい〉

◆Y放送局のMアナウンサー

　赴任先のアパートから会社へは、道路の混雑を避けることと、社内クリーン化塾の原稿執筆の目的で、早朝出勤していた。

　朝早く、誰も出勤していない静かな時にいろいろな思いを巡らせ、読み手を意識しながら執筆するのは、気持ちが落ち着き、集中できる時間だった。

　出勤中は車の中で、ラジオを聞いていたが、Y放送局の女性アナウンサーの話し方に興味を持った。

　アナウンサーの仕事はニュースでは事実をわかり易く伝えることだろう。だが、このアナウンサーは、形容しがたいが、私の心に入ってくる話し方をするのだ。

　年輩の方だが、他のアナウンサーと比べると、話している時に、言い直しや止まることなどがなく良いテンポ、スピードで話す。心惹かれるのだ。それはテレビに出ている時も同じだった。それを朝一番に聞きながら、気分良く出社できた。

　私も、札幌で講習会の講師の経験もある。

　再び、人前で話す機会もあるだろうと"NHKの話し方講座"の通信教育も受講した。

　そして赴任先でもクリーン化教育を立ち上げ実施していた。

　"伝えることの難しさ"という部分でも触れたが、今までのアナウンサーにはない魅力があった。

　ニュースだけなら5分くらいかも知れないが、その5分のためにどのような努力をしているのか知りたいと思った。

　そこで、このアナウンサーの話し方の極意を聞いてみたいと思った。

　もちろん長年の努力、研究からそこまで到達したのだろうから、簡単には教えてもらえないことは承知の上だった。

　偶然その放送局の酒田支局長に会う機会があった。

　そのアナウンサーに面会できないかを相談したところ、恐らく無理だろうという返事だったが、その支局長、本局の役員、Mアナウンサーの三人で話し合

いをしたとの連絡がきた。

　そのアナウンサーは面会しても良いとのことだったが、結局叶わなかった。

　でも門前払いでなく、行動してくれたことに感謝の気持ちでいっぱいだった。

　そのアナウンサーは、単に仕事をするという意識ではなく、そこに思いや心を添えているように感じる。**アナウンサーの使命**を追い続けているのだろう。いまだにその記憶が残っている。

　そんなことを頭に描きながら、これからも話し方を自分で磨き上げていこうと思う。

〈異業種交流の大切さ〉

◆酒蔵から学ぶ

　酒田市内に有名な酒造会社がある。その会社の役員に会う機会があった。

　札幌でお世話になった先輩が東京に帰任後、銀座で日本酒を楽しむ会を催し、その場に誘われた時に紹介してもらったが、その酒田版も開催されたので参加した。

　私はお酒が飲めないが、そこに集う様々な方と触れ合うことの楽しみを味わいたかった。

　庄内の各地からの参加者だけでなく、東京から駆けつけるメンバーも多かった。

　著名人も何人か参加した。

　その役員に、お酒の製造過程を見学させてもらいたいとお願いし、後日訪問した。

　国内の品評会でも１、２位を競うお酒を造っている。その杜氏の方も加わって、全工程を説明してくれた。

　東日本大震災の後だったが、地震対策なども説明してくれた。

　最後の工程では、瓶詰されたあと、ベルトコンベアで小さなクリーンルームに入っていく。

　こんなところにもと不思議だったが、説明を聞いてみて理解できた。

　瓶にラベルを張る工程では、台紙から自動的にラベルが剥され、瓶に貼り付

ける。

ラベルを剥す時、静電気が発生する（剥離帯電）。

付近のゴミがその静電気に引き寄せられ、粘着面に付着して瓶に貼り付けられると、そのゴミがラベルと瓶の間に入ってしまう。するとラベルにしわができる。これを防ぎたいというのだ。

購入側にしてみると、お酒の品質は変わらないが、そのしわを見て、その商品は購入対象から外されてしまう。

ラベルは、そのお酒のことが記してある。その商品の顔であり、製造元の顔でもある。

それを見て品定めをするので、購入者は必ず見るのだ。

私たちは、雑誌やノートを買う時、品定めをした後、本当に購入したいものは、その下の方から取り出すことが多いのではないだろうか。人の手垢や指紋のあるものは避けたいのだ。

ここに、日本人の奇麗好きという面もある。それらを考慮して、ラベルを含め良い品質の製品と見てもらいたいわけだ。そこにも "心が存在する" ように思う。

このように同業者だけでなく、異業種を相互に見ることにも意義がある。異業種交流の大切さである。自社では常識であっても、他の業種では常識でない場合もあるのだ。

〈本社へ戻る〉

6年間の赴任後、一旦本社に戻ることになったが、上層部から海外、国内の現場診断・指導の依頼は続いた。

◆海外赴任者教育にクリーン化を導入

本社では、海外赴任者教育にもクリーン化を導入してもらった。

海外の工場指導から、その必要性を感じていたからだ。

国内のいろいろな企業を訪問すると、海外の工場の話も出てくる。

その中には、クリーン化を理解、意識する人もいれば、そうでない人もいる。

東南アジアに工場を持っているある会社でこんな話を聞いた。

日本からの赴任者、つまり現地では管理職だが、なかなか現場に入らないというのだ。

折角ものづくりの工場に赴任しても、本当にものを作っている現場に入れない、入らない。

そして事務室で１日パソコンを叩いて終わる。それで仕事をした気になってしまうというのだ。

今の時代、国内と海外の工場は、ネットで繋がっているのが当たり前だろう。

そこでは、売り上げや品質、生産数量、事故、災害、人員の動向など、様々なことが把握できる。それだけなら国内からわざわざ赴任させなくてもよいのだ。

海外に工場を作る意味や自分の立場を理解できていないのか。あるいは企業が赴任者に求めることを明確にしていないのかという要因はあるだろう。

国内空洞化により、現場の経験ができなかった人が赴任する場合がある。どこを見てよいのかわからない。そして現場では会話ができないのだ。

このような話を聞いてしまうと、"人の振り見てわが振り直せ"である。

聞いただけで終わりにせず、うちの会社の赴任者は大丈夫だろうかと気になった。

特にクリーン化の面から支援できることはないだろうかと思い、海外赴任者教育担当部門に提案し、クリーン化教育実施に漕ぎつけた。

定期的に交代することに加え、その人数も多いので、教育も頻繁に実施する機会がある。

その教育の時、どうして東南アジアに工場が出ていくのかを聞いてみた。

それはコストメリットがあるからです、と言う返答が多かった。当然のことだ。

そこで、教育に付加したのは、日本国内と比較してコストメリットがあるのはわかるが、赴任した現地に日本国内のライバルが存在するかも知れない。そのライバルとし烈な競争をすることになるかもしれない。

そして、管理職が現場に入らないとどうなるか。そこを良く考えてもらいたい。管理する人がものづくりの工場の、本当のものづくり現場に入らず、現地

の作業者だけになってしまうと、品質、安全がガタガタになる、そうなると様々なコストが高くなるだけではなく、競争力も低下してしまう。

　今その工場が良いのは、これまでの赴任者の努力のお陰であって、その上に胡坐をかいているとその工場の経営があっという間に傾くかもしれない。

　あなたが赴任してから業績が悪くなった。事故災害が頻繁で、品質も安定しないということになると、競争力を失い、工場を畳まなければいけないとか、工場を引き揚げなければいけないことになったらどうしますか、と厳しめに言っていた。その方が心に残るだろうと思って。

〈 '09年 二度目の酒田赴任〉

　本社にいるより、現場に近いところで活動しながら、そこから指導に出かけた方が良いとの判断があり、2年後酒田へ再赴任、再び半導体の品質保証部門に籍を置いた。

　札幌2年、酒田2回計8年、その他派遣、出張を含めると家にいた期間は少なかった。会社生活のうち4分の1は不在だった。

　寝ていてもふと目が覚め、ここはどこだろうということも何回かあった。自宅か、赴任先のアパートか、国内、海外のホテルなのか、あるいは陸上の大会の遠征先のホテルかを理解するまでに時間がかかることがあった。

　どこにいても家族のことを考えないことはない。"家族って何だろう"と問うことが多かった。家族の支援、協力がなければできなかった。

　不在の間、自分がやるべきことも家族が対応していた。それも大変だったと思う。感謝の日々だった。

〈電子版寺子屋クリーン化塾開講〉

◆松下村塾をイメージ

　二度目の赴任では、会社生活の先が見えていたので、後継者育成を意識していた。これが開講の発端である。

　各事業所、工場のクリーン化担当を集め、直に伝えようという思いがあった。

各現場とも余剰人員があるわけではない。思いついたのは、電子版の寺子屋である。

若い頃、会社の夏休みを利用し、本州一周旅行をしたことがある。

その時、萩（山口県萩市）にも立ち寄った。

ここで松下村塾を見学した。その風景が頭に残っていて、寺子屋に結び付けた。

もう一つ、私の父親の子供の頃も、学校以外に寺子屋があった。夜集まって、習字などをしたようだ。

私が子供の頃も、その建物が残っていたので、それもイメージした。

目の前の受講者に話しかけるつもりで執筆した。

どうせやるなら少しでも多くの人に伝えたいとの思いである。

これは私の思いであって、業務上、認められた仕事ではなかった。

従って時間外、特に朝早く出勤し、勤務が始まる前の2時間執筆していた。

それを毎週月曜日の朝発信していた。当初は繋がりのあるトップ、役員をはじめ約300余名に配信し、反応を確認していた。

メリットは、海外も含め時差は関係なく読んでもらえることであった。

海外の拠点では、通訳が自国語に翻訳し、現地のクリーン化担当や管理職にも配信していた。

ところが予期せぬことが起きた。

月曜日と火曜日には、国内だけでなく海外からも問い合わせや質問など、たくさんのメールが来ることだ。それらに一つひとつ返信していた。これも時間外にやることが多く、毎週大変だったがやりがいもあった。

自分でも理解不足を感じたが、同時に勉強の機会でもあった。

国内、海外出張中も配信し続け、届いたメールの返信もしていた。

東南アジアの現地作業者からは、通訳を通しても良いのに、自ら、たどたどしい日本語で直接質問してくれる人もいて感激だった。

ここにも、"自ら情報を取る、学ぶ"姿勢を感じた。

◆赴任先会社の総務部に異動

引き続き全体のクリーン化教育を担当していくことになった。

最初からの受講者は、2,500名を超える。中には二度受講というメンバーもいた。

2回目はまた見方、考え方が変わるという感想だった。

なお、定年時は国内、海外や社外を含め、4,500名を超えた。

教育実施後、アンケートで受講者の声を聞いてみると、むしろ私が勉強になることも多かった。

記された内容から、レベルや方向を見直し、常に軌道修正し、内容のレベル向上に繋げた。

アンケートの実施は、自分が評価されることであり、少々不安があった。

しかし、やりっ放しより、多くの人の声を聞くことの価値を考え、思い切って実施した。

双方向の教育にすることで、両者で作り上げることが重要だとの認識をしたからだ。

受講者の声は、自分を見直す良い機会だった。質問があればもちろん回答するのだが、すぐに回答できない場合もある。それも調べ回答していくことが、学ぶ機会でもあった。

それらから得られた情報や事例は、教育に反映してきた。これも生きた情報である。

◆寺子屋クリーン化塾　全社広報に連載

2010年、本社CS品質保証推進部からの要請で全社広報に掲載されることになった。

社内に幅広くクリーン化を拡散したい。また現場のことを具体的に考え、知ってもらいたいという思いを伝える機会になった。これにより、自分もさらに学ぶ機会になった。

定年退職当日まで120号発信した。発信しなかったのは、東日本大震災後の2回だけだった。

地震で工場が停止しているのに、こんなことをしていて良いのだろうかとの気持ちがあった。

いざ言葉、文書にしてみると、曖昧なことが多い。一つひとつ確認して記事

にした。

　会社近くに東北公益文科大学があり、帰宅途中や休日はその図書館で調べものもできた。

　問い合わせが多く、他の事業部からも直接話を聞きたいと、わざわざ訪ねてきた人もいた。

〈東日本大震災に遭遇〉

◆日ごろの訓練の大切さを認識

　2011年3月11日のこと。

　当日、昼過ぎ酒田エリア全体の地震、火災発生を想定した避難訓練が実施された。

　まだ、雪が多く残る駐車場へ避難した。

　負傷者発生を想定した健康管理室（医務室）メンバーの救助訓練でもあった。

　その1時間後、本当の地震が来てしまった。先ほどの訓練内容と反省を含め、そのまま繰り返した。

　その日は金曜日、帰省予定だったが、停電と頻繁に繰り返す大きな揺れで、長時間会社に待機せざるを得なかった。

　搭乗便を何とか翌早朝に変更し、とりあえず空港に行ったが、大勢の人が集まり、ごった返していた。自衛隊の大型ヘリなど軍用機が爆音とともに離着陸を繰り返していて、まるで戦争が始まったかのような緊迫した状態だった。

　福島、宮城の怪我人を運び、待機の救急車で空港の滑走路から近辺の病院に運ばれていた。民間の航空機は後回しだった。

　福島から陸路で庄内空港にやっと辿り着き、東京へ向け避難する人たちもいた。

　防空頭巾のようなものを被って、親に手を引かれた幼い子供たちもいた。

　帰路、航空機は一旦太平洋側に向かう。その時、通路側に座っていた避難者の中には座席から立ち上がり、泣きながら福島の様子を窓越しに見ている人もいた。このコースは太平洋側の原子力発電所も見える。自宅付近を探しているのだろうか、その様子が痛々しく、今でも心に焼き付いている。

東京に着いても、帰宅困難者で人が溢れ返り、鉄道も止まったままだった。

酒田の工場も長期間操業が停止し、私の業務も中断した。

定年退職はその翌年の夏だったので、赴任先で迎えるつもりだった。

ところが、残り僅かであっても必要としているところがあると言って、本社の複数の部長が副社長に交渉、本社に戻ることになった。

多くの人が動いてくれていることの有難さを知った。

自分が気づかなくても、こんな風に多くの人が支援し、必要としてくれていたのだ。

そして退職の間際まで国内、海外の現場指導は続いた。

〈役員からの各拠点の指導依頼増加〉

トップや他の役員から、自分の上司を飛び越し、直接指導の依頼が来ていた。国内だけでなく海外拠点のトップからの指名もあった。

その間にいる管理職の気分が良いわけではないだろう。

直接指名してくれたことの重さも感じ、その期待には何としても応えようと考えた。

各拠点に行った時に、役員の指示で来たというやり方はしなかった。

しばらくは私の話に耳を傾けてくれるはずなので、その間に、"私はどういう人間か" を理解してもらうことに努めた。

「あなたは、外（国内、海外、外注など）での評判も良いよ」と言ってくれる役員もいたので、大変だったが遣り甲斐があり、自信を持つことにも繋がった。

直接指名してくれたトップをはじめ、役員は自ら現場診断ができる。特にクリーン化を重要だと考えている役員が多かったので、現場の状況が良くわかっていた。

ただ、そのような立場の人が口を開けば、指示、命令になってしまう。だから要請があったのだ。

促しは命令の第一歩と言うが、その段階を狙っていたのだろう。

そして指導に同行し、私の診断、指導の様子を見てくれることもあった。その場での助言、アドバイスも参考になった。

◆サプライチェーンを確かなものに

それぞれの事業はさらに後工程や海外拠点、外注、取引先など様々な繋がりがある。

そのどれをとっても重要な部分であり、"毛細血管に至るまでスムーズな血流にしたい"と考えていた。

クリーン化で様々な指導を依頼されたが、これらは、今でいうサプライチェーンの弱いところを補修、強化するという側面もある。

そのことを意識して、役員だけでなく、直接関係している部門からも依頼が来るのです。

サプライチェーンは、一つの鎖が腐食したり、切れてしまうと血流は止まってしまい、全体が麻痺してしまう。細い血管も見逃さず補強して行くべきだと考える。

川の取水口が破損したという明治用水のように、予想外のこともあるだろう。

それでも、可能な限り強いサプライチェーンの構築を模索しておきたい。

大動脈瘤の手術前の検査で、心臓の冠動脈にも異常が発見された。

画像を見ると、血液を送り出した直後、血管が消えてしまうのだ。そんな箇所がいくつかあるが、太い血管だけでも、血流を確保しておきたいということで、そこにはステントを入れた。

この体の隅々まで行き届く毛細血管までもが、サプライチェーンと同じだろうと思う。

〈波乱の赴任・出張〉何とかなるさが定着

◆札幌赴任時、行き方がわからない

23歳の時札幌へ赴任が決まった。

人事の担当者から、「汽車と飛行機の切符が準備できたので取りに来なさい」との連絡があった。汽車という時代だ。

この時初めて人事に足を踏み入れた。木造で、鶯張りのような床だった。

窓ガラスは歪んで波打っていた。昭和の早い時期のものだ。

途中で経理部門の様子が見えた。大勢の社員がソロバンをはじいていた。給

料は現金で支給される時代だった。

　人事の担当者に、札幌の営業所にはどのように行くのか聞いたところ、「行けばわかる」と言われがっかりした。

　相手の立場に立ってもらいたかった。昭和51年、初めて飛行機に乗る時のことだ。

　何しろ、M百貨店の社長が、札幌支店に来る時は、千歳空港の滑走路に赤いカーペットが敷かれた、そんな話を聞いた昔のことだ。

　羽田空港で札幌行きという表示を見つけた。直接札幌に着くものだと勘違いしていた。

　千歳空港に着いて、ここから札幌まではバスで、しかも長時間かかることが分かった。

　バスは市内に入り、北海道庁の裏を通った。金網の柵の向こうは林だったので、もうここから向こうは山なのかと思った。

　後でわかったのは、道庁の裏手にある北海道大学付属植物園だった。

　札幌駅を起点にしようと考え、駅でバスを降りタクシーに乗った。

　タクシーの運転手は、こんなに近いところは歩きなさいと言うが、田舎から出て来て何もわからないのでと何とか頼んだ。

　OKしてくれたものの、その運転手が、今度は、そんなところは知らないと言って、同じところをぐるぐる回り、やっと見つけてくれた。時計台の近くだった。ここから札幌の生活が始まった。

　この時から、“何とかなる”という癖がついてしまったようだ。

　様々なトラブルに遭遇したが、“何とかなる”は自分にとっての心の強みになったかも知れない。

◆中国、無錫出張時、航空便の欠航、迎えが来ない、ホテルがわからない

　無錫へ初めて出張した時のこと。直前に旅行会社から連絡があり、当初予定の成田―上海（裏東）便が欠航になった。代わりに羽田―上海（虹橋）便がある。それに変更しましょうとのこと。

　言われるままに、それで上海に向かった。

　同じ上海でも浦東国際空港は郊外、虹橋は市内にある。搭乗直前に現地に、

迎え場所の変更を依頼した。

ところが、迎えのタクシー運転手がいない。

迎えの旗を探して出口付近を、出たり、入ったりしていたら、警備員から厳しく叱られた。

しばらくしているうちに、運転手が来て落ち合うことができたが、言葉が通じないのでかなり困った。市内の空港であり、道路が混んでいたようだ。海外のことで、落ち合うまでは不安だらけだった。でも、心の中では"何とかなる"を頼りにしていた。

さて、長い時間乗車して無錫市内に入った。現地からの連絡では、運転手は行き先を知っていると言っていたのに、そのホテルはわからないというのだ。

市内をぐるぐる回りながら、運転手も困って、いろいろ聞いてくれてやっとホテルに着いた。

札幌赴任時と同じようなトラブルである。こんなことを経験するうち、トラブルがあって当たり前、スムーズに行くことはないとの認識を持つようになった。

事前準備も重要だが、その時どうするかを冷静に考えることが重要だとつくづく思った。

この、"何とかなるさ"は、声に出さない心のことばだ。単に成り行き任せ、事態が改善されるのを待つというのではない。自分を落ち着かせて、それからどうすべきか考えるのだ。

◆タイ：三つのトラブル

タイの拠点に出張した時のこと。

1）空港に到着し、航空機から出たところで、現地の日本人がチラシを配っていた。あまり関心を持たず、畳んで背広の内ポケットにしまった。そして入国手続き後、指定された場所（合流点）に向かったが現地メンバーに会うことができなかった。無錫の時と同じで、社章を首から吊るし、行き来を繰り返した。

そのうちに、やっと迎えに来た社長や担当者と会うことができた。

理由は、迎えに来る時に工場が停電になった。到着便がかなり遅れるという

アナウンスがあったので一旦引き返したとのこと。

　２）自家用車が工場付近の電柱に衝突し、停電が発生。周囲の日本の自動車メーカーの二つの工場も操業が止まった。

　３）加えて、タイの大洪水のため、これから工場付近も水没する可能性があるという。

　この二つの危機管理上の問題の対応のためだった。空港で配っていたチラシはこのことだった。情報の収集能力が弱かった。

　現地の社長も本社と頻繁に連絡を取る必要があった。

　翌朝、郊外の工場に向かったが、もう至る所で道路が浸水していた。

　にもかかわらず現場の診断ではエンジニアやクリーン化担当、職制が真剣に対応してくれた。

　午後のクリーン化講習会でも大勢の受講者が集まった。

　中には、「僕の家は腰まで水に浸かったが、先生の話をどうしても聞きたい」と言ってかなり危険な中を駆けつけ聴講した社員もいた。

　毎年雨季には多少の氾濫、浸水はあるが、その時は極めて甚大な被害で、日本の企業の多くも水に浸かり、操業できない状態になった。特に郊外のアユタヤ遺跡周辺の被害は大きかった。

　当日は日本人社員も、帰宅できないことを想定し、会社に泊まる準備して出社していた。

　夕方バンコク市内のホテルに戻る時は、高速道路も水に浸かりはじめ、養殖用の池も水没していた。これらは、タイ料理で有名なトムヤムクンに使うエビの養殖池だが、すべてが冠水していて、大きな湖のようだった。

　帰国の時、飛行機の窓からその凄さを確認した。

　自分でも、本当に帰れるのかという中での拠点訪問だった。

　多くの経験を背景に、様々な意見、考えを持つようになった。そして人と違う言動や行動をするので、変わった人と捉えるのだろう。でも、それが私の宝ものだから大切にしたい。

　それらを引き出しながら、現場診断、指導、アドバイスをする。また理解不足だとの雰囲気を感じれば、その場に相応しい事例も取り出して、例えば……という風に話している。

　自分の考え、アイデアや思いを伝える機会であり、効果的な場にしたいと考えていた。

　セミナー、講演会、執筆の機会も同じである。そして伝えられれば嬉しいことである。

　ここでは、私の経験や考えをすべて紹介できないが、経験は豊富にしてきたと思う。

　未熟な部分も取り上げたが、こんな私でもこれまで生きて来たし、現場診断・指導ができた。

　そして多くの経験とネットワークができた、つまり "多面的に見たり考えたりする" 価値が得られたように思う。

　しかも、現在も人前でセミナーや講演ができることは貴重な体験です。

〈定年退職後〉

◆ものづくりの危機感を伝えたい　クリーン化で社会貢献をしたい

　セミナー会社からの依頼だけでなく、企業から要請があれば出かけている。

　これは5〜6時間のセミナーだが、難しいことではなく、これまで長年現場を這いずり回ってきた経験、事例等多く含めた基礎講座である。

◆基本を大切にしたい

　何事もうわべだけをサラッと舐めるのではなく、基礎をしっかりやっておきたい、それを伝えたいとの思いがある。

　最近、日本の技術に対しての基礎研究が、かなり不足していると言われている。

　その危機感に対し、今すぐにでも対応、行動しなければ、これから先にその影響が出るのは想像に難くない。やはり、基礎があって初めて応用が生きるのだと思う。

　クリーン化のところでも触れるが、クリーン化をイメージだけで捉え、こんなものだろうとの推測で活動、行動をしてしまう。そして失敗に繋がることが意外に多いのです。

一度失敗すると、再度やり直すのは難しいでしょう。つまり根付かないということです。

　私はこんな風に感じている。

　基本がないのに応用問題を解いてみよう。あるいは、四則計算がきちんとできないのに、方程式を解いてみようと。

〈私の思い〉

　在社中は、意地でもクリーン化から離れない、その思いを貫いてきた。

　それは誰よりも多くの時間、ものづくり現場を這いずり回って来た。その中でもものづくり現場のクリーン化、人財育成や安全確保の重要性に気づいた。

　多くの企業、多くの人たちの指導があってここまで生きて来られた。その恩返しとして、退職後、ものづくり企業へお返ししたいと考えている。

　私はそんなに健康ではないし、大病も経験した。

　そのたびに、極端な表現だが、"私が死んでも、この危機感やノウハウはあの世では役立たない。手土産にはならないのだ。だから生きているうちに伝えたい。拡めたい"と思うことがある。

　どのような方法があるのかを考えた時、私の持ちうるクリーン化の基礎を広く公開し、役立てていただくことだと思う。

　そこで登録している"ものづくり.com"に寄稿、公開していくこと。これは社内でやっていた電子版"寺子屋クリーン化塾"の延長でもある。

　そしてセミナー、講演会などで自らの口で伝えていくこと。

　コロナ禍、それができないことが多いが、"DVDクリーン化の基礎講座"によって、形に残すこともしてきた。この他、企業から依頼の講演や新聞、雑誌社などからの依頼も精力的に対応してきた。

　自分の将来の時間も少なくなってきたので、自分自身の中にしまっておくのではなく、持ち合わせているものを可能な限り公開し、日本のものづくりの分野に貢献したい。

　元々本書出版の狙いは、お読みいただく方、クリーン化や人財育成に興味をお持ちの方との双方向にしたいとの思いがある。

　大げさかも知れないが、私の人生は体験学習そのものだった。

　その環境をずっと得られてきた。運が良いのか、悪いのか、41 年以上、社内外の現場の放浪の旅をしていたようにも思う。そのことにも感謝したい。

〈セピア色に染まった人生の振り返りと、老人としての体験学習〉

　現在は"老人としての体験学習"、そして"振り返りの人生"に没頭している。

　体力、気力が落ちている。やることは昔のようにはできない。イチローの言葉の通りだ。

　経歴を書きながら、もうすっかりセピア色に染まってしまった当時のこと、当時の人を思い出す。皆さんも一度振り返ってみてはどうでしょう。

　これが"退職後は振り返りの人生"ということの一つだろうと思う。

　こんな私が、これから少しでも世の中のために貢献できるのであれば、幸せなことだと思う。

第二章　ようこそクリーン化の世界へ

　私がどのような人間なのかを知っていただきたいと思い、これまでの経歴を紹介した。

　私の生きて来た背景が、このクリーン化、人財育成に繋がる。

　人それぞれに背景は違うので、私の考えとは違う方もいるでしょう。

　従って、そのまま取り込むことはできないのかも知れません。

　ただ、今後のものづくり企業のクリーン化への取り組みや、人財育成の参考、活用できることがあるかも知れません。

　その違いも含め、強い現場づくりや、みなさん独自の人生設計に役立つことが、少しでもあるのなら嬉しいことです。

　私の性格上、本題から外れる話題や余談もたくさんありますが、そのことをお含みいただき、お読みください。

　それでは、クリーン化のことをわかり易く説明します。まずクリーン化の始まりやクリーン化とは何かから始めます。

◆クリーン化について

1. クリーン化の原点

　"クリーン化の原点"から話を始める理由は、今でも"クリーン化とは、掃除のことでしょう"という先入観をお持ちの方が多いと感じるからです。

　これは、間違っているわけではなく、クリーン化という言葉、その意味が特定の分野に限られて使われ、一般には普及、浸透していないのです。

　その言葉の背景を知らず、表面だけで想像してしまうのだろうと思う。

　一方で、道路や海岸のクリーン活動という言葉から、奇麗にすることを連想したり、イメージができ、そして掃除に繋がるのでしょう。

　ここではクリーンルームを保有している企業で言う、『クリーン化』について説明する。

2. ものづくり企業におけるクリーン化

　ものづくり企業におけるクリーン化は、お金をかけずにできる利益向上活動であり、企業体質強化、業績改善に直結すると言われてきた。

　これは企業競争力の根幹と言われ、その技術とノウハウは長い間門外不出だった。

　企業競争力向上のノウハウゆえ、他社には手の内を見せない、教えないということです。

　従って他社からの技術やノウハウの入手は難しいが、それで諦めてしまうのではなく、日々工夫、改善し、それを積み重ね、自社独自の技術を確立し、体質強化に結び付けることが重要です。

　逆に、企業競争力の根幹ゆえ、他社には技術流出をさせないことも重要です。

　例えば、自社で苦労し、築き上げてきた技術、ノウハウを、安易に同業他社に公開してしまうと、製品品質や価格に差がなくなり、競争力は低下してしまうでしょう。

　そうならないよう自社独自の技術を確立し、強い現場を構築、他社に負けないものづくり基盤を目指していくことが重要です。

　そのことを理解している企業では、クリーン化を重要な活動に位置づけ、日々技術を蓄積、継承している。自社独自の技術やノウハウ構築は、自社の特色が出るので定着する。物真似では長続きしないのです。

3. クリーン化は、ものづくり現場の基本

　クリーンルームを保有する企業にとって、清浄度（クリーン度ともいう）の維持、管理は最も大切な基本要素です。つまり現場を奇麗にするのは、ものづくりの現場での基本なのです。

　製品の歩留まりや信頼性は、製品の製造過程でのパーティクル（微粒子）や不純物イオンに大きく左右される。これら不純物の制御如何で企業の競争力が決まってしまう。

　つまり、"現場が奇麗でなければまともな製品が作れない"ということです。

4. 半導体製造での事例

半導体製造ではこんな例がある。

どのメーカーでも同じ製品を作っているという時代の話です。

同じ製品でも、Ａ社が作ると歩留まり90％、Ｂ社では30％、こんなに大きな差は出なかったのでしょうが、いずれにしても差が出てしまう。もちろんＡ社では黒字、Ｂ社では赤字になってしまう。

歩留まりとは簡単に言うと、合格率と言い換えても良いでしょう。

そのＢ社でも、ある程度の歩留まりが得られているので、製品を作る力はあるわけです。でも利益的には大きな差が出てしまう。

たくさん利益を出しているＡ社は裏で何をしているのか、よそから見てもわからない。そのわからないことの一つが、恐らくクリーン化であろう、ということが徐々にわかってきた。

クリーン化は、このように積極的には公開しない閉鎖的な技術であり、なかなか世の中には普及しなかったのです。

私もクリーンルームを保有する企業に勤務していたので、クリーン化という言葉は当然のように使っていた。ところが一般には、普及していないので、理解ができないこともあるのです。

5. クリーン化の原点は軍需工場

歴史を辿ると、その起源は第二次世界大戦、およびその後の朝鮮戦争の頃のようです。

米国の軍需工場の話です。

戦闘機、潜水艦など様々な軍需品があり、その中には小さな部品がたくさん使われている。

それらの製造過程で、ゴミによる不良が多く出ていた。今でいう低歩留まりです。

ゴミで国防予算の多くを失っていたので、その改善策としてクリーン化が始まった。

たかがゴミではないのです。

"現場が奇麗でないと、まともな製品が作れない" という実例です。

102

その後、米国では半導体が開発され、世の中に出始めた。

ところが、せっかく米国の軍需生産で、ゴミを減らす活動をしてきたのに、その技術、ノウハウが半導体業界には継承されなかった。

6. 半導体の歩留まり向上

やがてその半導体が日本に伝わってきた。

日本の半導体製造初期には、大手企業の多くは全員で清掃していたと言う。

ところが、米国ではその活動を無視していた。

大卒のエンジニアが掃除をすることは、自分たちの仕事ではないと横目で見ていた時期です。

もちろんエンジニアのプライドもあったのでしょう。そして"掃除などは"と上から目線だった。

ところが日本の企業ではそれをやり続けていた。

それにより日本の半導体の歩留まりが向上し、米国に肩を並べ、そして追い越したといわれる時期があった。

日米半導体摩擦（1980年代）、日米半導体戦争（1986年から93年頃）と言われる時期です。私はこのあたりが日米ともに分岐の時期だと考えている。

その後、米国の半導体業界は反省し、クリーン化にもきちんと取り組んだ。

米国企業の日本の工場の例①

現場とは距離がある営業、人事、経理部門なども含め、例外なく全社員に教育を実施し、厳しい試験を実施しているところもあると聞く。

例えば100点満点のうち95点以上取らないと、現場へ入れてくれないという企業もあった。

こうなると、"自分は半導体に思いがあってこの会社に入社したのに、試験にパスしないと現場へ入れてもらえないのでは、何のためにこの会社に入ったのかわからない"と言って、一生懸命勉強したという話を聞いた。

米国企業の日本の工場の例②

半導体製造の前工程で、床面積が非常に大きいところです。

インストラクターを 10 名配置し、現場の交代勤務に合わせ、分散して現場を管理していた。

　良く巡回、観察し、作業者の動作や行動なども観察していた。

　クリーンルームではウエハーを扱う。

　そのウエハー BOX の蓋の開け方を見て、"あの作業者の動作が速い。あの速さだと蓋を開けた瞬間に、周囲の空気が巻き込まれ、ゴミも入ってしまうだろう"と推測し、実際にやって見せ、開ける速さや作業のコツを教えていく。

　インストラクターはクリーン化だけでなく、品質全般、安全など多くのことを直にみて、指導していた。いわゆる OJT（作業を通じて指導すること）です。

　ところが、このインストラクターでさえも試験があたった。

　大ベテランなので、満点を取れるはずだが、万が一満点が取れなかった場合、即インストラクターの資格は取り消されてしまう。

　そしてルール上直ぐには復帰できないので、日々勉強を怠らなかったとのことです。

7. 弱体化する日本のクリーン化

　現在の日本ではクリーン化に手を抜き、製造現場が弱くなっていると感じる。

　もちろん、国内空洞化が加速し、工場がどんどん東南アジアへ出ていく。つまり現場を管理する対象が少なくなったことも一因でしょう。

　東南アジアの工場を見ると、一生懸命現場改善に取り組んでいるところが増えている。

　そのような現場を見て、"日本はもう追い越されている"と感じることがしばしばあった。

　現場の作業者からの質問も、レベルが高いと感じることもあり、日本でこのような質問をする人がどのくらいいるのだろうかと危機感を持った。

　東南アジアというだけで、上から目線になっていないでしょうか。

　これはコストメリットだけでなく、治安の問題もあるので、現在では、東南アジアでのものづくりのメリットも薄れ、国内回帰の動きも出ている。

　国内に工場が戻ったとしても、現場環境の維持、向上が確実にできるのか気になる。

油断せず、もう一度現場を見直し、継続的な活動をしたい。

◆クリーン化のイメージと私の思い

これまでの話だけでは、クリーン化のイメージが捉え切れない方もいるでしょう。

私のイメージを絵にしたものを用い、合わせて私の思いも記す。

1. クリーン化のイメージ

下図で会社組織と米づくりを対比させて説明する。図中の線は水面とする。

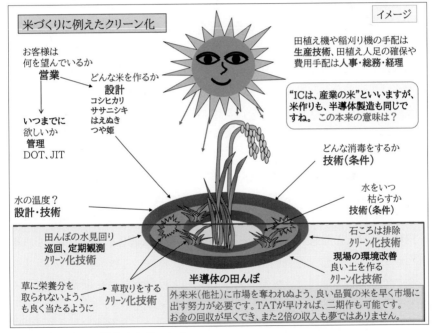

図-1　米づくりに例えたクリーン化

それでは、新たなお米を開発し、生産、販売に至るまでを考えてみましょう。

市場がどんなお米を望んでいるかの把握は、会社組織では営業の担当です。

その顧客の要望に沿うものを開発、設計するのは開発、設計部門。それを商品化し命名（商標登録）する。

最近ではたくさんの銘柄が出回っている。

　少子化や日本食離れの影響で、昔のように沢山作れば良いのではなく、市場の要求に応えていくことが求められてきた結果です。

　また、営業の情報や、注文を受けた顧客への納期確保も必要です。

　DOT（デリバリーオンタイム）、JIT（ジャストインタイム）という言葉があるが、いわゆる納期を意識したものづくり。生産管理部門の担当です。

　稲作では田植えと稲刈りの時期は特に忙しい。

　そこで、田植え機、稲刈り機の調達が必要になる。個人が所有すると高額な設備投資になるので、その時だけ調達することが多い。この担当は、会社組織では生産技術部門に該当するでしょう。

　また、一時的に人手も必要になる。人を集め、費用手配をすることは総務、人事、経理部門が担当するでしょう。

　お米はその地方の気象条件も加味し開発される。

　例えば寒冷地なら、水温はどうなのか加味して、品種の開発をするのです。

　その水の温度はどう管理するか、これは設計、技術部門の担当です。

　寒冷地では、冷たい水を直接田に入れず、田んぼの土手に水路を作り、そこを一回りさせてから田んぼに入れる "回し水" など、わずかでも水温を上げる工夫が、稲作の知恵としてあった。

　この他、田んぼではなく畑で作る、陸稲（おかぼ）という稲作の手法もあるが、ここでは省く。

　田植え後はどんな病気が発生しそうなのか、それに適した消毒の条件を技術部門が決める。

　ここでいう技術部門は、実際の場面では、JAが情報提供や指導をしているでしょう。

　夏頃には田んぼの水は枯らす。これも会社組織では技術部門が条件を決め指示する。

　このように、稲作も、ものづくり企業も対比させてみると良く似ていると感じる。

2. クリーン化の担当部分

　昔、半導体が出て来た頃は、"半導体は産業の米"と言われた。

　これまでの私の説明では、米作り対半導体製造という対比になってしまうでしょう。

　この"半導体は産業の米"の本来の意味は、"昔、日本では鉄（の産業）が強かった。それが見事に半導体に置き換わった"ということを言っている。

　因みに水晶デバイスは産業の塩、電気は産業の血液と言われる。

　この図 -1 の下部の線から下、水面下の説明をする。

　田植え後は、毎日田んぼの見回りをする。これはクリーン化では、巡回や定期観測・監視にあたる。

　また、頻繁に草取りをするなど、手間暇がかかり大変な労力なのです。

　人間以外のほ乳類は、お腹がすけば、生まれてすぐに自分でお乳を探す。

　同じほ乳類でも、人間だけは自ら母乳を探すことはなく、お腹がすけば泣いて知らせる。だから、親が手を掛けなければ育たないのです。

　野菜も手を掛けなければ上手く育たないが、同じ植物でも雑草は放っておいても逞しく育つ。

　その結果、稲よりも早く成長するので、草に栄養を取られ、日陰になってしまうこともある。この時期、"田の草取り"と言う重労働の作業が続きます。

　田んぼは石ころがあったり、土壌が悪いと稲の発育が遅れる。石を排除したり、土壌改善をしていく。これも重要な仕事です。

　この図 -1 の水面下の仕事はクリーン化の部分に相当する。

　余談だが、私の住む田舎を観光バスが通過することがある。

　何もないところなので、バスガイドさんも話題がなくて困るという話を聞いたことがある。

　そこで、「この時期は田んぼに大きな鳥が来るんです」などと言うと、乗客がどれ、どこ？という感じでキョロキョロする。

　そこでガイドさんが、"田の草とりという鳥です"などと言って笑いをもらい、無言の時間を埋めると言っていた。

　でも本当は凄く大変なことです。このようなことを毎日繰り返しているので、背中や腰が痛い、そして背が曲がるのです。

私の家は農家ではないですが、農繁期に田植え休み、稲刈り休みがあり、手伝いの経験がある。長時間腰を屈めての作業は辛いものです。でも美味しいお米を食べてもらいたい。そして、喜ぶ顔を見たいとの思いで継続しているのだから、その苦労も伝えてもらいたいと思う。

　話を戻そう。

　図-1の水面より上は、会社組織と同じで、比較的日が当たる部分だが、水面下の仕事、その苦労はあまり知られていない。でもこの部分は手を抜くと良い品質が得られない。地味だが地道にコツコツ継続していく仕事です。

　クリーン化では現場の活動部分に当たる。

　ベースを強くするとは、この部分を強化するということです。

　特に、成果主義の時代、表面だけが評価され、水面下の努力には日が当たらないのが現実ではないでしょうか。ところが、収穫の時期には、その差が出て来るのです。

3. 私の思い　水面下に日を当てたい

　私はこの"日が当たらない部分"に日を当てたいと考えている。

　どんなに良い設計ができたとしても、それを具現化するのは現場だからです。

　その現場を大切にしたい。ここに日を当ててこそ、人が輝き、そしてクリーン化活動などが活発に行われ、継続し、ものづくり基盤の強化、ひいては企業経営に繋がるのだと考えている。

　先ほどの絵の水面下とは、縁の下の力持ちと言われる部分です。

　ここが貧弱では、頭でっかちになってしまい、水面よりも上の部分は支えきれない。

　クリーン化を通して、会社を構成するそれぞれの部門も機能しているかどうか、今一度見直したい。

◆クリーン化活動、三つのポイント

　ものづくり企業にとって、現場を奇麗にし、それを維持、管理することは最も大切な基本要素です。これは稲作のところで説明した水面下の部分、現場に

とってはベースの部分です。

　私のクリーン化における長年の現場経験から、活動の取り組みは以下の三つに整理できると考えている。

　クリーン化の見方、考え方の図（図 -2）をごらん下さい。

1. できるだけお金をかけない

　クリーン化活動は現場を奇麗にし、製造過程でのゴミ、異物の混入を防ぎ、良い品質の製品を作ること。つまり "品質を作り込む現場の環境を向上させること" です。

　この活動はできるだけお金をかけず、知恵と工夫で改善していくことが第1のポイントです。

　クリーン化指導の先生の中には、"お金をどんどんかけなさい" という指導もあるようです。

　その通りやったら、先生には褒められたが、経営的に厳しくなり、とても継続できない状況になった。そして途中で元に戻したという話も聞いた。

　本来、"いかに利益を追求するか" という活動です。

　活動の一方で水道の蛇口を開きっ放しにしているようでは、お金の垂れ流しになってしまいます。

　取引先から、現場をクリーンルームにするよう要請され、クリーンルームを設けたが、管理に必要なノウハウは得られず、お金をかけたけれど、結果的に歩留まりや品質が向上しなかった例もある。このような例は多いのではないだろうか。

　活動は現場でやることです。

　現場の一人ひとりが理解し、協力してこそ成果に繋がるのです。

　お金をかけても、それだけで品質が向上するわけではありません。全員が理解し、ベクトルを合わせた活動にしなければ効果、成果には繋がらないのです。

　現場の一人ひとりが知恵を出し、工夫と改善を重ね、それらを結集していくことが、企業経営にとってプラスになっていく。

　人の知恵は無限です。現場の人が生き生きしてくると連携が生まれ、工夫や改善レベルが向上し、現場が活性化して来るのです。

人はコミュニケーション力が向上すれば、作業ミスや事故、災害も減ってくる。

日々黙々と作業を繰り返し、それを延々と続けていくだけではもったいないです。

お金をかける前にできることはたくさんある。知恵を結集しましょう（**人材から人財への転換**）。

2. 活動は仕事の一環

現場では様々な活動が展開されていると思う。

しかし、そんな余計なことはしない、品物だけ作って売っていれば良い、と言うところにもたまに遭遇します。

製造現場が忙しくなると、これらの活動も余裕がなくなってくる。そうなると現場から、「この忙しい中、余計な仕事はやっていられない」という苦情や不満が出てくる。

その訴えに対し管理職の方が、「そんなに忙しいなら、余計な仕事は一旦やめてもいい。また余裕が出てきたらやればいいんだから」といった指示が出てしまう場合がある。きつい言い方をしたくないとの思いもあるでしょう。すると本当にやめてしまうこともあります。

これら "余計な仕事" に位置付けられた活動とは、例えばQCサークル活動、TPM活動、あるいはこのクリーン化活動などです。もっと色々あるでしょう。

でも、良く考えると、これらの活動は、"会社の利益をどう追求するか" という活動なのです。

つまり **"仕事そのもの、あるいは仕事の一環"** と考えることです。

確かに忙しい時にはやっていられないかも知れません。

でも一旦やめてしまったものはなかなか動かない、動かせないのです。

活動を再開するためには相当なエネルギーが必要です。面倒なことはやりたがらないのです。従って、忙しくても工夫し、活動を止めない、繋いでいくことが重要です。

私が若い頃、"時間はないのではなく作るものだ" と言われてきた。

それだけでは気持ちの中で反発心も起きる。でも、**"人に仕事を頼むときは忙しい人に頼め"** とも言われた。

　忙しい人ほど時間の使い方が上手く、工夫して時間を作ってやってくれるのです。

　暇そうに見える人に頼んでも、いつになったらやってくれるのだろうか、ということになってしまう。こんな経験をされた方もあるでしょう。

　もう一つ、"忙しい理由は何か"をきちんと分析しておくことです。

　もしかすると、やり直しや手直しが含まれていて、元々忙しいのに拍車を掛けて忙しくなっているのかも知れません。つまり自分たちの首を自らが絞めているという場合です。

　この方がむしろ、**"売れない仕事、儲からない仕事"**を自分たちで作って、それを疑問に思わずせっせとやっているのかもしれません。**"ロスを顕在化"**し減らしていくことをしないと、同じことの繰り返しです。

3. クリーン化はすべてのベースである

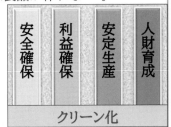

クリーン化の見方、考え方
　　　　－なぜクリーン化が必要か－

・物づくり企業にとって、クリーン度（清浄度）の維持・管理は<u>最も大切な基本要素である</u>。
・製品の歩留まりや信頼性は、製品の製造過程でのパーティクル（微粒子）や不純物イオンに大きく左右される。
・これら、不純物の制御如何で、企業の競争力*が決まってしまう。
・つまり、"クリーンでなければまともな製品が作れない"。

＊　クリーン化技術は門外不出
　⇒ 自分達のクリーン化技術を構築

■ 出来るだけお金をかけない活動に
■ クリーン化は仕事そのものである
■ クリーン化は全てのベースである

安全確保　利益確保　安定生産　人財育成
クリーン化

図-2　クリーン化の見方、考え方

私はこれまでの経験から、クリーン化をベースに、この四つの項目が強い関係があると考えている。

1）安全確保とクリーン化との関係

　ある半導体製造の前工程（原料投入からおよそウエハー状態の完成までを指す）で、作業者がウエハーの入ったカセット（専用容器）を両手で掴み、工場の中央通路を運んでいた。その作業者が途中で方向を変え、設備の間の狭い通路に入って行った。その奥に顕微鏡があり、外観検査をするため、近道をしたのだ。

　その時、通路両側の設備から出ている電源コード、信号関係の配線、真空、圧空、窒素などの配管類に足を引っかけて転んでしまった。カセットだけでも重いのに、そこに大口径のウエハーが 25 枚入っていたので非常に重くて片手では持てなかった。

　この作業者は、前工程の最終工程まで流動した場合のウエハーの単価は非常に高いことを知っていたので、放り出すことができず、製品を持ったまま転び、顔を打ち怪我をした。

　製品は何とか守り、不良品にはならなかった。ここまでは、"床を這っている配線、配管類につまづいて転倒し、顔を打った"という労働災害です。

　これをクリーン化側の視点で見ると、配線、配管などが床を這っているため清掃しづらく、ゴミ溜まりになってしまう。そして、段々と清掃しなくなるのです。

　それを見た別の作業者が配線、配管類を束ねて持ち上げておけば、コード類の下も清掃しやすくなる。その上で、狭い通路は通行止めにすれば、このような事故も防げると思った。

　早速、結束バンドで束ねる作業に入ったが、その上にもコード類が走っていて、自分が考えたように結束バンドで束ねてあった。

　その結束バンドの尻尾が自分の方に向いていて、点にしか見えない、つまり視角に入らず目を突いたという事故が発生したのです。これも労働災害です。

　結束バンドは、一度縛ると解いて再使用することができないタイプが多い。

　従って、もう尻尾は不要なのでその場で切ってしまうことです。

　この事例はセミナーの中でも紹介している。

休憩時間に、「同様の事故があった」と言ってくる人がいた。

同じ話を数件聞いているので、潜在的には沢山あるでしょう。

結束バンドで束ねることが優先され、安全の確保までには至らない。軽く考えてしまうのです。

私がそのことを知っていて、過去いろいろな企業の現場指導で、結束バンドの尻尾が切られてないものを見掛け、指摘すると、「あなたはクリーン化の指導に来たのに、どうして安全のことまで言うんですか？」と言われることがあります。

・安全はすべてに優先

気が付いても指摘せず、目の前で事故が起きたら、どんなに悔やむことでしょう。不安全なことは、気づいた人がその場で指摘し、事故、災害を未然に防いで欲しいのです。

2）利益確保とクリーン化の関係

この項目は、ゴミ、汚れを原因とした不良品を作らないということです。

工程中で不良が発生したり、廃棄するものが出ると、その分、利益が減ってしまう。

お客様への納期が守れず、納入数も不足すると、追加で補填するでしょう。その分納期遅れが発生し、Q（品質）、C（コスト）、D（納期）いずれにも影響する。

これがあまりにも多いと、利益を圧迫、あるいは赤字になってしまう。

不良、廃棄されたものも、その工程までに関わる原材料、電気、ガスをはじめとするエネルギー、検査作業など細かく見ていくと、様々なロスがあるわけです。

じわりじわりと侵食するように、利益が削られていくのです。そして納期が守れないと信頼も損ねてしまう。

“クリーン化活動は経営に直結する”と言われる理由の一つです。

ゴミ、異物が原因で廃棄されるとしたら、それらを工程中でどのように排除していくかが、クリーン化活動における不可欠な要素です。

3）安定生産とクリーン化の関係

　ある設備で加工したところ、製品にゴミや汚れが付着し、やり直し、手直しが発生していた例がある。

　それらが発生すると、洗浄や手直しをする、つまりその設備で二度、三度と繰り返し作業をすることになる。前工程から流動されてきた製品は、この工程の手前で溜まってしまい、在庫になる。

　この在庫を何とか流動しなければ、客先への納期遅れが発生する。その対応のために、その工程では残業、休日出勤、人員応援などをすることになるでしょう。

　すると、次の工程では、今まで製品の流れが少なく、手空きが発生していたのに、急に山ほど流動されてきて、迷惑だというぼやきや不満が出てくる。

　これは、自分の工程の設備が悪く、次の工程に迷惑をかけたということです。ものづくりでは、"次工程はお客様"という考え方がある。

　その次の工程も、不満や愚痴を言いながらも、納期を守ろうと、やはり無理をするわけです。

　設備でゴミ、汚れが付着し、やり直し、手直しが発生、在庫を抱える、それを無理に流動しようとする。

　その工程で起きたさざ波が徐々に増幅し、やがて次工程だけでなく本当のお客様に対しても納期を守れないかも知れません。

　同じ繰り返しをしていると、仕事が途切れてしまうかも知れません。客先との関係が途切れるということです。

　一方で、生産管理では、この設備はやり直し、手直しが二度発生することを前提にした生産計画はないので、その分、在庫が増加してしまうのです。

　1回で通過しなければ、やり直し、手直しの時間や工数、電気、薬品、ガスなど原材料も重複してロスするためQ、C、Dいずれにも影響が出る。これは、SDGsにも繋がることです。

　SDGsでは、作る責任、使う責任があるが、ものづくり企業では原材料のロスを減らし、エネルギーの消費を抑える部分に繋がると考えている。

　この一連の手直し作業は余計な仕事であり、売り上げには結びつかないばかりか、逆に大きな損失になる。

設備をいつも良い状態に管理し、製品を清々と流れるラインにしておきたい。

不具合製品を事後処理で対応しても、次には、またやり直しが発生するかも知れません。安定生産を確保するために、設備の予防保全が重要です。そのための着眼点がクリーン化です。

4)　人財育成とクリーン化の関係

人財育成の例を紹介します。

ある二次更衣室で、作業者が防塵衣を着ていた。

上司がその様子を見て、「防塵衣の着用順序が違うじゃないか、教育の時教わったでしょう。あの通りにしなさい」と大きな声で叱ったというのです。

怖い上司が大きな声で叱ると、その作業者は当面はその通りに着脱するでしょう。

ところが、ある日その怖い上司が異動した。

後任の上司は優しい人で、そんなことは一々言わなかった。するとその作業者はまた元のように、自分の好き勝手に着脱するようになってしまうかも知れません。

この事例では、重要なことが抜けています。

"なぜ"そのような着方、脱ぎ方をする必要があるのか、それを教えていない、教えることができなかったのです。この"なぜをきちんと教えられること"が重要です。

そうでないと、言われたことを理由も知らずに繰り返す、ということになってしまう。

これは人財育成の部分です。

教える側も教わる側も相互に成長する場です。

その小さなことの積み重ねで人は成長するのです。

一例を紹介したが、このようなことはたくさんある。人を上手に育てましょう。

客先からの監査（Audit）では、防塵衣の着脱順序をチェックしたり、その順序を二次更衣室内に掲示するよう要求されたことがある。

また、海外の企業の監査では、日本語以外に、英字の表示も欲しいと言われることもあった。

単に白い服を着るだけでなく、意味、目的を理解し、効果的な着用が必要です。

◆クリーン化の四つの目的

ここでは主に、電気、電子、精密、機械などのものづくり企業をイメージし、下図を使って説明する。

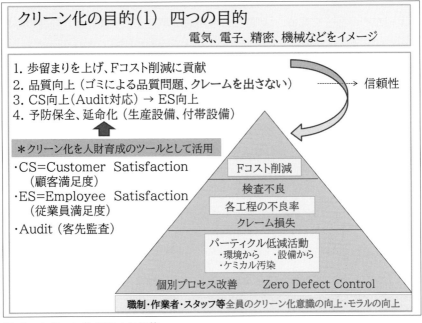

図-3　クリーン化の四つの目的

1) 歩留まりを上げ、Ｆコスト削減に貢献

目的の中で最初にくるのは、ものづくりの現場でゴミ・異物の混入や汚れをなくし、品質の良いものを作ること。それによりＦコスト削減に貢献していくこと。

Ｆコスト（Fail Cost ＝失敗コスト）とは、不良で捨ててしまうお金のことです。

2）品質向上⇒信頼性

次に品質向上（ゴミによる品質問題、クレームを出さない）です。これも現場でやることは、1）と同じだが、1）は工場での生産段階のことを指す。

これに対し、2）はゴミによる品質問題で、クレームや返品など市場に出てから発生する品質問題を減らし、信頼性を高めることを指すので区分けした。

市場に出てから問題が発生すると、消費者庁への報告、新聞等での公開、製品回収が必要となる。特に人命に影響するものや、食品などは、迅速な対応で購入や消費される前に回収することが求められる。

でも、すべての回収は無理でしょう。そして被害に遭う人も出てくる。

今でもテレビや新聞の折り込みなどで、相当古い製品の回収を呼び掛けている。

これは、市場に出てしまうと、すべての回収が不可能であることの事例です。

しかし、製造側の責任であるため、周知することを続けていく必要がある。

これにかかる費用は莫大で、さらに会社、企業の信頼を損ねることにも繋がるのです。

最近も様々な問題が表面化している。

問題が発見されてから、即座に公表する企業が多いが、一方でなかなか公表せず、他社の動向を観察したり、他からの指摘があって初めて公表するケースもある。

問題の公表の会見を見ていても、言い訳が多いようにも感じる。

例えば、ルールの逸脱だったが、製品品質に問題はない、などと言う謝り方です。

このような対応では、責任を感じていないようにも取れる。自分や自社を守りたいという気持ちが前面に出てしまうからです。これでは良い印象は持てません。そして、逆に企業の信頼も損ねるのです。

常日頃から安心、安全を謳っている企業でさえ、首を傾げる説明もあり、こうなると信頼を大きく損ねるだけでなく、ブランドイメージの回復はなかなか難しくなる。

さらに、企業の存続に影響する事例も出てきている。消費者目線で真摯な対応をすべきであり、悪い情報ほど早く出す努力が必要です。

117

3）CS 向上（Audit 対応）→ ES 向上

他社から依頼を受け製品を製造する場合、その会社（お客様）からどんな環境で生産されているのか、監査に来ることがある。

内容によっては国内だけでなく、海外からも監査に来る。

この客先監査（Audit）は大別して二つの審査がある。

・書類の監査

基準や標準などはどうなっているのか。品質問題が発生した場合はどのように対応するかなど多岐にわたる。主には文書類の監査なので机上監査ともいう。

・現場の監査

会社訪問時、現場の様子がパワーポイントなどで紹介されることがある。これは、その会社の PR の場でもあるのです。

どんなに文書類がきちんとしていても、そして現場の様子がどんなに良い環境のように見えても、実際とは違う。

"現場とは、その場に現れる" と書く。品質は現場で作り込むので、書類監査だけでなく、その現場も見るわけです。

机上監査だけで帰る会社もあるが、これで良いのだろうかと逆に心配になる。現場を見る力がない、現場を知らない部門の方だろうかと思う。

このように、現場監査の場は、逆に監査に来る企業のレベルも見られることになるのです。

現場を見ることができる人も監査メンバーに含め、素直に指摘し、安心してもらえる現場を相互に作り上げていくことが必要です。

・現場監査の事例紹介

私は半導体前工程のクリーン化、品質改善を目的に山形県の半導体工場に赴任した。

そこには会社組織は違うが、半導体後工程もあったので、そちらも含めクリーン化を指導することになった。その頃の話です。

お客様が現場を見ると、ゴミや汚れがあると毎回厳しく指摘される。余り悪い状況が続くと仕事がなくなってしまうかも知れないと思い、一生懸命奇麗に

するわけです。

　お客様が、「まあこのくらいなら、でももっと奇麗な環境にしてください」と言ってもらいたいために頑張るわけです。つまりお客様の満足度を高める（CS向上）努力をすることです。

　（1）ある日、その現場責任者が、ハアハアと息を切らせながら私のところに走ってきた。

　私の席は会社も違う、建物も違うので、階段が多く、距離も遠かった。そこを走ってきたので息切れしていた。

　その方が、『今日、お客様の監査があって褒められた。「私たちの製品をこんなに良い環境で作ってくれているんですね。ありがとうございます」と言った』というのです。

　今までの監査では、厳しい指摘があったり、叱られることばかりだった。それが、今日は褒められたというのです。

　距離が離れているので、電話でも良いのに、その感動を直に伝えたいと走ってきたのです。

　叱られることは多くても、褒められることは滅多にないことです。

　今日はそれを褒められた。しかも一緒に対応した技術、品質メンバーや管理、監督者、作業者がその言葉を直に聞いて舞い上がってしまったのです。

　そうなると、"また褒められたい、もっと良いものを作りたい"という気持ちになる。

　CSの向上を追求した結果、従業員の満足度（ES）向上に繋がったのです。

　"ものづくりの心の醸成"です。

　CS向上は、ある意味受け身です。

　ところがこれを追求していくことで、従業員がものづくりに対して前向きになる。

　このスパイラルを大切にしたいものです。そうなると、自社製品の作り込みに自信と誇りを持つようになり、かつ愛着を持つことに繋がるのです。

　こんなところにも、品質向上の秘訣があるのではないでしょうか。

　毎日同じ仕事を標準通りにやって、時間が来たら帰宅することの繰り返しではなく、従業員の成長の機会にもなるでしょう。

（2）書類の監査に時間がかかってしまい、帰りの飛行機や電車の時間が迫ってきた。もう現場をきちんと見る時間がない。

この時の監査者は、「品質は現場で作り込む。短時間でもその現場を見たい」と言って現場に入り、床だけ見て帰ったとのことです。

その理由は"清掃の基本は上から下へ、奥から手前"です。

この手順では床は最後に着手する。その床が奇麗なら、それ以前（作業台や設備など）はきちんと清掃されているだろうと判断したのです。

4）予防保全、延命化（生産設備、付帯設備）

昔、ある半導体の前工程でこんなことがあった。

突然、設備がガタンと音を立て止まってしまった。

保全担当が調べたが、なかなか原因がわからなかった。長時間かかって、ある部品が摩耗して故障していたことが判明した。

その部品を交換しようとしたが、在庫がなかった。メーカーに注文したところ、「納期が２週間かかる」と言われ、この設備を含むラインが２週間止まってしまった。

管理職からは、「早くしてもらってね」とだけ言われたとのことです。

ところが今ではどうでしょうか。こんなことをしていると、その職場の責任者はクビになってしまうかも知れません。その間製品が作れず、機会損失になるからです。

そうならないように、日ごろから設備をよく見ることで、徐々に不具合が見つけられるようになる。

全てではないにしても、発見の確率が向上し、不具合を見つける目が養えるのです。

例えば、わずかな摩耗粉を見つけ、部品の損傷状態にまで気が回るようになるのです。

そして発見したら、その場で対応することが重要です。

あるいは設備停止ができない場合、該当部分を明確にし、部品を用意して、次の保全計画に組み込み、修理する。つまり予防保全の考え方です。

この継続で設備の延命化が図れ、減価償却が進む。それによって安価に製品

が製造でき、利益の増大に繋がります。

　この予防保全の考え方は生産設備だけでなく、それを取り巻く付帯設備も同じです。

　逆に"故障したら修理する"と言う後追いの繰り返しでは、その都度保全メンバーを呼ばなければならない。

　呼びに行っても、他の設備を修理していて、すぐに対応してもらえなければ、設備停止の時間が長く、稼働率も下がる。

　保全担当も、「またか……」の繰り返しになるので、上司に、「この設備は故障してばかりでもう手に負えません。早く新しい設備に更新してください」と愚痴が出てしまう。

　万が一、その話を真に受けて、新しい設備に買い替えてしまったらどうでしょう。

　減価償却が進んでいないのに買い替えてしまうと、儲け損ねてしまうのです。

　これまで"四つの目的"を解説してきたが、図-3最下段の職制・作業者・スタッフ等全員のクリーン化意識の向上、モラルの向上が最も重要です。

　クリーン化は現場の人だけがやることではなく、全員が参加することでその価値が出てくる。

　さて、もう一つ別な見方を紹介しよう。

　"クリーン化を人財育成のツールとして活用すること"です。

　クリーン化による見方や考え方を人財育成に活用していくと、多くの人の見方が変わってくる。

　それで育った人たちが、先ほどのクリーン化の四つの項目に貢献してくれるのです。不具合に気づく人が増え、不具合の発見が早くなる。そして意識も変わる。早期発見、早期改善で様々な損失が防げるのです。

　つまり、人材を人財に変えていくことです。するとクリーン化担当や保全担当だけでなく、全員が関わることに繋がってくるのです。ここにその企業の基盤の強さがあるのです。

　一人のクリーン化担当では、いくら頑張っても、目は二つ。でも二人で見れば四つの目です。それが人数分増えるので、発見力は高くなるのです。

人の耳の周りの神経は数千、目の周りの神経は数万あるとも言われます。

見ると聞くとは大違いと言うように目から入る情報は桁違いに多いと言うことです。視覚に訴えるという言葉があるように、瞬時に集める情報が多い。しかも脳裏に焼き付くとも言うように、画像でも残るのです。

その人が持つ力を大いに活用したい。

◆クリーン化の効果を考える

クリーン化で得られた効果について事例を交え解説します。

クリーン化の成果、効果で得られた利益をどのように使うか考えてみると良いです。

つまり、自社あるいは自分の問題として引き寄せることです。

・クリーン化で品質、歩留まり向上、そして利益も向上

クリーン化活動を進める上で、その成果や効果は欲しい。それが具体的に数字などで見えると、活動は継続する。

ある半導体製造の前工程の事例からクリーン化の成果、効果について考えてみます。

例えば、その工場の一つのラインで、仮に月25億円の売り上げがあったとする（これはイメージしやすい数字にした。現在ではこんな数字よりはるかに多いでしょう）。

この時歩留まりが1％上がると、月に2,500万円の純利益が得られる。しかもあまりお金をかけないでできることが沢山ある。

会社が社員を集めて、あるいは上司が部下に対し、「品質向上に努めましょう。すると利益が増えます」と言うだけでは、社員は"聞いただけ、人ごと、よそ事"で終わってしまうかも知れません。

そこで、これらで得られた効果（利益）をどのように使うか考えてみると良い。

つまり、"自社や自分の問題として捉えること"が重要です。

人ごとから当事者意識に換えるのです。

具体的な項目ごとに解説する。

1）注文が多い場合、稼ぎ続ければ歩留まり向上分が余計に儲かる

これには説明は不要でしょう。

2）注文数に変化がない場合、その利益相当分の原料投入が減らせる

原料投入を減らしても生産量は確保できるのです。

それに付随して薬品、エネルギー（設備の稼働などの電気、ガスなど）、そして人工数も削減できる。

この項以降は多少理論、理屈の部分も含みます。

3）注文数に変化がなければ、その歩留まり向上分を次の製品開発や試作に充てることができる

これは、量産品と試作品を同じラインで流動する場合です。

規模の大きな会社では、量産と試作のラインは別々に保有している場合もあるが、規模が小さいところでは、試作のために別ラインを持つ余裕はないでしょう。

このようなラインで、実際にあった事例を紹介する。

開発担当が試作品の投入を依頼しようとしたところ、現場責任者から、「この忙しい時に試作品なんか流動できるか！」と言って断わられてしまった。現場が強かった例です。

あまり忙しいと冷静さも失うのです。

ところが、流動していた製品のピークが過ぎ、徐々にラインに余裕が出て来た。

そこで、先ほどの現場責任者が、「次に作る製品はないのか」と聞いたところ、開発担当は、「あの時断られてしまったので次に投入する製品の準備はできていません」との回答……。

このようにならないために、日ごろから製品の品質、歩留まりを向上させ、そこでできた隙間を活用し、試作品を流動させ、次のお客様の仕事も準備しておく努力をしたいものです。

品質が悪いと、やり直し、手直し、不良廃棄分の補填投入などで設備に余裕

がなくなる。そして時間や原材料のロスなどで忙しくなる。

このように儲からない仕事をこなすことに追われ、忙しくなっているのかも知れません。

しかしこれは、本当の生産活動ではない上、結果的にお客様を逃がしてしまうのです。

4）注文に変化がなければ、その分作業者を減らせる

歩留まり向上分投入数が減らせるので、少人数で従来通りの生産量が得られる。

人が減れば固定費が減るなどのメリットも出てくる。また、その分を作業者の教育などに活用できる。

5）歩留まりが向上すると不良が減少し、不良の分析、解析要員が減らせる

歩留まり向上などの活動をしないと、次から次へと品質問題が発生し、そのため分析や解析作業が多忙になる。

現場からは、「早く分析してください。結果が出ないと本体が流動できません」とつつかれる。

工程中のあちこちに分析結果待ちの在庫がたまり、ラインの流動を阻害するのです。

そのような状況下、急いで分析をしたら、「毎日清掃をきちんとしていれば、このような問題は起きないよ」ということになるかも知れません。

日ごろから現場をきちんと清掃をすることで、このような問題が少なくなれば、分析、解析の仕事が減り、そのための人や仕事を減らすことができる。あるいは分析、解析担当は、その余力でもっとレベルの高い分析、解析に取り組むことができる。

6）注文に変化がなければ、原料投入が減らせ、在庫の減少や納期短縮ができる

注文数が一定なら、歩留まり向上分の原料投入が減らせる。すると流動在庫が減り、製品の流動スピードが速くなる。そして、納期短縮に繋がるのです。

　私はこの考えを、昔の洗濯機に例えて説明している。

◆適正在庫の考え方を昔の洗濯機に例えると……

　昔の洗濯機は、同じ方向にグルグル回っていて、上から覗くとその様子が良く見えるものがあった。そこに少し溜めすぎた洗濯物をドンと入れると、たちまち回転が遅くなる。もしかすると止まってしまうかもしれない。これでは洗濯物を入れ過ぎだと、洗濯物を間引くと、また回転が元の速さに戻る。

　これは理論理屈で考えなくても、直感でわかる。

　それをあえて理論、理屈で考えてみると、洗濯物をたくさん入れたら回転が遅くなった。

　これは、洗濯物という製品同士がお互いに足を引っ張り、回転が遅くなるのです。

　逆にある程度間引くと回転が元の速さに戻るわけです。

　これは、在庫が少ないと製品が早く流れる、**在庫回転率の考え方**と同じです。

　現場責任者は、自分の職場にこれ以上在庫があると、製品の流れが悪くなることを感覚で把握したり、数字やデータで把握している方も多いでしょう。つまり、**適正在庫の考え方**です。

　私の経験は、履歴の、"ルールは変えられる"のところでも触れたが、その最後の部分を紹介する（P81）。

　急ぎたいのに航空機からなかなか出られない。帰宅はたいてい金曜の夕方なので、列車や、駅のホームも人が溢れ、なかなか進まない。

　人が閑散としている日中ならすいすい動けるのに、と言う部分です。

　このことを冷静に考えてみると、私と言う人が早く行きたいのに、人が邪魔になってなかなか進まない。これが平日の日中だったらスムーズに移動できる。

　人の移動を人が邪魔をするという**在庫回転率と同じ考え方**ができる。

　いずれも体験学習から得たことです。

　このように人ごとではなく、自分の問題として引き寄せる、捉えることが大切です。

　そして自分たちの努力を数字に置き換えてみると、次の行動に繋がって来るのです。

7）初期対応の失敗は大きな費用と犠牲を招く

ゴミ（パーティクル含む）退治の仕方（手順）は、ゴミの見方のところで触れるので、ここでは簡単な説明に止める。

ゴミ退治の基本手順は、①発生源対策、②飛散防止、③清掃　です。

①**発生源対策**：元を絶つこと。発生しなければゴミによる品質問題はないわけです。

②**飛散防止**：発生してしまっても、そのゴミが飛散、拡散しないように小さな（狭い）範囲で処理する考え方です。

③**清掃**：それでも処理ができず拡がってしまったら、清掃で対応する。

クリーン化のゴミ退治の仕方、手順はできるだけお金をかけない手順でもあるのです。

もちろん、必ずこの手順というのではなく、発生源対策に時間がかかるので、飛散防止をしながら発生源を抑える、という風に並行する場合もある。

上記の三つの手順は考え方です。

火災の消火も同じですね。

①発生させない努力　②初期消火（飛散、拡散防止）　③それでも拡がってしまったら消防対応になります。

設備の予防保全も同じです。つまり初期の対応を誤れば、費用も犠牲も大きくなるのです。

翻って、2020年の新コロナウイルス対策はどうでしょうか。

初期対応では防げなかった。それを飛散、拡散防止すべきところを、拡散させる策を講じた（GoToなど）ため、多くの感染者が出てしまった。その広い裾野を叩くために、莫大な予算が必要になってしまったように思う。それでもなかなか収拾できないです。

また、第1波よりも2波、3波と波が大きくなってきた。

元々言われていたことだが、油断の大きさの現れ（油断の曲線、増幅の曲線――このような理論があるわけではなく、私が勝手にそう思っている）だと感じます。

後遺症の裾野も拡がるでしょう。収拾がつかないとか、自然消滅を待つこと

になるかも知れません。ここにも様々なロスが隠れています。

　これも、漠然と捉えるのではなく、自分の問題として真剣に捉え、行動すると、広がり方が遅く、狭い範囲で収まったのかも知れません。

◆クリーン化を成功させる条件とは

・継続的な活動がやがて大きな成果に

　クリーン化活動を進めるうえで重要なことを私の経験、体験を基に整理したものです。

　これは現場や現場に近い部門だけでなく、経営者や管理監督者など会社全体が知っておいて欲しいことです。

　クリーン化を成功させる条件について、事例を含めて解説します。

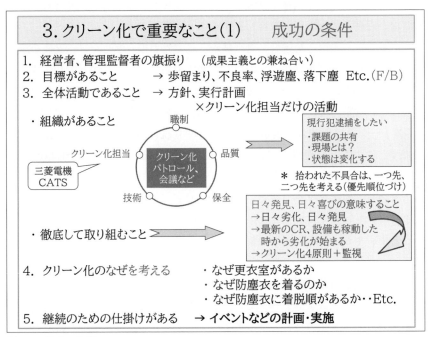

図-4　成功の条件

1. 経営者、管理監督者の旗振り

"経営者、管理監督者の旗振り"、何といってもこれが最初に来ます。

クリーン化はものづくり企業の基盤強化、利益の創出、そして人財育成のツールです。

ただし、すぐに効果や成果が表れない活動です。ボクシングで言うと、ボディブローです。

初めのうちは、こんなことをやっている意味があるのかと思ったり、毎日の清掃も、今日は１回休み（手抜き）、が繰り返しになり、やがてやらなくなってしまう。

そしてせっかく奇麗になり始めた現場が、また元に戻ってしまう。クリーン化に取り組みはじめたにもかかわらず、すぐ挫折するのは、このようなところにも原因があります。

クリーン化活動は粘り強く継続することに意味があることを、経営者や管理監督者が理解して旗振り、後押しをすることが重要です。

その役割を負うべき経営者や管理職が、見て見ぬ振りをしたり、支援を怠ると、成果が出ないばかりか、ものづくり基盤の弱体化にも繋がってしまう。

現場の作業者は、上司の行動を良く見ています。

表面だけ理解して、成果を急ぐ経営者や管理職の方も多いようです。

"クリーン化は地味に、地道にコツコツやり続けることにこそ価値がある" のです。このことを理解していないと、「昨日種を蒔いたから、今日は芽が出て、明日は花が咲き、その翌日は実がなり、収穫できるはずだ」というくらいの方もいる。成果を早く出せという経営者です。

クリーン化はすぐに成果、効果が見えない活動ですが、継続的に活動を続けることで、やがて大きな成果に繋がる。そのことを理解して欲しいのです。

・成果主義との兼ね合い

成果主義では、数字やデータで報告することを求められる。

そうなると、要領の良い人は、数字やデータで表現しやすいことになびいてしまう。

反対に地道にコツコツ継続をしている人は、なかなか評価されないのです。

128

　このようにすぐに成果が出ないこと、数字、データで表現しにくいことは敬遠され、定着しないので、そのことを経営者や管理監督者がきちんと理解することが大切なのです。

2. 目標があること
◆活動目標を明確にし、意思統一と情報を共有

　活動には多くの人が関わる。「何でも良いから、とにかく現場を奇麗にしなさい」では動きようがありません。ところがまれに、そのようなケースにも遭遇したことがある。

　活動するには目標が必要です。『何に向かってやるのか』を明確にすることです。

　それによって社員、従業員のベクトルも合い、成果も出やすくなる。

【目標】

　例えば歩留まり向上や不良率減少、浮遊塵減少、落下塵減少、返品率、または返品数減少など具体的な目標を設定します。

【浮遊塵と落下塵について】

　浮遊塵は、クリーンルーム内に浮遊している微粒子（パーティクル）のことです。

　現場をパーティクルカウンターで測定し、継続的に推移を確認する。

　客先監査（Audit）があるところでは、客先からデータの提示を要求されることもある。

　パーティクルは広範囲に浮遊するため、その現場全体の清浄度が低下し、広範囲の製品品質に影響する。

　一方、落下塵は浮遊せず落下する微粒子のことです。

　こちらは、現場の所々にサンプル捕集場所を設置する。

　場所によってデータに差が出る場合がある。

　数値が大きい場合は、その付近に発生源があるだろうと考えられる。

　浮遊塵と落下塵は異なるものと考えられるが、境界の線引きはしにくい。

環境改善としては、攻める方法が違う。半導体製造や水晶、表示体など高い清浄度管理が必要な分野では、浮遊塵と落下塵の二つの物差しで現場の環境を管理しているところが多い。

　落下塵の把握方法は様々ある。

　半導体製造の前工程では、奇麗なウエハーを24時間放置する方法（定点観測）を採用している。

　そのウエハーを回収し、専用の測定機で、微粒子数や大きさの測定、分析をする。

　ウエハーの管理や費用が発生するので、後工程や清浄度があまり高くない現場では、ウエハーに代わるもの、例えばクリーンマット（粘着マット）などを活用するなど、様々な工夫をし、評価している企業がある。

　目標設定は優先順位をつけ、改善効果の大きいものから取り組み、成果も見えるようにする。

【フィードバックの効果】

　クリーン化活動で得られた効果や成果は、現場にきちんとフィードバックすることが重要です。

　これは、それまでの活動のまとめ、お礼と感謝、次の目標へのスムーズな橋渡しの他、褒めることで士気を高め、継続させる機会でもある。単にトップダウンの場ではないのです。

　成果を管理職だけで共有し、活動した現場や社員にはフィードバックしていないことがあります。

　そして次の目標を提示してしまった場合、現場側にしてみると、今年の目標、半期の目標、四半期ごとの目標と次から次へと降ってくるわけです。「今までやってきたことはどうなったの？　成果があったの？」という疑問が出てきます。そして士気が低下してしまうのです。

　「皆さんの活動の成果がこのように出ました。ありがとうございます。ついては次の目標はこのようにしたい」とお願いすれば、成果を納得して、次のテーマにも快く取り組んでくれるでしょう。

　つまり、褒めることと同じです。そして感謝の気持ちを表すことです。そう

することで、次の目標に向かってベクトルも合ってきます。

「そうか、今までやってきたことは良かったんだ」などと思い、納得するでしょう。

小さなこと、ちょっとしたことですが、情報共有が重要です。

経営者や管理監督者は社員、部下に指示、命令することは得意ですが、褒めること、頭を下げることは苦手です。この小さなことの積み重ねが、相互の意思疎通の一歩だと考えます。会社と社員の血の通った……という表現があるが、案外こんなことを指しているのかも知れません。

3. 全体活動であること
◆クリーン化活動の組織と現場の重要性

クリーン化意識とモラル向上に向けた活動をするには、会社や事業所、事業部などの部門の括りでは方針を明確にし、現場レベルではそれを受けた実行計画が必要です。

方針を示す側は、自社の現場をどのようにしたいか、という思いも含めること。決して形だけの指示や伝達にはしないことが重要です。

各企業では経営方針、品質方針、環境方針などいくつかの方針が掲げられている。

その中には、クリーン化の推進という方針や目標が、具体的に挙げられているところもある。クリーン化は、企業の経営に直結する。

現場のものづくり環境を向上させ、お客さまに安心、安全を提供し、信頼度を高めていきたい。

クリーン化意識やモラルの向上などのスローガンを掲げている中堅企業の経営者の方と話をしてみると、その時の経営だけでなく、"企業の永続"という使命や将来をイメージしていて、その熱い思いを話してくれたことがあった。

そういう場面では経営者の悩みや苦労を肌で感じることができ、私自身も多様な考えを学ぶ機会だった。

そして、そこにはクリーン化推進部署があり、担当がきちんといて、生きた活動になっていた。

単に、"ものづくり現場の環境を向上させ、高い品質の製品を提供する"と

いう表現は抽象的であり、社員の心には届かないでしょう。経営者の心、思い
を届けましょう。

　また活動を進めるにあたり、クリーン化担当だけの活動にはしないことが大
切です。

　"担当者がやること"のようになると、周囲は傍観者になってしまいます。

　全員参加で成果が出るのです。一人（担当者）の100歩ではなく、一〇〇人
（全員参加）の1歩からです。

　その中で、活動には核になる人や組織が欲しいのです。

【活動の組織編成】

　先ほどの中段に丸く描いた部分を説明する。

　その職場の職制・品質・技術・保全・クリーン化担当をメンバーとして活動
する。

　そうすることで、情報共有ができるからです。

　クリーン化パトロールの実施や、そこで拾われた不具合の改善・対策会議を
する時などは、このメンバーが揃って行うことです。その目的は、共通認識し
たいということです。

　例えば、メンバーの誰かが大きな不具合を発見したとします。

　その時他のメンバーがその場に集まり、その凄さ、ひどさを確認するのです。

　「これは至急対応しないと設備が故障してしまう」というふうに、課題の共
有ができる。また現場、設備の見方など着眼点のレベルも向上するのです。

【現場は生き物】

　現場という言葉に着目してみましょう。

　"現場とはその場に現れる"と書く。今、皆でパトロールをして不具合を見
つけた、その場のことです。さらに、"現場の状態は変化する"ということも
知っておいてください。

　こんな例があります。

　保全担当が不在だったが、他のメンバーで予定通り現場のパトロールを実施
したところ、先ほどのような情報共有ができた。

メンバーの一人が、パトロールの時不在だった保全メンバーに、「今日こんなことがあった。後で見ておいてください」と伝えた。

ところがその保全担当は、その場にいなかったため、内容の凄さまではわからない。また、やらなければいけない仕事もたくさんあるうえ、"後で"、と言われたため、対応の優先度は下がった。

それでも現場に行ってみようと思い、かなり時間が経ってから見に行った。

ところが、その前にその場所を通った作業者が金属粉の堆積に気づき、雑巾で拭いてしまい、証拠が消えてしまったのです。

結局どこのことだか、何のことだかわからないまま、曖昧になってしまった、**"状態は変化する"** という事例です。

このような事例はたくさんある。

意識したいのは **"現場は生き物"** ということです。そして状態はどんどん変化するのです。

このパトロールで拾われた不具合は、そのままにしておいたらどうなるか、一つ先、二つ先を考えて、優先順位をつけて緊急性の高いものから対応することが重要です。

【三菱電機のCATS】

前図（図-4）で、"三菱電機のCATS"と追記した。

かつて、『三菱電機にはCATSがいる』という本が出版されている（1989年、ダイヤモンド社）。CATSとは「Clean Analysis Team for Semiconductor（半導体におけるクリーン化の分析、解析をするチーム）」のことです。

ちょうど、劇団四季のミュージカル"キャッツ"が始まった頃で、同じ名前だったことから話題になったので、ご存じの方もいるでしょう。

注目すべきことは、メンバーが物理や化学など理系の大卒者だったことです。

このメンバーは日ごろから良くクリーンルームに入っていた。

"現場とはその場に現れる。そして状態は変化する"と書いたが、その現場に頻繁に入り、刻々と変化する現場の姿を観察しているのです。

現場に入って、**現物**はどうか、**現実**はどうか、という三現主義で見るのです。

その上で自らの専門を生かし、**原理**、**原則**で考える、つまり、**5ゲン**主義が

揃うわけです。このメンバーの特許、論文、レポートは大変な量に及ぶようです。

このことはこれまでのセミナーでも過去の話として紹介してきた。

ところが、最近東京で実施したセミナーに、2回ほど三菱電機の方が受講してくれた。

その内の一人は、CATSのメンバーとのことでした。

このような話は、とかく美談で終わってしまうことがありがちですが、今でも水面下で脈々とDNAが継承されていることに驚いた。

各種活動は長い間続けていても、どこかで消えて行ってしまうことが多いが、数十年続いていることは凄いことです。

この人たちから学ぶ立場なのに、私のセミナーを受講してくれたことは、偶然ではあるが、大変恐縮した。

4. 徹底して取り組むこと

◆クリーン化4原則と監視の重要性

クリーン化活動は、一旦始めたらやり続けることが重要です。

図-4の右に"日々発見、日々喜び"と記した。これは、若い頃私を指導してくれた先生が良く口にしていた言葉です。

三菱電機には福本さんと言うゴミ博士がいた。私のいた会社でも講演していただいた。

そして私の先生は、当時のわが社のゴミ博士だったように思う。

幾つものラインを見てきた中で、クリーン化活動に特別熱心なラインがあった。こんなに良くやって、いつも奇麗になっているので、今日はもう不具合はないだろうと思いながら現場に入る。

ところがまた不具合を見つけてしまう。その時、「昨日の自分には見つけられなかった。昨日よりも発見能力が高まった、成長したんだ」という喜びを感じるというのです。

また、現場は日々変化する生き物です。その場に遭遇することで感動があるのです。

私も長い間現場を見続けてきたので、この言葉は良くわかる。

　ところが、ある日現場を歩いていて、"この言葉には裏がある"ことに気づいた。それは、クリーンルームや設備は日々劣化する。それを日々の巡回、監視で発見しているということです。

　"どんなに新しいクリーンルームや設備であっても、稼働したその時から劣化が始まる"のです。

　もちろん、新しい設備は初期不良も考慮しなくてはいけない。それらを含めての発見です。

　先ほど"現場とはその場に現れる"と書いた。それを発見しているのだが、毎日見つけられるわけではないのです。従って日々巡回することが重要で、その繰り返しから多面的にものを見たり、考えたりできるようになり、自己の成長に繋がるのです。

【事例①】　新品の設備はノーマーク

　ある工場から現場診断・指導の依頼があった。

　見て欲しいという設備から少し離れたところに、新しい設備が並んでいた。

　それを確認していたところ、「その設備は最近入ったので、見ても仕方ないです」と言うのです。

　そこで、「これらの設備はみな同じですよね。でも設備背面に２個ずつあるファンは、両方回転しているもの、止まっているもの、回転方向が逆なものもあるけど、どうしてですか」と聞いた。

　そして、設備背面に２個ずつあるファンの動きを気流観測用の糸（絹糸）で見せた。

　ファンに近づけると、吸い込まれるもの、反応しないもの、吹き出されるものがわかるわけです。

　これは新品の設備で、メーカーが立ち上げたばかりなので問題はないはずだ、という先入観で安心してしまった例です。設備立ち上げ時の問題でもあるが、たとえ新品であっても良く観察することが大切です。

5. クリーン化4原則とは

1. 〈持ち込まない〉　クリーンルームにはゴミの出るものは持ち込まない
2. 〈発生させない〉　クリーンルームに入ったらゴミの出る行為はしない
3. 〈堆積させない〉　ゴミがあってもそのままにしない
4. 〈排除する〉　　　ゴミは速やかに排除する―ことです。

　これは別途説明するが、クリーンルームではこのような着眼点で、不具合を観察するということです。ただ入るだけでは、なかなか不具合は見つからないが、このように着眼点を絞って観察すると徐々に発見できるようになるでしょう。

　冒頭の図-4、右枠内に、"クリーン化4原則＋監視"と記した。

　これは最近よく言われるようになった。設備は日々劣化するので、こまめに監視を続けることが重要だということです。状態は日々変化するからです。その事例です。

【事例②】稲作から学ぶ監視の重要性

　新潟県のある工場から現場診断・指導を依頼された時のこと。

　その工場は田園地帯の中の工業団地にあった。その現場はクリーンルームというほどではないが、ゴミによる品質問題が発生していた。

　何度か訪問すると、従業員の方とも顔見知りになり、雑談もできるようになった。

　ある方が、「ここはお米の産地です。田植えの後は大変なんです」と言うのです。

　具体的に話を聞くと、「朝早く自分の家の田んぼに行って、水は大丈夫か、田んぼの周りに不具合はないかを確認し、自宅に戻って、着替えて出社する。

　仕事が終わると、一旦帰宅し、着替えてから田んぼの様子を見に行く。これを毎日繰り返している」とのことです。

　私が、「それは毎日やらなければいけないのですか」と聞くと、「そうなんです。昨晩水を見て良かったとしても、そのあと上流で水流調整したために、自

分の田んぼに大量の水が入ってきているかも知れない。田植え後の稲の丈はま
だ短いので、水没しているかも知れない。

　また、一晩のうちにモグラが穴をあけて、田んぼの水がすっかり抜けている
かも知れない。昨日良かったから今日も良いという保証はない、だから毎日見
るんです」と話していた。

　それは監視のことですね、と話をしたことがある。

　余談だが、秋には田んぼの土手に、赤い花が咲く光景をよく見かける。これ
は彼岸花（曼珠沙華）です。

　彼岸花の根には毒があるので、モグラ除けなどのために植えてある。先人の
知恵だそうです。彼岸花は根だけでなく茎や葉も含め全体に毒があるので、触
れない方が良さそうです。

6. クリーン化のなぜを考える
◆ルールの一つひとつにある"なぜ"を知る

　クリーンルームの中では様々なルールがあるが、その理由がきちんと説明さ
れていないこともあるでしょう。

　クリーンルームを保有している現場でも、残念ながら、クリーン化教育が実
施されていないところも多いのが実態です。

　その理由の一つに"クリーンルームにすれば歩留まり、品質が向上する"と
いう神話を信じているところもある。

　クリーンルームにしただけで安心してしまい、管理の知識は持ち合わせてい
ないのです。

　従って、教育の必要性も感じないのでしょう。

　教育を実施し、ルールや決まりを伝えているところは多いでしょうが、"な
ぜ？"の説明が欠けているところも多いでしょう。

　ルール、決まりはもちろんあった方が良いのですが、それだけで縛らず、教
育の場を設け、なぜを知ってもらうことや、考える機会を設けたい。

　そのルールを理解し、遵守してもらうことに価値があるからです。

　「ルールや決まりを守りなさい」だけでは、言われた通りにするだけになって
しまう。なぜを考えたり、知っていると、他のことに応用したり、行動に幅が

出る。ルール通りにしながらも、その意識や行動が生きたものになるはずです。

　また、一人ひとりがなぜを考えることで、人としても成長し、環境も向上するでしょう。

【事例① 子供のなぜ】

　クリーン化から逸れるが、長男の幼稚園入園前の話です。

　一緒にお風呂に入った時、「カエルはどうして跳ねるの？」と聞かれ、大変困ったことがあった。

　また、幼稚園に入ってから、「種無しスイカの種をどうして売っているの？」これにも困った。小さな子供に対し、冗談でごまかすわけにもいかなかったのです。

　こんな経験をされた方も多いと思います。**子供はなぜの宝庫**です。でもいつの間にか、そういうものだと思ったり、言葉一つひとつにこだわることは少なくなっていきます。

【事例② 大人のなぜ】

　次は、私が昼食時に社員食堂で経験したことです。

　先輩が、「清水さん、肉の定食ではなく魚の方がいいんじゃないの」と言うので、「そう思ったけど、遅く来たのでこれしか残っていなかったんです。でもどうして肉より魚の方がいいんですか？」と聞くと、「昔からそう言うでしょ」との返答。そこで咄嗟に思いついたことを話してみた。

　「私はこう思います。牛や豚など家畜に触ってみると温かい。つまり人間より家畜の方が体温は高い。その体の中にある脂は、その体温でちょうど良く機能しているんです。でも冷えると固まってしまう。

　会食などで話に夢中になり、後で見ると肉じゃがなどの料理が冷え、脂が浮いています。人の体温の方が低いので、これを食べると、体内で脂がきちんと分解されないのではないか。

　逆に魚は水中にいるので体温が低い。その体の中にある脂は低い温度で分解されるので当然魚より体温の高い人間の体内ではきちんと分解する。だから体に良いのではないかと思うのですが……」というと、そこまで考えたことはな

かったとの反応だった。これが正しいかどうかわからないが、自分なりに考えてみることは楽しいものです。

多くのことは、"昔からそう言われている、そういうものだ"で済まされてしまい、それで理解した気になってしまうと、そこで終わってしまう。

つまり一面（表面）だけで理解するのです。今一度、なぜを考えてみるとよいでしょう。

自分なりの答えが正しいのか否かは別として、考えてみることに価値はあると思う。

すると一面ではなく、色々なことをもっと多面的に見たり考えたりするようになるでしょう。

特にクリーンルームにおけるルールは、その一つひとつになぜがあり、そのなぜを知ることが大切です。なぜ？　どうして？と聞かれたらいやな顔をするのではなく、きちんと説明ができることで、そこに関わる人たちも理解し、行動に繋げてくれると思う。

説明できなければ一緒に考えることが大切ですね。

テレビに出てくる林先生は、子供の頃疑問があれば、おばあちゃんに聞いたそうです。

その時、すぐに回答できることであっても、「一緒に考えてみようね」と言って、考えるように仕向けていたと言う。

クリーン化でも、「なぜ更衣室があるのか」、「なぜ防塵衣を着るのか」、「なぜ防塵衣に着用順序があるのか」をはじめ、たくさんのなぜが出てきます。

7. クリーン化のなぜを考える

◆クリーンルームの重要性を考える

①なぜ、更衣室があるのか

（1）ゴミ（異物）はどこからやって来る!?

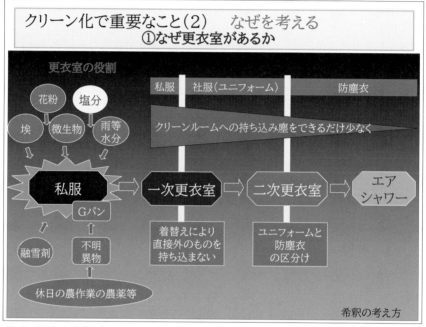

図 -5　更衣室の役割

　この図は、私が山形県の半導体工場に赴任した頃描いたものです。

　赴任の目的は、半導体前工程のクリーン化、品質改善でした。

　そこには半導体の後工程もあるが、会社組織としては別会社であり、建物も違っていた。

　ただクリーン化については私の共通のテーマであり、分け隔てなく対応しようと考えていた。

　赴任直後から現状把握も含め、後工程の工場にも頻繁に足を運んだ。

　ある時、廊下からクリーンルームの様子を見ていたところ、「今日は何しに来たんですか」と聞かれた。その時、「更衣室ってなんであるのかねえ」と

ちょっとはぐらかした返事をしてしまった。

　すると、「決まっているじゃないですか。着替えるところですよ」とか、「そんなことも知らないんですか」といった答えが返って来た。せっかく親しく話し掛けてくれたのに、嫌な気分にさせてしまった。

　しかし、この返答を聞いて、表面的な理解に過ぎないことに気づいた。そして具体的に説明する必要を感じ、描いたものです。

　では具体的に説明する。

　私たち従業員は、私服で出勤する。

　この私服には埃や微生物、雨や雪などの水分が付着する。

　春には花粉、冬は道路の凍結防止のために撒いた融雪剤の粉などが付着する。さらに私の赴任した工場は日本海側にあったため、冬には強烈な西風（海風）が吹き、塩分がたくさん飛んでくるため、それらも付着する。

　赴任直後に工場の設計図面を確認したところ、工場の位置は海から直線で1kmだった。

　私の自宅は山梨県で長野県の会社に通う、つまり海なし県（圏）で生活していたため、潮の香りには敏感だった。

　冬季は一日の仕事を終え、帰る時にはフロントガラスは真っ白。指先でこすって舐めるとかなり塩辛い。

　また、海沿いには防風林として黒松が延々と植えられ、時期には風が吹くたび花粉が黄色いカーテンのように舞うのです。

　この黒松の防風林は、庄内の豪商、本間家による事業です。

　高校野球の試合観戦でも、外野の選手が霞んでしまうほどです。

　このような多くのゴミを私服に付け、出社するのです。

　そのまま現場に持ち込むと当然様々な品質問題が起きます。ゴミによる品質低下だけでなく、ナトリウム汚染という問題が起きるため塩分は半導体にとっては大敵です。

②ゴミは歩留まりに影響する

　そこで、半導体工場では、出社したら最初の更衣室で社服に着替える。

　最初の更衣室を一次更衣室などと呼ぶ。ロッカーに私服を置き、社服を取り

出す時に、私服と社服が接触し、私服のゴミが若干社服に移る。でも大体は私服についたままロッカーに置いてくる。着替えの時落下したゴミは更衣室の清掃で除去する。

　次に二次更衣室に入り、社服を脱ぎ、防塵衣に着替える。

　社服には私服からの転写ゴミだけでなく、構内のゴミも付着している。

　これを防塵衣には付着させたくないので、二次更衣室の中でも、社服を脱ぐ場所と、防塵衣を着用する場所は距離を離しているのが普通です。

　その場所が確保できない場合、パーテーションで仕切るなど工夫している。

　そして防塵衣を着用し、エアシャワーを浴びてクリーンルームに入る。

　この過程を細かくみていくと、一次更衣室に外のゴミをできるだけ置き、さらに二次更衣室で社服に付着したゴミを置き、クリーンルームに入るということです。

　ゴミに目を転じると、更衣室を通過するたびに置いて行かれ、少なくなっていく。

　つまり更衣室を通過するたびにゴミを減らしていく、希釈の考え方です。

　一次更衣室、二次更衣室はそのための関門、関所なのです。

　図の一番下に、休日の農作業の農薬等と記した。

　これは何十年も前の大手半導体メーカーでの話です。

　春になると歩留まりが極端に低下する。他の季節はほぼ安定するが、春にはまた歩留まりが低下する。これが繰り返し起きるというのです。当時はまだ分析技術があまり進んでいなかったので、原因がなかなかわからなかった。徐々に分析技術が発達し判明したことは、工場には無いはずのものが検出される。それが農薬だというのです。

　なぜ農薬が工場内にあるのかを調べたところ、当時そのメーカーでは交代勤務が始まった頃。午前中仕事をして、午後の勤務の人と入れ替わるシフトだった。

　午後勤務の人は、午前中は自宅に待機しているはずだが、実は自宅にいなかった。

　どこにいたかを調べたところ、春のこと、午前中は自身の田や畑で肥料を撒いて、そのままの服装で出勤するということがわかった。そこで農作業、出勤

時の服装、構内での着替え（一時更衣室、二次更衣室）についてきちんと対策したところ、四季を通じて歩留まりがほぼ安定したというのです。

　たかが更衣室、たかが着替えるところではないのです。重要な目的があるのです。

③クリーンルームの必要性を知ってもらう

　山形県の工場ではクリーン化教育を立ち上げ、半導体前工程や後工程だけでなく、その他の業種や人事、総務など間接部門はじめ全社員を対象に実施していた。この時、「なぜ更衣室があるのか」について、このシートを使い説明し、教育の最後には、必ずアンケートを行っていた。

　ある取引会社に行った時のアンケートに、こんなことが書いてあったのを覚えている。

　私の教育は国内外、取引様など含め数千名の方が受講している。回収したアンケートもたくさんあり過ぎて、記入内容はほとんど忘れてしまったが、2名の方が同じことを書いてあり印象に残っている。

　「私は更衣室がなぜあるか知りませんでした。悪いことをしていてすみません」という内容です。

　その悪いことと言うのは、「普通の日が出勤の場合、管理職がいるためきちんと着替えていたが、出勤日が休日に当たった場合、管理職はいないので、一次更衣室を通過し、二次更衣室で防塵衣に着替えてクリーンルームに入っていました」というのです。端的にいうと、関所破りです。

　クリーンルームにおけるルールは、その一つひとつになぜがあり、そのなぜを知ることが大切です。"なぜが抜けてしまう"とこのようになってしまうのです。

　清浄度があまり高くないクリーンルームを保有している会社では、更衣室そのものがなく、自宅から社服を着て通勤するというところもあった。更衣室は設置したいです。

④なぜ防塵衣が必要なのか

最初に、クリーンルームの中で発生するゴミについて図で説明する。

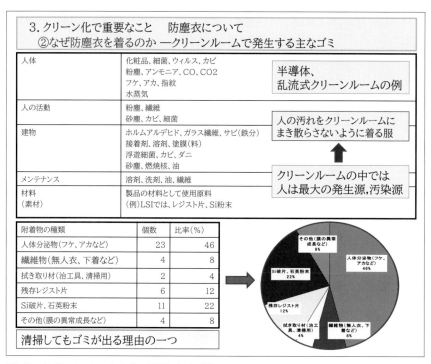

図-6　クリーンルームの中で発生するゴミ

　この図は半導体前工程の乱流方式のクリーンルーム内で採取されたゴミです。管理清浄度［1］は0.5マイクロメートル（ミクロンと略す）でクラス1,000～5,000（Fed. Std.）くらいの現場です。

　採取ゴミを大別すると、以下のようになる。それぞれの具体的なゴミは上図を参照下さい。

- 人体から出るもの
- 人の活動、行動から出るもの
- 建物から出るもの
- メンテナンス作業から出るもの
- 原材料から出るもの

　各ゴミの数を比率でみると“人から出るもの、人の活動から出るもの”の合計が全体の半分以上を占めている。

　このことから“**クリーンルームの中では、人がゴミの最大の発生源、汚染源**”だということがわかる。つまり人がクリーンルームを汚すのです。

　これら人から出るゴミをクリーンルーム内に撒き散らさないために着る服が防塵衣です。

【防塵衣についての不具合事例】

　防塵衣を着用する理由は、これまでも説明してきたが、その理由を知らず、防塵衣という白い服を着ただけで安心してしまう事例が次のようにたくさんある。

a. 名札などを安全ピンで固定することで穴が開く

　ある会社の現場診断をした時、クリーンルームで作業者の服装を見ると、防塵衣の胸のところに名札を付けていた。安全ピンでとめているのです。

　また、「○○活動をしています」といったプレートを安全ピンでとめているところもあった。

　安全ピンで固定するとどうなるか考えてみましょう。

　どんなに苦労しても一度に二つの穴が開く。クリーニングに出す時外し、戻ったら付けるという繰り返しで、胸の付近は穴だらけになります。

　ピンの太さは0.5ミリほど、管理レベルである0.5ミクロンよりも桁違いに大きな穴が開き、パーティクル（微粒子）は容易に通過する（参考：1ミクロンは1,000分の1ミリ）。さらに作業者の前面、つまり製品側に向かって吹き出すことになる。

b. ポンピング現象

　防塵衣の腰の部分には紐、あるいはゴムが入っている。

　この紐やゴムを締めないと着用している人は楽です。他者から見ればみっともないと見えるでしょう。腰紐やゴムの目的は、防塵衣の中にできるだけ空気を溜めないという考え方です。

　防塵衣の中に空気がたくさん溜まってしまうと、様々な動作、行動時にその中の空気がその場所をはじめ、多くの場所から外に漏れる。その時、中のゴミ

も一緒に出てしまうのです。胸から出るものは製品に向かうのです。

腹部、胸部を押さえると空気が出てしまうことを、ポンピング現象（ポンプの原理）と呼ぶ。箪笥の引き出しを押し込むと、他の引き出しが出てくるのと同じ原理です。

c. クリーニングによる劣化

防塵衣の自然劣化の最大の原因はクリーニングです。

防塵衣には、縦または格子状に黒い糸（導電糸）が織り込んである。静電気を逃がす目的です。

クリーニングの回数を重ねると、この黒い糸が徐々に擦り切れてくる。

すると、静電気が発生しても逃げ道が遮断され、中々減衰しない。そこにパーティクルが引き寄せられ付着するのです。

定期的に静電気性能を確認し、劣化が確認されたら交換していくことが必要です。

d. 食品関係の防塵衣について

本原稿は、電気、電子、精密、機械などものづくりを対象にした話題を解説、説明している。

医薬、食品は対象外だが、心配になっていることがあるので取り上げる。

少し古い話だが、中国で食の問題があった。

この時、日本の食品業界は大丈夫かと、取材してTVで放映されたことがあった。TV局のクルーが、ある食品会社を訪問した時のものです。

まず会社の役員の方がTVカメラを引き連れ、クリーンルームへ入って行く風景だった。

防塵衣に着替え、手袋をして、靴洗い機で靴を洗い、エアシャワーを浴び、クリーンルームに入って行った。雑菌なども持ち込まないよう、靴も洗浄していることが良くわかった。

クリーンルーム内での説明のあと、「当社の原材料は外の倉庫に保管してある、それも見てください」と言って裏口から出て行ってしまった。エアシャワーもなく、1枚の扉の向こうは外だった。

そして倉庫の中の状態を見せ、「うちはこんな風にしっかり管理しています」と説明し、また先ほどの裏の扉からそのままクリーンルームに入ってしまった。

折角洗った靴も洗浄せずに入るのです。

私はこの時"なぜ防塵衣を着用するのか理解されていない"と思った。

特に食品なので心配になる。着用したまま屋外に出ると、微生物やバクテリア、病原菌などが付着する可能性がある。もっと大きい昆虫なども付くかも知れません。それを持ち込むことになるのです。

自宅で洗い、屋外に干した洗濯物を取り込むと、虫が付いていることもありますね。

このクリーンルーム内はバクテリアや微生物、昆虫などは生きやすい環境です。エサや水があり、適度な室温なので産卵もするでしょう。

会社の経営者や管理監督者がやっているので、恐らく作業者も疑問を持たず、同じことをしているのだろうと容易に想像できる。そしてそれらの持ち込みも多いでしょう。

消費者が購入した製品中にそれらが入っていたら、大きなクレームになるでしょう。もしかすると出荷した全品を回収することになるかも知れません。衛生上の問題なので、会社の信頼性やイメージも損ねてしまうでしょう。あんなものを食べていたんだねと。

もう一つ、最近、TV番組やCMなどで、防塵衣を着用して屋外で集合写真を撮っている風景を見掛けることがある。もちろん、食品業界だけではありません。これも、何のために着用しているのか疑問に思う。白い服を着て安心してしまう例です。

単に画像を見ているだけでなく、おかしいと感じてもらいたいのです。

【用語解説】
　　管理清浄度：クリーンルーム空間の清浄度合いを等級分けしたものを「清浄度」といいます。清浄度の等級・クラスは、『アメリカ連邦規格』（Fed. Std. 209E）と、『JIS方式』（B9920）、『ISO規格』（14644-1）に大別されます。

⑤なぜ防塵衣に着用順があるのか

防塵衣の着用順は防塵衣のタイプや会社の考え方、思想により若干違う場合があるが、ここでは基本的な着用順序を説明する。

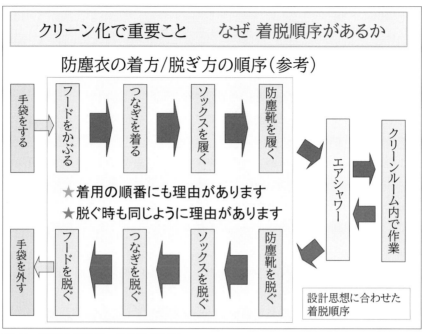

図 -7　防塵衣の着方・脱ぎ方の順序

【防塵衣の着方】

最初に①フードを被る。

ここでいうフードは単に帽子のようなものではなく裾が長いものです。

その上から②繋ぎを着る。つまり、フードの裾は繋ぎの中に入る。

その繋ぎの裾の上から③ソックスを履き、最後に④防塵靴を履く。

この順序はすんなり着用できる順番でもある。

ソックスと防塵靴は別々なタイプと一体型がある。この理由は後で説明する。

【防塵衣の脱ぎ方】

今度は脱ぐ順番の説明です。

クリーンルームから二次更衣室に出てきたら、①防塵靴　②ソックス　③繋ぎ　④フードの順番で脱ぐ。上図のように、着用した順番とちょうど逆に脱ぐ。

二次更衣室に出てきた際、真っ先にフードを脱いでしまう場面に遭遇するこ

とが多々あった。注意が必要です。

　それでは、フードを最初に脱ぐとどうなるのかを考えてみましょう。

　フードは最初に着用するので、重ねの順番では一番下になる。

　繋ぎはまだ着ているので、その内側からずるずると引き出すことになる。

　その時、防塵衣の内側や下着（Ｔシャツや中間着）に付着している髪の毛、皮膚、繊維、化粧品などが一緒に引きずり出され、繋ぎの清浄な部分に落下、付着するものも出てくる。

　"またクリーンルームに入る時、エアシャワーを浴びるので良いだろう"とも考えられるが、一度付着したものは取れ難い。それがクリーンルーム内での様々な動作や行動で落下や飛散するのです。

　『クリーン化４原則』のうちの、"持ち込まない"の部分に逆行することになる。

　従って、着用順番の逆に脱ぐというのは、重ねて着用していったものを、外側から順次剥ぐという考え方です。清浄度の高い部分と汚れている部分を接触させないということです。

【ゴミの動き】

　この着用順序で、ゴミはどのように動くかを考えます。

　フードの内側にあるゴミ、および発生したゴミ、例えば髪の毛、繊維、皮膚、化粧品などは顔面の開口部から吹き出すものもあるが、多くはフードの内側を伝い落下する。それを繋ぎの内側で受け、さらに落下したものはソックス内で回収する。

　最後のゴミの処理方法は二つある。

　ソックス、或いはソックスと靴の一体型のものは、その中で回収される。

　その後の着脱でソックスから出てきてしまうものは、二次更衣室の清掃で回収する。

　また靴の中に残ってしまうものはクリーニングで除去する。

　もう一つは、繋ぎの裾が少し開いているものを採用しているタイプのゴミの処理方法です。

　この場合靴もショートブーツと呼ばれ丈が短い。周囲に少し短い生地が付い

ているが、繋ぎの裾を覆うような長さではないので、繋ぎと裾の間には隙間が出る。

　繋ぎの裾も広がっている。繋ぎの内側を落下したゴミは、靴では回収することができず、クリーンルーム内に漏れ放題です。

　このタイプを採用しているところは清浄度の高いクリーンルーム（層流方式）です。

　清浄度の高いクリーンルームは、床全面が穴開きであり、落ちてきたゴミはそのまま床下まで落とすということです。つまりクリーンルームの構造と防塵衣の仕様をセットにした考え方です。

　最後のゴミの処理の仕方は分かれるが、どちらも防塵衣の内側で発生したゴミを、下へ落とす考え方は同じです。

◆防塵衣の劣化による静電性能低下問題

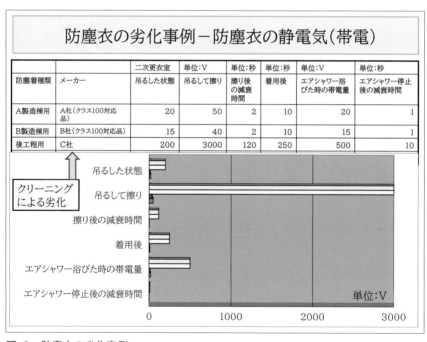

防塵着種類	メーカー	二次更衣室	単位:V	単位:秒	単位:秒	単位:V	単位:秒
		吊るした状態	吊るして擦り	擦り後の減衰時間	着用後	エアシャワー浴びた時の帯電量	エアシャワー停止後の減衰時間
A製造棟用	A社(クラス100対応品)	20	50	2	10	20	1
B製造棟用	B社(クラス100対応品)	15	40	2	10	15	1
後工程用	C社	200	3000	120	250	500	10

図 -8　防塵衣の劣化事例

150

　防塵衣の自然劣化の最大の原因はクリーニングです。

　長い間クリーニングを繰り返すことで、生地が傷むのです。

　防塵衣には縦、または格子状に黒い糸が織り込んである。これは導電糸と呼ばれ、静電気を逃がす役目がある。

　ところが、これが擦り切れてしまうと、静電気の逃げ道が途切れてしまい、帯電した静電気がなかなか逃げない。図-8の後工程（C社）防塵衣の数値に着目してください。

　後工程のものが悪いのではなく、更新しないで長年着続けてしまったことにより、導電糸が擦り切れてしまったものです。このような防塵衣を吊るした状態で、両手で挟んで擦ると帯電量は3,000Vにもなった（参考：図の吊るして擦り）。これは調査のためであり、実際には素手で防塵衣に触れてはいけません。

　このように防塵衣が帯電しても、静電気が自然になくなる（減衰する）には長時間かかる。

　その防塵衣を着用してエアシャワーを浴びると500Vほど帯電する。

　これは乾いた風が防塵衣を擦る、揺することで起こる摩擦帯電と呼ばれるものです。

　エアシャワーのジェット噴射が停止しても、10秒ほど経過しないと静電気は消えません。

　ジェットが吹き出している時は、エアシャワー内には沢山のパーティクルが浮遊している。

　これが帯電している防塵衣に付着する。そしてエアシャワー停止後すぐにドアを開けると、防塵衣に付着したゴミ、また浮遊しているゴミも一緒にクリーンルームに持ち込んでしまう。

　どうしてこのような防塵衣を着用していたのかの理由ですが、当時の該当職場の責任者が、防塵衣は1セット購入するだけでも非常に高価なうえ、一人2セット必要なので大変な金額になる。

　防塵衣を更新せず長く着続ければ、会社に余計な費用をかけさせなくて済む。経費削減ができると勘違いしていたのです。これも、白い服を着ただけで安心してしまう例です。

◆防塵衣のクリーニング

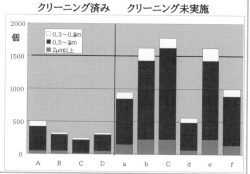

参考:防塵衣のクリーニングについて

<u>防塵衣の性能を発揮するために</u>（乱流式CRで使用の防塵衣の例）
・防塵衣の性能を発揮するためには、防塵衣を着る人が正しい知識を持ち、
　正しい着方、管理ルールを守らなくてはなりません。
・着用者は破損の無い防塵衣を着用する事。
・破損、ほころび等がある防塵衣は着用しない。
・袖口のゴムが緩んでいたら直すこと。（防塵衣用のゴムを使用）
・安全ピンなどを刺さないこと。
　防塵衣に穴があき、内部の
　塵埃が漏れる。

　クリーニング有無による
　発塵量比較
　（気中パーティクルカウンター）

　発塵量は乱流式クリーンルーム
　で使用の防塵衣
　＊塩分（汗）の毛細管現象

ルールを守り、クリーニングに
きちんと出しましょう。

図 -9　防塵衣のクリーニング

　図（図 -9）の棒グラフに着目してください。

　左の部分は、きちんとクリーニングをした防塵衣からのパーティクル発塵量
です。

　また、右側の部分はルール通りにクリーニングに出さなかったものです。目
視では奇麗に見えても、手抜きをするとこんなに沢山発生するんです。

　これがクリーンルーム内に撒かれるわけです。このパーティクルの多くは塩
分です。

　防塵衣を着用してクリーンルーム内で様々な行動をすることで、僅かながら
も汗をかく。

　また半導体製造では熱処理工程があり、その周囲が高温になるので、汗の量
は多くなる。

　人の汗が徐々に防塵衣に染み出て、これが乾くと様々な動作、行動でパー

ティクルとして飛散するのです。

　防塵衣は、その現場のルールに従い定期的にクリーニングをすることが重要です。

　特に半導体前工程では、ナトリウム汚染による品質低下も考えられるので、きちんとルールを守る必要がある。やはり白い服を着用しただけで安心してはいけないのです。

◆防塵衣の生地

　防塵衣の生地の素材はポリエステルです。

　ポリエステルの特徴は、繊維が非常に長く（長繊維）、水分を吸わないことです。

　つまり発塵しにくく、膨張収縮がないということです。そのため汗などの水分は吸収されずに、細かな織を伝わって広がる。毛細管現象です。それが乾いて飛散するのです。

　私たちが日ごろ着用する下着は綿のものが圧倒的に多いです。

　綿は短繊維であり、着用すると肌触りが良いうえ、水分を吸収しやすいのです。ただし短繊維なので繊維同士の絡みが少なく、それが抜け落ちゴミになるので、クリーンルームでは採用されないのです。

　なお、ナイロンは繊維の膨張、収縮が大きく、また耐熱性、耐薬品性ではポリエステルに比べ劣る。これらからポリエステルが防塵衣の生地として採用される理由です。

　なぜ防塵衣を着るのかというように、一つひとつに"なぜ"がある。それを一人ひとりが理解し、行動することが大切です。その積み重ねがやがて大きな成果に繋がるのです。

◆継続のための仕掛け

　クリーン化活動は、経営層の号令や命令だけでは維持、継続しません。

　そればかりか、管理監督者が興味を示さなくなると、衰退してしまう。

　清掃の継続は面白いことではないので、本来の目的や意味を本当に理解していないと、面倒なことは手を抜きやすくなる。

一旦、活動が途切れたり、止まってしまうと、その活動はなかなか元には戻りません。

　イベントの企画、実施は、活動が停滞したり途切れる前に兆候を掴み、元の状態に引き戻す、あるいはさらに活発な活動にしていくための手段です。

　図-4の成功の条件のところにある**継続のための仕掛け**について解説する。

　クリーン化活動が定着しても毎日同じことの繰り返しになると、手抜きや意識低下が起きるのです。

　この状態を放っておくと、徐々に環境が悪くなり、品質、歩留まりが低下する。これは緩やかに変化していくので、気が付いた時には深刻な状態になっていたという場合がある。

　徐々に環境が悪くなると、何が、いつから変化したのか、その原因が掴めない。

　そこで闇雲にあちこち突いてみても、真因の究明には届かず、適切な対応ができないのです。

　このような事態になる前に管理、監督者は日々良く現場を見て、活動に弱さを感じたら、そのタイミングをみながらイベントを計画するのも一つの手です。緩んだ部分を元に戻そうというものです。これによってまた活動に目を向け、その大切さに気付いて継続してもらうことが狙いです。

　さらに、クリーン化のDNA継承という意味もあります。

　先輩が後輩に伝えるのには限度、限界があります。イベントに参加しながら理論や理屈だけでなく、体験と経験から身に着け継承していくことも大切です。

　様々な会社から現場診断、指導、アドバイスを依頼され、訪問すると、依頼してくるところほど、色々な工夫やアイデアがみられます。

　人の知恵は無限だと考えさせられます。それでもさらに新たな考え方を求め、ものづくり基盤を高めていこうという気概を感じる。では、その一部を紹介しましょう。

　・イベントの企画、実施について
【白黒トーナメント（コロコロトーナメント）】
　これは、ある会社で実施していたことです。

工場がいくつかあり、まったく同じやり方ではないですが、考え方は一緒です。

メンバーに掃除用の真っ白な布（クリーンワイパーなど）、あるいは掃除用具のコロコロを持たせ、トーナメント方式で、一番汚してきた人を表彰しようというものです。

そして1番、2番になった人を朝会で表彰する時、"どうしてこんなに汚すことができたのか"について発表してもらうというイベントです。

「私は、あの柱の裏側に気流が渦巻いていて、ゴミが溜まるのを知っていた」とか、「特定の場所に黒い発塵粉が発生しやすいことを知っていた」などの発言があるわけです。

つまり、日ごろから観察する習慣があったことがわかります。

その場に集まった人たちの着眼点の共有化が図れ、また黒い発塵粉は、何かが劣化しているのかと職制側も、現場の管理に活用できるわけです。

中には、床を拭くだけではなく、時間を掛けしっかり磨くことで真っ白な生地が真っ黒になった。

今までの清掃は表面だけであって、本当の清掃ではなかったという感想も出て来たそうです。

【ハイハイパトロール（死角を見る）】

これは普段見ている範囲を外し、死角を観察するというものです。

設備は正面から見て良し悪しを判断することが多い。

ところがその視角の範囲から外れたところ（死角）に不具合があるかも知れないということです。「今日のパトロールは死角を見る」というふうに、その都度着眼点を決め実施するのです。

ハイハイパトロールの最初のハイは高いところ、次のハイは這って見るということです。

実際に這ってしまうと防塵衣が汚れるので、そのくらいの気持ちで、低いところも良く観察しようという取り組みです。

これを思いついたきっかけは、欧州の客先が監査で来社した時、「設備の上に忘れ物なのか、点検表が乗っている」、「修理の後の忘れ物なのか、ネジや座

金がある」、「埃がたくさんある」などの指摘を受けたそうです。背の高い海外の監査員には良く見えるが、自分たちには見えない高さだった。そこを死角と考え、このようなパトロールを考え付いたそうです。

部外者は着眼点が違うので、客先監査前には、このように多面的に見ることが重要です。

ただし、監査があるからやるのではなく、日常的に良い状態に管理することが大切です。

【交叉パトロールについて】

自分の職場を自分たちで守ることは重要なことですが、毎日同じ環境で仕事をしていると、それが当たり前の風景になってしまい、感覚が徐々に麻痺してくる。

新鮮な見方ができなくなり、不具合があっても見逃してしまうのです。

ところが客先監査など外部の人が現場を見ると、様々な不具合に気が付き、また厳しい指摘をされる。

一般の見学者であっても、注意深く見る人は不具合に気付き、指摘してくれることがある。例え自分たちが不具合に気づいても、「少しくらい、まあいいか」となってしまうのです。ところが外部の目には異常が見えるわけです。

日常的に外部の人の目を入れることはできないので、身近なところから始めると良いでしょう。交叉パトロールは、隣接する職場などと、お互いに入れ替わってパトロールをする仕組みです。

隣接する職場の人でも違った見方をするので、不具合に気づきます。

不具合の事例だけでなく、「この職場ではこんなに良い改善がされている。私たちの職場にも下さい」と言って、良い改善事例をもらうこともできる。つまり自分たちの着眼点が増えることや、水平展開ができ、相互に育っていくという考え方です。

もちろん他の職場の人に不具合を指摘されるのは、気持ちの良いことではありませんが、そこはお互い様と認識し、冷静に現場を見直すことです。

【宝探し活動】

これは私が指導をしていた中国の工場のイベント例です。

製造ラインを決めておいて、私が訪問する前日に、現地の管理職、クリーン化担当が事前にチェックをしておく。不具合を発見しても記録は残すが改善はしない。また私に対しても、その不具合は知らせないでおくわけです。

翌日私が現場に入って診断する。すると昨日あんなに大勢で確認したのに、自分たちに発見できなかったものが出てくる。これはすべて宝であると考える。

もちろん私も立場上負けてはいけないと真剣に診断するわけです。

相互に緊張の場であり、学ぶ場でもある。不具合の発見の仕方、考え方などをその場で指導することは、現場のノウハウ吸収の場になるのです。その場の彼らの真剣さは肌で伝わって来る。これなら伸びると感じた。その場で褒めることも忘れずにやっておきたい。日々の活動の継続や次回の診断、アドバイスに繋がるからです。

この活動は、客先監査の事前診断にも活用していた。

これによって監査者から指摘される不具合件数を減らしておきたいのです。

お客様は、"このような奇麗な現場では、良い品質の製品が作られるだろうという安心感"が得られる。イベントは単なるお祭りではないのです。クリーン化活動の継続だけでなく、仕事の継続受注にも繋がるのです。

【異業種交流の価値】

異業種との交流をすることで、業界によってもずいぶん考え方が違うことに気づきます。自分たちのこれまでの環境から形成されてきた固定観念を打破し、多面的に見ることができたり、新しい発想にも繋がります。

会社の文化、風土の一部として、同じ見方、考え方に染まってしまいがちです。

逆に転職してきた人は、前の会社との違いに気づきます。

北陸のある会社に診断、指導に行った時、現場の不具合をどう発見するかという話が出た。

「常に新鮮な目で、多面的に色々見ることができれば、もっとたくさん発見できるはずだが、それも最初だけで、後は発見できなくなってしまう」とのことだった。これでは現場の改善が進まないわけです。そこでこの交叉パトロー

ルを紹介した。

しばらくして、その会社から電話がきた。

自社の中国の工場から作業者にも来てもらい、先日紹介してもらった交叉パトロールを行ったところ、「なんだ本社の方が汚れているじゃないですか」と言われたそうです。

中国の工場の方がレベルが高くて恥ずかしかった」というのです。

中国から日本の工場に来た。つまり本社に来たわけです。本社はお手本でもあるわけです。その本社の方が汚れていたということです。

私たちは日ごろから東南アジアを上から目線で見ている。でもそのことに気づかないのです。

ところがこのように東南アジアの方が進んでいる例は多いのです。

直接現場を見ると、衝撃や危機感を感じるのではないかと思う。

そのことをここで強く伝えたい。日本のものづくりの強さは何だろうかと思う。

【QCサークル発表会】

多くの企業で導入しているQCサークル活動は、元々は品質改善、向上が根底にあります。

その発端は米国ですが、日本に持ち込まれアレンジしながら定着した。

グループの活動という意味では、品質に限らず小集団活動という表現で、幅広い分野で定期的な発表会を開催している企業は多いでしょう。

毎年11月の品質月間に合わせQCサークルや小集団発表会などが催されます。自社でも実施するところは多いでしょう。自社の品質を見直す良い機会になります。

発表会の実施は、発表する側にとっても活動への取り組みに深みが出るでしょう。

また聴講者は、現場のクリーン化活動とその苦労を理解することになり、協力も得られます。

現場視点での見方、考え方を他の分野で採用することもできます。

"クリーン化は現場だけがやること"から脱皮できるので、全社、技術、品

質部門などにも聴講してもらい、共有化することが重要です。

【活動板コンクール】

　クリーン化活動は、活動事例や改善事例、品質レベルの推移など、様々な指標を掲示しておく。

　それにより、自分たちの努力が見える。

　それを管理職、例えば課長以上、会社の規模によっては経営者にも声を掛け、コンクールの審査員をお願いした例を紹介する。経営者、管理職を意図的に現場に引き込んだ例です。

　活動してきたメンバーは、活動そのものを現場でアピールできる機会になる。上層部の方に見てもらうので、そのために、わかりやすい、奇麗な表示にしようと努力する。

　依頼された審査員は、何を評価して良いのかわからないのでは困るので、活動内容を理解しようとする。活動板の前で発表する機会、そこで褒められると人も育つ。そして、現場の活動を理解して貰えるのです。

　現場対経営者、管理職ではなく、相互に信頼を深める機会です。

　上層部から、品質、歩留まりを向上させなさい、という一方的な号令、命令よりも、現場に足を運び、実態を把握する効果は大きいのです。もちろん褒められれば、更に活発な活動に繋がるでしょう。

　今まで大きなイベント例を紹介してきたが、いろいろな会社を訪問すると、よくもこんなことを考えたなあと思うほど様々なイベントが催されている。

　それだけ上層部や管理監督者が、活動の継続の必要性や重要性を認識しているのでしょう。

【インドネシアのファイルの背表紙の例】

インドネシアの工場
書類は気流の風下に設置(表示は作業者がデザイン)

A職場　　　　　　　　　　　B職場

写真：ファイル背表紙の改善

　これは、インドネシアのある工場のファイル棚の写真です。

　基準、標準など様々な書類がファイルされ、保管されている。最初はこのような表示がなく、ファイルを取り出しても、戻す場所がまちまちで、探す時間もかかっていた。

　職場ごとに競わせた結果、このようなアイデアが出て来た。

　職場ごとの発想が違うが、戻す場所や、現在使用中のものが明確にわかる。

　現地の作業者が考え、作成したものだが、これではいい加減に戻すわけにはいかない。また探しやすいのです。愚痴や不満を言っていたのを、自分たちだったらどうしたいかという当事者意識に変えた例です。

　効率とは、手間を省く、探す時間の短縮だけでなく、機能も生かすことです。

　良く、冷蔵庫の中の整理の仕方なども紹介されます。

　これも取り出しやすく、仕舞い易いだけでなく、冷やし方や省エネの工夫もされていますね。

【ある会社の大掃除】

　ある会社では、盆前や年末の大掃除の時、通常の清掃に加え、必ず全員で窓ガラスを拭いていた。この時の掃除用具は雑巾や洗浄剤ではなく、新聞紙だった。

　なぜ新聞紙なのかを聞いたところ、「新聞の印刷に使われるインクは窓ガラスの汚れを落とす効果がある」というのです。

　このことは一般的に知られているようだが、実際に活用しているところは初めて見た。どうせ捨ててしまうものだが、捨てる前にもう一度活用できるわけです。

　お金をかけずに、知恵と工夫でできる例です。

　そして作業者は拭く前と後の違いを実感し、清掃の必要性を感じるというのです。

　クリーンマットの考え方も同じです。汚れたら剥いで捨てるだけではなく、そこに含まれる汚れを観察し、奇麗さのバロメータとして活用していますね。

　拭いているガラスと、まだ拭いてない隣のガラスが直接比較できる、ビフォー、アフターが同時に観察できるわけです。そして拭き残しがないか、効果的な拭き方はどうするか。拭き終わるタイミングはいつにするかなど、自分たちで拭き方を工夫するのです。

　気が済まなければ何度でもやり直す。知らず知らずのうちに自分の心を磨く。そんな効果も出てくるのだそうです。その会社では、社員も生き生きしていた。常に成長しているのでしょう。

【ハエ取りリボン】

　長野県のある会社に行ったところ、クリーンルームではないが、精密製品の組み立て作業をしている部屋があった。奇麗に管理されている部屋だったが、天井からたくさんのハエ取りリボンが吊るしてあった。

　「この部屋ではハエがいるんですか？」と聞いたところ、社長の発案で、"一見奇麗に見える部屋でも、浮遊しているゴミがたくさんある"ということを社員に説明したくて、試しに吊るしてみたとのこと。

　社長もよそから聞いた話であって、よく理解していなかったが、たくさんの浮遊塵（繊維など）が付着し、すごく汚れているのを目の当たりにした社長自

身が一番驚いたとのことです。

　また作業台の上で、落下塵調査をしてみたところ、沢山のゴミが付着していた。

　汚れたハエ取りリボンを定期的に交換する。その落下塵調査場所の上にハエ取りリボンがない時は落下塵の量が多く、リボンがある時は落下塵の一部はリボンに捕集されるので少ない。その違いが肉眼で確認できるレベルだというのです。このゴミを観察すると、繊維や紙のゴミが中心であり、比較的浮遊しやすいゴミが多いことがわかったと言っていた。

　これらの経験から、作業の仕方や紙などの扱い方、服装、製品組み立て場所などで、様々な改善が行われたというのです。紙のゴミは印刷時にプリンターから発生したり、各種記録など人が紙を扱う時にも発生するのです。

なぜ紙から発塵するのか

　一般の紙はパルプが主成分です。これは繊維の長さが短く（短繊維）、絡みが少ないので抜け落ちる。その、どうして？　なぜ？を知ると活動に繋がるのです。社長も聞いた話でそのままにせず、貴重な情報と捉えていたようです。

【廊下の天井にクリーンマットを吊るした例】

　その社長は、廊下の天井にもクリーンマット（除塵マット）を広げて吊るしてみた。

　下から見上げると、クリーンマットの上（天井側）に蛍光灯があれば、透けて見えるので、クリーンマットの上に、沢山のゴミが捕集されているのが良く見える。ゴミを可視化した例だが、日ごろ当たり前に見ている風景でも工夫すれば、社員一人ひとりに訴えることができるのです。

　口で言うより視覚に訴える方が効果がある。一目瞭然、あるいは百聞は一見にしかずです。

　このことを社長自身が行ったことに意義があるのです。

　日ごろ、ゴミによるクレーム、返品などの報告を受けていた。現状を何とかしたい、という思いがゴミを可視化したことで、品質向上など様々な問題の改善の着眼点が見えてくるのです。

　何よりも作業者の変化が、大きな収穫だったと言っていた。

　社長が自ら行動することは、取引先にとっても真剣に対応していると感じるでしょう。

　他社では社長や役員と面会をすると、「日ごろから厳しく言っている」という言葉を聞くことがあるが、具体的に説明されると安心感が得られる。聞いている方でも口先だけか、そうでないかは伝わるのです。

　この例は、イベントというよりも、クリーン化で重要なことの最初の項目に当たる、経営者の旗振りの部分に該当するものが多いですね。

　こうなると、社員一人ひとりの意識も変わってくる。お金をかけずに知恵と工夫でできることが沢山あるのです。

　人を育て、その人たちの知恵と工夫で改善する。それを評価、褒めることで、その人たちがまた知恵を出すというスパイラル。そんな活動にしたいものです。

8. クリーン化4原則について

　下図のクリーン化4原則について個別に解説する。

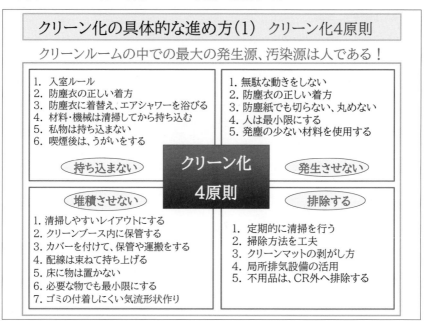

図-10　クリーン化4原則

元々はクリーンルームのことを対象にしているので、"**クリーンルームの4原則**"と表現する場合もあるが、私は、もう少し広義に捉え、クリーン化と表現しています。

　2001年に赴任した山形県の工場では、クリーンルームではない作業エリアからも指導要請があった。

　その頃から、やがてこういう時が来るんだろうと思い、要請があれば積極的に診断、指導、アドバイスを行っていた。これまでの体験や経験からクリーンルームの有無に関係なく、基本的な考え方は相互に活用できると考えているからです。

　それが、クリーンルームのノンクリーンルーム化の考え方にも繋がった。

　せっかくクリーンルーム（乱流方式）を保有していても、管理方法を知らないとか、きちんと管理をしなければお金がかかる割に効果は期待できない。

　逆にクリーンルームを保有していない現場でも、クリーン化の知識を持ち、きちんと管理すれば、管理されていないクリーンルームよりも良い環境にすることが可能だと考えている。

　そうなると、お金がかからないだけでなく、品質も向上し、安価なものづくりに貢献できる。

　このような背景から、クリーン化セミナーでも、"**クリーンルームの有無に関わらず、クリーン化の基礎を学ぶこと**"の重要さに触れている。ものづくりの幅広い分野で活用していただきたい。

　クリーン化4原則は、先にも紹介した次の四つです。

　この括弧の部分を外せば、クリーンルームではないものづくりエリアでも活用・応用できる。

　1.（クリーンルームには）ゴミを持ち込まない
　2.（クリーンルームの中では）ゴミを発生させない
　3.（クリーンルームの中で）ゴミを堆積させない
　4.（クリーンルームから）ゴミを排除する

1. ゴミを持ち込まない

　"ゴミを持ち込まない"について、ポイントとなる部分を説明する。

【入室ルールの徹底】

　入室ルールはあるか。またそれを理解して守っているか、ということです。

　いくらクリーンルーム内を清掃しても、外からゴミを持ち込んで（供給して）いれば、奇麗になりません。

　持ち込んでいるゴミは見えないものが多いので、油断してしまうのだが、まずそのことを知り、入り口を抑えることが必要です。

　さまざまな場面を考え、ルールを作る。予想外のことも出てくるかも知れないが、一旦決めたらそのままではなく、ルールを見直し、使えるものにしていくことです。

　"標準は書き換えるためにある"と言われるが、それと同じ考え方です。

　これを守ってもらえるよう指導することが重要です。ルールはあるが、守るかどうかは別だということにならないようにしたい。

【防塵衣への着替え、エアシャワーの浴び方】

　クリーンルームに入るには、防塵衣を着用する。着用順序については、既に説明したので、ここでは省く。

　エアシャワーを浴び、付着したゴミを落とす。そのエアシャワーの浴び方について説明する。

クリーン化 ワンポイント・レッスン（基礎知識）　**べからず集**
テーマ｜エアシャワーの浴び方

エアシャワーは、15秒間動作します。この時、くるくる回ることでゴミに対し色々な角度で風が当たり、静止しているより良く取れます。
（でも全て取れるわけではありません）
ジェットが止まったあと5秒間は、浮遊パーティクルが落下する時間です。
すぐにドアを開けると、これが、クリーンルームに入ってしまいます。
また、すぐに開けると、ドアの故障の元にもなります。正しく浴びましょう。

×エアシャワー内では、壁に体をつける
　べからず。
×エアシャワーは、静止して浴びるべか
　らず。
〇壁に体をつけずに体をゆっくり回転し
　全身くまなく浴びる。

図-11　エアシャワーの浴び方

　図の左上の写真は、内壁に寄りかかり浴びているという悪い例です。

　内壁は良く観察すると、埃が付着しているのが目視でもわかる。

　これを防塵衣に押し付け、付着させてしまうため、クリーンルームに持ち込んでしまう。

　そして様々な動作や行動で落下、または浮遊させてしまうのです。

　また、寄りかかることでジェットエアー（以下ジェットと略す）の吹き出し口を塞いでしまい、背中の部分には風が当たらないだけでなく、気流の乱れも起きる。

　左下の写真は、エアシャワーを浴びる時、ただ立っているのではなく、ゆっくり回転するという説明です。

　立ったままの状態では、ジェットが防塵衣に当たっても、付着ゴミがその風で押さえつけられているだけになる。また、その陰になる部分には風も当たらず、ゴミを落とすことができない。

　そこで、ゆっくり回転することが良いのです。

　回転することで、防塵衣に平均的に風が当たる。加えて、風の当たる角度も
変わる。完全には除去できなくても、付着しているゴミを少しでも多く剥ぎ取
ろうという考え方です。

　エアシャワーのジェットの吹き出し時間は、15秒〜20秒くらいに設定して
いるところが多いが、もう少し長く設定しているところもある。

　エアシャワーを浴びた後、専用のコロコロ（ゴミ取りローラー）を使って、
取り切れていないゴミを除去する。あるいは万歳をしながら回転している例も
ある。脇の下の部分にも風を当てようという考え方です。

　図（図-12）の右の棒グラフは、エアシャワー内でジェットエアーが15秒間
吹き出した時のパーティクル量を測定したものです。

　個々のエアシャワーによりパーティクルの量に違いがあるが、2回ずつ測定
してみたが、いずれも同じ傾向だった。ジェットの吹き出し時は、パーティク
ルの量は異常に多いのがわかる。

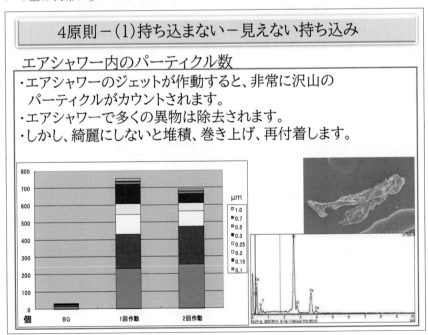

図-12　エアシャワーのジェット停止後のパーティクル推移

"エアシャワーのジェット停止後、5秒間はその場で待機すること"が重要です。

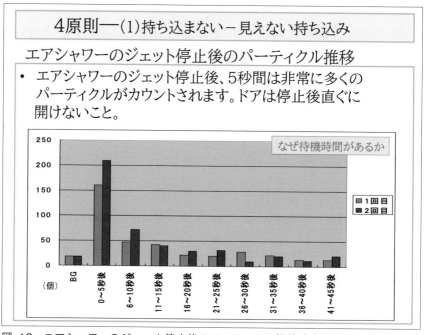

図-13　エアシャワーのジェット停止後のパーティクル推移 (2)

　図-13は乱流方式のクリーンルーム入室前のエアシャワーで、ジェット停止後5秒ずつのパーティクル数を調べたものです。

　誰も入っていない時でも、わずかに浮遊しているものがある（BG＝バックグラウンドと記した）。そのあとはジェット停止後5秒間ごとのパーティクル数です。

　停止直後5秒間のパーティクルの量は異常に多い。

　その後の5秒間ごとのパーティクルの量は極端に減少する。エアシャワー室上部から出る僅かな風（エアカーテン）で浮遊しているパーティクルを強制的に沈降させるためです。

　別なエアシャワーを調べても、数値は違うが同じ傾向です。

　このジェット停止直後に、エアシャワーのドアを開け、クリーンルームに入

ると、人の後について流れ込む気流が発生し、それに乗って浮遊しているパーティクルが持ち込まれてしまう。見えない持ち込みです。

　最低この5秒間だけでもエアシャワー内で待機することが重要です。

　そこで、ジェット停止後5秒間待たせるために、ドアがロックされるとか、その間メロディーが鳴って待たせるなど工夫している。この待機時間をもう少し長く設定しているところもある。

　このような待たせるための仕組みがなくても、きちんと待つことをルールに加えましょう。

　自動ドアの場合は、ジェット停止後、上記の待機時間を考慮し、少し遅れてドアが開くようになっている。

　このようにエアシャワーを浴びる時、なぜ待機時間があるのかを理解することが大切です。

　また、ジェットの吹き出しではフラッタータイプというものがある。

　これは、吹き出しノズルがなく、壁面に縦長、横長の四角い穴が開いているもので、この穴から波のように、繰り返し風が出る。その風の波で防塵衣を軽くゆすりゴミを落とす考え方です。

　いずれも待機する考え方は同じです。

　最初の入室ルール（1. ゴミを持ち込まない）のところで、説明を省いたことがあるので、ここで解説する。

　基本的なことだが、発塵しやすいものは持ち込まないことです。

　例えば、下記のようにクリーンルーム外で一般的に使われるものです。

　普通紙、普通紙のノート、消しゴム、シャープペンシル

　テープ類（特にテープの芯がボール紙のもの）

　普通紙で作成されたデータや図面など（設計、技術、品質担当の持ち込みがある）

　ポリ袋に部品などを入れての持ち込み（ポリ袋などは静電気を持っているので、それにゴミが付着し、持ち込んでしまう）

　こんな事例があった。

　ある会社から指導を依頼され、クリーンルームに入った時のこと。現場の上司が作業者に給料明細を手渡していた。

このことを指摘したところ、「全員が集まる場所で手渡すのは昔からの慣例だったので、疑問に思わなかった」と言っていた。このようなことも意識し、周囲を見直してみましょう。

　住めば都と言うように、慣れてしまうと居心地が良く、逆に異常に気付き難くなるのです。

【材料・機械はクリーニングしてから持ち込む】

・材料や機械などは、エアシャワーを浴びず、別の扉から搬入してしまうことがある。

　段ボールや発泡スチロールなどの梱包材、設備のカバーや材料の容器などに、たくさんのゴミ、汚れが付着しているので、持ち込む前にきちんとクリーニングする。

　半導体前工程では、設備搬入のために前室を設けているのが一般的です。ここで徹底的にクリーニングしてからクリーンルームに持ち込む。

・部品、材料やオイル類の容器の持ち込み時も、きちんとクリーニングする。

　そしてエアシャワーや専用のパスボックスから持ち込むことが必要です。

　非常ドアなど、他の入り口から入れてしまうことがないようにする。これらのことは、持ち込みに関する項目や内容をまとめ、標準化しておく。

・設備の修理では、メーカーが持ち込む工具や、工具入れが汚れている場合があるので要注意。

　メーカーは遠くから出張してくることが多い。

　その時持ってくる工具入れや鞄などは、空港や駅のホーム、バスやタクシー乗り場で一時置きのため、床や地面に置くことが多い。

　あちこちで様々なゴミ、埃が付着する。それをクリーンルームに持ち込んでしまうと、付着物によっては、何だかわからない汚染が起きるかも知れません。

　過去に、こんなびっくりする例もあった。

　修理しようと、クリーンルーム内で工具入れや鞄を開いたところ、移動の間に読んだ新聞や雑誌、折りたたみ傘などが出て来た例です。

　しかも清浄度の高い垂直層流方式のクリーンルーム内で起きた事例です。

　このメーカーの方に注意したところ、クリーン化の知識、意識は持っていな

かったとのことです。

設備の製造、調整時はクリーンルームではない環境で実施していたためです。

こんなにすごい設備を作っているメーカーだから、細かなことにも注意を払っているのだろうと、油断してしまうとこうなるのです。

私がクリーン化のセミナーを担当して残念に思うのは、設備メーカーの方の受講者が殆どないことです。受け入れる側（ものづくりの現場）だけでなく、設備メーカーのクリーン化意識を高めることも必要だと感じます。

相互に意見交換をしながら、設備、ものづくりの両面の品質を高めていきたい。

清浄度の高いクリーンルームではルールや標準を決め、メーカーの方にも守ってもらうことや、入室前に相互に確認しているところも多いでしょう。

工具にはどこを触ったのかわからない汚れや、グリスがついていることがある。

それでは設備を汚してしまうので、きちんとクリーニングを行ってから作業に入るよう、事前にきちんと依頼し、立ち会うことが重要です。全てお任せでは大変なことになります。

・クリーンマット（除塵マット）などクリーン資材も、クリーンルーム外に保管してあるものを持ち込む時は、ゴミが付着していることを前提に、きちんとクリーニングして持ち込む。

特に平積みで保管してある場合は、ゴミの堆積量は異常に多いです。

【クリーンルームに私物を持ち込まない】

半導体などの前工程では、厳しいルールがあるが、その他のところでは私物の持ち込みが散見される。例えば、筆入れ、筆記具など個人のもの。

技術や品質部門の方でも、理解されていない場合、自分の手帳やノック式のボールペン、シャープペンシルなどを持ち込む場合がある。

これらは日常的にクリーンルームの外で使うので、様々な汚れがついている。ものによっては自宅に持ち帰るものもあるでしょう。

素手は色々なところに触れるので非常に汚れている。素手で扱うと塩分や皮膚の剥がれも付着する。それらがドアの取手や作業中の製品、作業用の手袋な

171

どにも付着し、治工具への転写や他の人にも影響する。そして製品にも影響します。

人の手は、防塵靴の靴底と同じくらい汚れている、と表現する人もいるくらいです。

人から出る汚れとして、ナトリウムやカリウム、カルシウム、塩素、硫黄などがある。微細な製品製造では、品質に影響するので、特に管理が厳しいのです。

個人の携帯電話などは持ち込み禁止になっているところも多い。

携帯電話は設備の誤動作の原因になるともいわれている。飛行機の機内で携帯電話の電源を切ることと同じです。

携帯電話が普及し始めた頃、ノースウエスト航空から、日本の空港に近づくと計器類に異常が発生するという事例が報告されたのが、日本では初めてだったと思う。

国際線は、時刻通りに運行できない場合も多い。それで、日本に近づくと、機内放送で到着予定時刻が示される。

この時迎えに来る人におよその到着時間を連絡しはじめるので、しばらくの間、計器類が異常になる。この時は着陸の準備に入るので、事故に繋がる可能性もあるのだ。

また、信州大学病院で精密機器への影響を調査し、異常が認められたとの報告もある。

【喫煙後はうがいをする】

タバコを吸った後は、煙の粒子が呼気に含まれ吐き出される。

タバコの煙の粒子密度が高いと、その部分は白、あるいは紫色に見える。紫色の部分は紫煙と呼ばれ、特に粒子密度が高い。これが体に良くないのです。

これを周囲の人が吸ってしまうことを受動喫煙という。

クリーンルームに入っても、その粒子が長時間吐き出される。その多くは製品側に向かって出てくるので、製品品質に影響しないかとの心配がある。

前工程で使用しているマスク付きフードは、細かな粒子も捕集するよう作られているので、基本的には問題ないと思うが、フードと顔面とに隙間があるな

ど着用方法が悪いと、漏れ出る心配がある。

　そこで、タバコを吸ったらうがいをして、クリーンルーム内に吐き出す量を少しでも減らす考え方が必要になる。"タバコを吸ったらうがいをする"がルールになっているところもある。

　そして、喫煙所の近くに、うがいができる場所を設けているところがある。ルールがあっても、実施しやすいかどうかを考えましょう。

　クリーン化では、"疑わしきは排除"と言う考え方がある。

　悪影響が考えられる場合は、排除することです。

　管理職の方が現場に入る時"一服してから現場に入ろう"ではなく"現場巡回後、クリーンルームから出てきたら喫煙しよう"としたいものです。

　喫煙室と一般の休憩室は仕切っておくことも必要です。

　こんな事例がある。

　1）クリーン化教育の受講者の話です。

　「私は他社の半導体製造の会社から移ってきた。その会社の面接試験で、あなたはタバコを吸いますか？」と聞かれたそうです。それが採用の条件かどうかはわからないが、その企業も意識しているのだと感じた。

　2）九州のある会社に指導に行った際、廊下の隅で、数人が丸くなり、タバコを吸っている様子を見掛けた。タバコを吸う場合は喫煙室を設置するか、外で吸うようにとアドバイスしてきた。

　しばらくしてその会社を訪問したところ、廊下に構内履きが2足あった。

　そのことを役員に聞いたところ、「あれ以来、外でタバコを吸うように変更したんです。今二人が廊下から外に出て喫煙しています」と言っていた。

　3）健康管理室の話

　社員の喫煙者を減らそうと考えていて、他社はどうか色々調べた。

　その中の1社を訪問したところ、タバコを吸うのは屋外、しかも建物から少し離れたところに喫煙所を設置してあった。たとえ社長であっても、そこまで行ってタバコを吸っているというのです。

　大雨でも、猛吹雪でも、寒くても、そこに行かないとタバコが吸えないのです。

　おのずと喫煙の回数が減り、タバコをやめる人も増えたそうです。

すると、家族から社長宛に、「ありがとうございました。おかげでうちの主人もタバコをやめました」という手紙が複数届いたということです。

　健康管理室では、健康診断時、喫煙で黄色くなった人の肺や、海外の煙草のパッケージを展示していた。海外のたばこの箱には、吸い過ぎに注意を促す絵や表示が付いていた。健康を害しても自己責任という表示です。

　そして禁煙希望者の相談にも乗っていた。

　これはクリーン化と健康面へのプラス効果です。

　室内の喫煙所は、壁が黄色くなり、業者が定期的にクリーニングしているが大変な作業です。あの黄色いのが喫煙者の肺の色なのです。

　クリーンルームに限らず、汚れの最大の発生源は人であることを忘れないで下さい。

　クリーンルームには"ゴミ、汚れを持ち込まない"ことを説明した。

　対象は、普通紙や私物など、目に見えるものはわかりやすいが、エアシャワーの浴び方で説明したように、目に見えないゴミもあるので要注意です。それらを持ち込まないルールや仕組みだけでなく、一人ひとりがゴミに対し自覚することが重要です。

　"少しぐらいなら、私だけなら良いだろう"という考え方は排除し、徹底して入り口を抑えましょう。

　クリーンルームに入室してからのことを説明します。

クリーンルームの中では無駄な動作をしない

　クリーンルーム内では、歩く、屈む、運搬するなど、さまざまな動作や行動があり、それだけでもゴミが発生し飛散、浮遊する。必要最小限の動作、行動でも発生するが、無駄な動きや走るなど、大きな動作や行動が伴うと、発生量が倍増する。

　また、細かな動きを頻繁に行うと、効率よくてきぱきと作業していると思いがちだが、これも発生量を増加させる原因です。

　その不具合事例です。

　ある会社の依頼を受け、現場診断に行った時のこと。

　意見交換などを行ってからクリーンルームに入った。ちょうど午後3時だった。

「さあ皆さん体操の時間です」という放送が入り、一斉にラジオ体操が始まってしまった。「これは大変だ。すぐにやめた方が良いです」と言って理由を説明した。

話だけだと印象は薄いと思い、パーティクル測定をするようアドバイスした。

案の定ものすごい数値が計測された。自分たちで測定してみたことで、驚きも大きく記憶に残る機会だったと思う。

クリーンルームがあり、防塵衣という白い服を着ただけで安心してしまう例です。

防塵衣の隙間から人系のゴミが大量に吹き出すことと、床に堆積しているゴミが巻き上げられるためです。

床に堆積しているゴミは、浮遊しにくい重いものです。これが風などで舞い上がるが、その後沈降し、低い位置にある製品や治工具などへ付着するのです。

品質低下の原因になるかも知れません。体操だけでなく、クリーンルーム内で走ることも見掛けることがあるが、これも大きな動作です。必要最小限の動作、行動に努めましょう。

その工場は乱流方式のクリーンルームなので、気流も乱れている。

巻き上げられたゴミはどこに飛んでいくのか、どこで沈降するのかわからないので、思いもよらないところで、品質を左右するような問題が起きているかも知れません。そうなると原因究明が難しくなるのです。

防塵衣の正しい着用

“なぜ防塵衣を着るのか”のところで、クリーンルームの中では人は最大のゴミ発生源、汚染源だと説明した。

その、人のゴミをクリーンルーム内に撒き散らさないために着用する服です。

そのために発塵、飛散をできるだけ抑えた着用方法にすること。これを遵守しないと、防塵衣から外に吹き出す量が増えてしまう。

まれですが、メンテナンス作業中、汗をかいたり、作業しにくいという理由から、防塵衣の袖をまくっている姿を見掛けることがある。

しかしそれでは皮膚や体毛など、さまざまな人系のゴミが発生し、飛散させてしまうのです。

これは自身が気を付けるべきことですが、周囲の人も、見逃さないことが重要です。

　クリーン化に完璧な対策はありません。

　クリーンルーム内にはゴミや汚れ、設備からの発塵粉などさまざまなものが存在します。

　人の意識と行動を変え、少しでも良くしようという考え方です。

　ある半導体製造での分析担当者の話では、管理が行き届いていない乱流方式のクリーンルーム内には、ゴミは120種以上ある。きちんと管理されているところでは、これよりもかなり少ないでしょうと言っていた。

　日々清掃、管理していくことで、少なくしたいです。

　そうしないと、品質低下だけでなく、品質問題が発生した時、どのゴミが原因なのか判断ができず、分析も余計な時間がかかります。

　このことは、後ほどクリーン化の進め方の中で、徹底清掃の説明をするので参照いただきたい。

たとえ防塵紙でも切らない、丸めない

　クリーンルーム内で使用する紙類は、発塵の少ないものを使う。

　メーカーによって防塵紙、無塵紙と呼ばれている。まったくゴミが出ないのではないので、私は防塵紙と呼んでいる。

　防塵紙は、製品流動表や各種記録、点検記録、現場内への連絡事項、さらにはノートなど多様な使い方がある。

　色は白、水色、黄色、ピンク、グレーなどがあり、使い分けしているところもある。

　例えば、製品流動表などは水色、品質問題などの記録、報告はピンク、設備の問題、報告等保全関係は黄色というような使い分けです。

　この使い分けは、次のような"見える化"のためです。

　製造ラインは交代制で24時間、しかも毎日稼働しているところが多く、管理職や技術、品質部門は平日のみの勤務です。

　休日明けに報告書などを確認する場合、防塵紙の色により品質問題が多いのか、設備起因の問題かを一見して把握することができる。

また品質や保全などの担当部署へ振り分け、即報告できるのです。

　自分たちが休んでいる間に溜まったトラブルを迅速に把握し、優先順位をつけて、早急な対応を取るための一つの策です。

　最近は、生産、品質、保全、あるいは現場への連絡など様々なものが、電子化され管理されていて、クリーンルームへの紙類の持ち込みはかなり減っていると推測する。

　ただ、清浄度の低い乱流方式クリーンルームでは、まだまだ防塵紙は使われているでしょう。

　現場の改善が進んでいないか、あるいは普通紙よりやや高額であるため、導入を見送っている、または防塵紙を使う必要がないなどの理由です。

　防塵紙の特徴を生かし、クリーンルームの環境向上に役立てたい。

【防塵紙からの発塵】

　普通紙の原料はパルプです。

　パルプから作った製品は、新聞紙、ボール紙や段ボール、ノートなど身近に沢山ある。

　紺、黒など暗い色の背広を着て、電車の中で新聞を読んだりすると、細かなゴミが沢山出る。それを払ったりした経験がある方は多いでしょう。

　構成されている繊維の長さは短い（短繊維）ので、繊維同士の絡みが少なく、この繊維が抜け落ちゴミになる。このゴミの多くは紙の端面（周囲）から発生する。

　発塵を抑えるために、メーカー各社では様々な工夫をしている。

　例えば、紙の端面からゴミが出やすいので、周囲に熱を加え裁断（溶断）する。また紙自体に長繊維を混ぜるなどです。ただし、これらは紙を破ると、その繊維が飛び出しゴミになる。破る、カッターやハサミで切る、穴をあけることでも発塵する。

　丸めると、表面の繊維が起き上がり、それが抜け落ちゴミになる。

　従って、防塵紙であっても切らない、丸めないことがポイントです。

　清浄度が高いクリーンルームでは、そのような作業、行為をしないよう、刃物類やホッチキス、穴あけパンチなどの持ち込みを禁止する標準や、ルールを

設けているところもある。より厳しく管理しているのです。

　防塵紙は普通紙よりも若干高額なので、隅に少しメモしただけで、捨てるのはもったいないと言って、小さく切って使っているのを見掛けることがある。これでは発塵防止の加工をした部分がなくなり、繊維が露出し、発塵させているようなものです。メモとして使う場合は、防塵紙製のノートが発売されているのでこれを使うのも良いです。

段ボール、ボール紙について

　クリーンルームではない作業エリアでは、段ボールなど発塵しやすいものを持ち込み、開梱しているところがある。これでは段ボールの屑がたくさん発生し、清掃するのも大変です。

　わざわざゴミを発生させてから清掃することになり、清掃しても確実な除去はできない。

　この場合は一度室外で開梱し、他の容器などへ入れ替えて持ち込むようにしたい。

　クリーンルーム以外でも、このようにクリーン化4原則の**"持ち込まない、発生させない"**の考え方は共通です。

　同じような事例だが、梱包、出荷エリアで、屋外のターミナルに届いた段ボールの束をそのまま室内に持ち込み、そこで梱包を解き、段ボール箱を組み立てているところがあった。沢山の段ボール屑を持ち込み、また発生させてしまうため掃除も大変だった。

　製品はビニール梱包し、段ボールに入れていたが、そのビニールには段ボールの屑が静電気で付着していて、除去が大変だった。

　私が「持ち込み前にその段ボールの束を、屋外でトントンすれば、その場で少しはゴミが除去できますね」とアドバイスした。でもこれは水際対策であって、持ち込み量を少し減らせるだけです。

　このように、大抵は、受け入れ側で何とかしようと考えるのです。

　ところがその職場の責任者は違った。

　段ボール会社に出向いて、事情を説明し、ゴミが出ない方法はないか、双方で検討した。上流から対策を取る。発生源対策です。

　その結果、段ボールを切断する刃の形状を変更することで、ゴミの発生を少なくすることができた。刃の形状変更に費用がかかったが、ゴミの発生を少なく抑える刃をPRすることで、取引先を増やすことが見込めるため、協力的だったとのことです。提案型の商売です。

　発生してしまったものをどうするか…。この事例は、大勢で清掃してもきれいに除去できないことを、自分たちだけで困っているのではなく、上流であるメーカーにも一緒に考えてもらい、生まれた効果です。発生源である上流から抑えるのは、問題が小さいうちに抑えることです。

　もちろん全くゴミが出ないわけではないですが、極端に発生量を抑えることができた例です。

　その熱心な責任者の現場はクリーンルームではないが、職場にクリーン化担当を置き、"かわら版"も発行し、情報発信していた。

【テープ類の芯に使われているボール紙】

　クリーンルーム内であっても、安全通路（定義は労働安全衛生規則で決められている）の表示をする場合、白色の幅広テープを使うことが多い。

　一般の部屋なら、火災発生時に、天井から降りてくる煙と床との間にできる空気の層を這いながら、そのテープを伝い避難ができること。また、視界が悪くなると、方向感覚を失ってしまうので、このような工夫も良いです。

　白色ではなく、薄黄色の蛍光テープを使う場合もあるが、これは、停電などで天井の照明が消えた際、床のテープが光ることで、それを伝い避難ができる。

　テープはこのように使う場合もあるが、いずれも芯はボール紙のものが多く、使っている間に、ゴミが発生し、飛散する。

　最近ではプラスチック製の芯も多くなってきている。それに伴い、使用後のプラスチックの芯はメーカーで回収しているところもある。

　同じような幅広のテープで、黄色と黒のテープ（通称トラテープ）がある。

　安全確保が必要な場所、危険を周知する場所には多く見られるが、ボール紙の芯であれば、同じように注意が必要です。

　このほかセロテープも芯がボール紙です。代用品としてスコッチテープ（芯がプラスチック製）を使う場合もあるが、テープ自体がちぎれやすく使い勝手

が悪いので、お勧めできません。

　電気関係の修理などに使う絶縁テープも芯がボール紙です。良く確認しましょう。

　テープは、使う時に静電気が発生（剥離帯電）するため、使用場所や使い方にも注意が必要です。

　プリンターのインク箱なども紙製です。どのように持ち込むか、ルールに含めておきたい。

　このようにクリーン化４原則の"持ち込まない、発生させない"の考え方で周囲をよく見回すと、もっと色々なものに気が付くでしょう。

事務用品・筆記具からの発塵

　次の写真はボールペンからの発塵データです。

ボールペンの種類 ＼ 粒径（個）（μm）	0.52〜0.72	0.72〜1.02	1.02〜2.56	合　計
現在使用中のボーペン　A	0	0	0	0
ノック式ボーペン　B（プラスチック製）	1	2	16	19
ノック式ボーペン　C（プラスチック製）	1	3	68	72
ノック式ボーペン　D（金属製）	2	8	90	100
ノック式ボーペン　E（金属製）	13	23	339	375

写真：ノック式ボールペンからの発塵データ

180

　昔は技術や品質部門のメンバーが現場に入る時、自身の筆記具を持ち込むことがあった。

　そして作業者に話し掛けながら、ボールペンをカチャカチャやっているのです。

　その様子を見て、"ボールペンは何をするものだろう"と違和感を覚えた。もしその下に製品があったらどうなるのか気になったのです。

　もちろん、品質問題や様々な情報をメモする目的で持ち込むのでしょうが、そうではない使い方をしているのです。それをきっかけに発塵調査をしてみた。もう30年以上前のことです。

　この写真は、奇麗なウエハー（ミラーウエハー）の上でノックしてゴミを採取し、これを測定機で粒径別にカウントしたもの。

　写真の最上段は、当時作業者に貸与していたキャップ式のもので、ゴミはほとんど発生しない。

　その下の二つはノック式で、比較的安価なものです。主な部品の構成はプラスチックです。1ミクロンを超える粒径のゴミがやや出る。

　一方、下の二つはノック式ですが、全体が金属製で高級感がある。

　ゴミは1ミクロンから2.5ミクロンを超えるものが、異常に多くカウントされた。

　これは半導体の前工程だけでなく、表示体や水晶デバイスなどの前工程でも、致命的な大きさです。このことから、クリーンルームに持ち込む筆記具は、キャップ式が良いことがわかる。

　近年、クリーンルーム用のペンが販売されているが、これはそのまま導入するのではなく、インクの成分を調べ、製品品質に影響がないことを確認してから採用したい。

　余談だが、クリーンルームペンは、飛行機の中に持ち込むと、液が漏れることがある。

　飛行機の中で、開封したペットボトルから水が漏れるのと同じことです。

　私も、漏れた経験があります。

　1ダースなどの購入の場合、箱にその旨記載されている。

　クリーン化担当はそのようなことも知っておくと良いでしょう。

微細、超微細製品の加工エリアでは、その他の持ち込み品も調査、分析して技術、品質部門の許可を得ることが重要です。

　シャープペンはノックのたびに芯の粉がたくさん出るので要注意です。

【発生させない他の事例】

　顕微鏡ステージの裏面に、ステージをXY方向に動かすベルトがある。長時間使用することで、ベルトが劣化し、ゴミがボロボロと落ちた結果、付近に置いてある製品に付着した例がある。

　懐中電灯でベルト付近を観察すると、これらのゴミが付着しているのが良くわかる。

　なかなか気づかない場所です。

　もう一つ、セロテープ台の劣化事例を紹介する。

　クリーンルームではない作業エリアで、現場診断の際、見つけたものです。

　セロテープ台を裏返してみると左の写真のように底面が劣化していた。別のエリアでは、それに気づいて底面の汚れた部分を除去していた（写真右）。

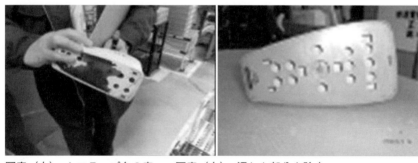

写真（右）：セロテープ台の底　　写真（左）：汚れた部分を除去

　本来、底面にはゴム状、またはスポンジ状のシートが張り付けてある。時間とともにこれらが硬化し、作業台などの上で擦られるため、徐々に擦り減ってしまうのです。これを発生源と判断し除去してしまうと、写真右のように鏡面が出てくる。

　底面の穴の中には、セメントの塊のようなものが入っている（白く見える）。テープ台を倒れ難くするための錘です。底面のゴム状のシートの目的は、テー

プ台の滑り防止ほか、セメントのような砂状のゴミの吹き出し防止です。

　そのまま使い続けると、シートが劣化したゴミや砂状のゴミが出る。

　再現実験では、テープを引き出す時のゴロゴロという振動時に発生する量が最も多かった。

　テープは製品の近くで使う場合も多いが、重いゴミであり、周囲の製品や作業台よりも下部に置かれた製品などに影響する。

　作業台よりも低い位置に置かれた製品容器が、落下したゴミを被り、次工程で発見された例もある。

　対策として、底部に専用のキャップ（ビニール製のカバー）があるのでそれを使う。応急的には、静電シート（商品名：静電クリスタル＝静電シートの透明タイプ）で覆うことを勧めます。この静電シートは、摩擦係数が高く、引き摺り難いのでゴミはあまり出ません。

　いくつか紹介したが、このように現場には様々な事例が転がっている。それを発見できるかどうかです。

　様々な視点で現場を良く観察すると、多くのことに気づく。現場密着で、**観察力、着眼力**を養いたい。

堆積させない
◆床面に直置きしない～塵埃などが汚染原因に

　ある会社で、事業の説明を受けたあと現場診断をした時のことです。

　夕方現場に入ったところ、作業者が、「今日、この製品はもう着手しないのでロッカーにしまう」と言って、ロッカーの前の床に置いてから、扉を開けていた。

　その時、立ち会っている管理職の方に、「床はゴミだらけです。床に置くとゴミの影響を受けるので、床への直置きは避けたい」と言ったが、あまりピンとしないようだった。そこで、「試しに床から30㎝くらいの間隔で、天井までパーティクルを測ってみませんか」と提案し帰ってきた。

　すると翌朝、その管理職の方から電話があり、「昨日言われた通り、パーティクルを測定してみたところ、大変なことになっていた。作業している高さでは、まったく問題がないのに、床付近、天井付近は異常な数値だった」と言

うのです。

　天井付近と床付近は大幅な規格外れ、工場停止範囲だったのです。実際に自分たちでやってみて、その凄さを実感したことに価値があるのです。言われただけ、聞いただけでは、そのまま忘れ去られてしまうことが多いでしょう。

　この異常な数値は、次の原因によります。

　床付近は、パーティクルが浮遊、滞留していることに加え、粒径が大きく、重いものが落下している。乱流式クリーンルーム内では、気流、人の動作、行動や台車などの移動により、気流の乱れが起きる。そして床に堆積していたものが巻き上がり、粒径が大きなものの数値も多くなる。それを被ってしまう。

　天井付近でパーティクルが多いのは、室温、体温、照明、設備などの熱源により、上昇気流が発生し、軽いものは天井付近まで押し上げられ滞留する。

　その会社では、床に製品を置いたので、先程の内容によって、比較的大きな粒径のゴミが巻き上がり付着した。"ゴミだらけ"という表現はそのことを言いたかったのです。このようなデータから製品を置く高さを決め、ルール化しておくことです。もちろん容器内に保管しての話です。

◆天井に滞留した浮遊塵の対策

　乱流方式のクリーンルームで、「天井に滞留した浮遊塵はどのように除去すれば良いか」という質問が時々あるが、これについての特効薬はありません。日ごろから清掃し、徐々に減らしていくことが重要です。地味ですが、地道にコツコツ継続することで効果が出るのです。

　長期連休で工場を停止した場合、休日明けに工場に入ると、設備や作業台、床の上に埃がたくさん堆積している。見たことがある方もいると思います。こうなるとまず一斉清掃から始めないと工場の稼働ができません。

　これは、上昇気流によって強制的に持ち上げられ、天井付近に滞留したものが、工場が冷えることによって降ってきたものです。日ごろからきちんと清掃することは、クリーンルーム内のゴミをいかに減らすかということです。パーティクルカウンターで定期的に測定している高さは、基本的には製品加工の高さです。その管理も重要ですが、クリーンルーム内の状態も知っておくことが大切です。

　一方、**層流方式のクリーンルーム**は、天井から清浄度の高い空気が供給され、穴あきの床から気流が抜けていく。本来浮遊するレベルのパーティクルであっても、その多くは床下に押し付けられているわけです。ところが、この層流方式のクリーンルームも、長期連休などで運転を止めると、それらの軽いパーティクルがじわじわと浮き上がってくる。

　層流方式のクリーンルームの床下は、数メートルの空間があるが、浮遊塵はその間をかなりの高さまで上がって来る。従って清浄度を維持する必要のある工程は、完全には停止しない。もし止めるとか、空気の換気回数を落とす場合は、その期間のパーティクル推移を把握するなど慎重な対応が必要です。

　ただし、換気回数を少なくすると、清浄度は低下します。

◆クリーンルーム内のゴミはゼロにはできない

　私は、これまで"ゴミ"と簡単に言ってきた。

　ゴミにも、"目に見えるゴミ、見えないゴミ"があり、その大きさは様々です。大きなゴミは対処できるが、小さなゴミ（微粒子＝パーティクル）になると、そう簡単には除去できません。

　江戸時代の算術書に塵劫記（じんこうき）というものがある。

　この中に、小数点以下の数字に漢字を当てはめたものが紹介されている。

　これはクリーン化としては興味深い部分です。

　10の0乗から始まり、10の−9乗には**塵**、−10乗には**埃**、−22乗には**清**、−23乗には**浄**という字が充てられている。この並びから、塵よりも埃のほうが小さいと捉えることができる。

　確かに塵は、塵取りという言葉があるように、箒で掃いて集めたゴミを取り去る道具です。

　ところがその隣の埃は、埃が舞う、埃っぽい、などと言うように、塵より小さい、軽いといったイメージがある。この辺は、クリーン化では塵埃（じんあい）という表現で括る場合がある。

　クリーンルームの奇麗さを表す時、**清浄**度という言葉を使う。それだけ奇麗なところと表現したいのでしょう。

　そのクリーンルームの中であっても、微細なゴミがある。

昔から"塵も積もれば山となる"という言葉があるように、それを放っておくと、徐々に堆積する。小さなもので例えると、昨今の新型コロナウイルスのように、見えないものは油断してしまうが、そのことを認識し、常に良い環境にしていきたいものです。

清掃のことは別途"清掃について"の項を設けるので、ここでは簡単に触れる。

◆クリーンルームのレイアウトは清掃しやすいものに

レイアウトが悪いと清掃がし難くなるので、レイアウト設計の時に、清掃がしやすいかも考慮すること。気流が巻くとか、床に直置きのものがあり清掃し難いなど、クリーンルームには、清掃を妨げるものがたくさんある。そのままではいずれ、清掃しにくい、清掃しない、ゴミが溜まるという連鎖で、クリーンルームが徐々に汚れてしまう。

ある企業で、クリーンルーム内に埃が堆積しているところがあったので、「清掃しませんか」と言ったところ、「このゴミは長年堆積したもので、今さら清掃すると、寝ている子を起こすようなものだ」と言われたことがあった。

確かに、この状態で大掛かりの清掃をすると、品質に大きく影響するだろうことが想像できた。今更手遅れなのです。このようにならないために、最初から清掃するよう心掛けたい。

またその継続も含め、クリーンルームの管理標準などに加えたい。

TPM（Total Productive Maintenance ＝全員参加の生産保全）でも、清掃しにくい箇所は、清掃困難箇所として拾い、少しずつでも着実に改善していくことの重要さを唱えている。

先ほどの場合は、一気に清掃すると、製品品質を落とす恐れがある。少しずつを積み重ね、継続して改善することが重要です。

◆製品にカバーをつけ、保管や運搬を行う

クリーンルームの中と言えども浮遊塵、落下塵はたくさんある。

これらの影響を受けないよう、製品や部品はカバーして保管、運搬する。製品や部品は、クリーンブース内に保管する。あるいはパスボックスなどクリーンルーム内の大気と遮断する保管場所を設けることが重要です。

　乱流方式のクリーンルームの天井付近には、濃度の高いパーティクルの層が存在する。

　それらは暖かい空気によって発生した上昇気流により、天井付近に滞留しているが大変な量です。もし停電などで空調が停止すると、室温が下がり浮遊塵であっても落下、付着、堆積するでしょう。運搬する時も、台車、運搬ロボットなどの動きで気流が巻き上がり、それらが防塵衣、製品、部品に付着するので、製品をいかに守るかを意識したいものです。

　また安全通路や室内の通路の両側も気流の影響を受けやすいので、カバーを付けるとか、静電シートなど静電気対応されたカーテンで仕切る工夫をしたい。

◆ゴミの付着しにくい気流形状づくり

　乱流方式のクリーンルーム内には、パッケージエアコンが設置されているところも多い。

　これは、室内の清浄度を補うとか、湿度管理などの目的がある。写真で説明する。

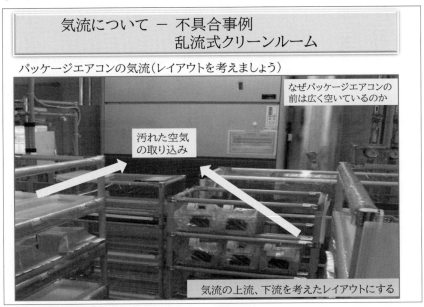

写真：不具合事例：ゴミの付着しにくい気流形状づくり

正面にあるのはパッケージエアコンです。写真には写っていないが、上部に吹き出し口があり、清浄度の高い空気が吹き出す。下部の黒く写っている部分から汚れた空気を回収する。

この内部には、フィルターが、1個、または2個並んで入っている。

回収された汚れた空気は、このフィルターでろ過し、再び上部から吹き出している。

この写真で問題なのは、パッケージエアコンの前に製品置き場があることです。

パッケージエアコンの吸い込み口に向かって、汚れた空気が流れて行くので吸い込み口付近のエリアは特に汚れている。パーティクルカウンターで測定してみると良くわかる。その空気がパッケージエアコンの前に設置された製品置き場の隙間を通り、吸い込まれる。

この写真の製品置き場は、ビニールで囲われている。また、骨組みはプラスチック製のパイプです。これらの隙間を空気が通り抜ける時、ビニールやパイプと擦れ、静電気（摩擦帯電）が起きる。

その隙間を擦り抜ける風で運ばれてきたゴミが、ビニールやパイプに付着する。

このゴミをワイパーで拭き取ろうとしても、静電気の影響によりゴミが移動するだけで、奇麗に拭き取ることはできません。ましてや製品がもし裸だったら、製品にも直接付着することになる。

せっかく気を使って、丁寧に製造してきたものが、最後の保管場所で汚れてしまうのです。

製品だけでなく、部品や原材料も同じ考えで保護が必要です。

なぜパッケージエアコンの前はスペースを確保してあるのかを理解していないと、このスペースは無駄だとか、もったいないと考え、このようになってしまうのです。

パッケージエアコンの上部から清浄度の高い風（横風）が吹き出し、天井の所々から部分的に清浄度の高い風が吹き出す（垂直）ことで、部分的に相互に衝突し、気流が乱れる。このようなクリーンルームの場合は、気流をスケッチし、気流の上流に製品加工、保管エリアを持ってくるようにすべきです。

◆不具合事例：パッケージエアコンの前のスペースに管理者の机

　パッケージエアコンの前に職場の管理者の机があった。

　朝礼の時に作業者が集まり、そこで書類などを用い朝会が始まる。また、日常的に作業者が報連相（報告、連絡、相談）のため上司のところに行く。

　基準、標準類などのファイルも、上司の近くに設置されていて確認の場合はそこに行くのです。

　この繰り返しで、ゴミが発生、気流の下流に設置された作業ラインに流れ、製品を汚していたという事例です。

◆クリーンルームの気流と湿度問題とは

　『クリーンルームの中での最大の発生源、汚染源は人である』ことを思い出しましょう。

　そしてレイアウト設計をする場合は、気流も考慮しましょう。

　なお、パッケージエアコンの中のフィルターも汚れや劣化が進むので、定期的な清浄度測定、フィルターのクリーニングが必要です。

　奇麗な空気が吹き出しているはずなのに、汚していたという例もある。

　クリーンルームで最もお金がかかるのが電気代です。24時間ずっとパッケージエアコンを動かし続け、汚れた空気を途切れなくクリーンルーム内に供給していたのでは、何のためのクリーンルームなのかわからなくなってしまいます。

　気流の問題ではないが、半導体製造の後工程、特にテープ実装などの工程では、やや湿度を高くしている。この加湿のためパッケージエアコンを用いている場合もある。

　パッケージエアコンから水分がミストとなって吹き出すことがある。その量が多くなると部屋全体にミストが浮遊し、設備などが錆びる問題も起きる。浮遊するミストの粒径は極端に小さいので、パーティクルカウンターでの定期測定でも、把握できないものもある。

　水のミスト、オイルミスト、薬品のミストなどが発生する可能性のあるところでは、通常の定期測定の粒径が 0.5 ミクロンであっても、それに加え 0.5 ミクロンよりも小さな粒径で確認してみましょう。ミストが浮遊していれば 0.1 ミクロン、0.3 ミクロンの粒径で測定すると良くわかります。

『排除する』では、清掃、クリーンマット等でのゴミの回収、局所排気設備の活用が大まかなポイントです。

1. 定期的に清掃する

　クリーンルームは奇麗な部屋ではありません。

　クリーンルームを汚すのも、奇麗にするのも人です。クリーンルームに関わる全員が汚さないだけではなく、きちんと清掃し、クリーンルームの環境を維持向上することが大切です。

　そのことから、"クリーンルームはクリーニングルーム"と言われる。

　今日１回くらいは手を抜いても良いだろうと手を抜く。でもすぐに清浄度に大きな変化は現れない。また製品品質にも目立った問題は発生しない。そして今日も忙しいからちょっとくらい手を抜いてもいいか。１回や２回手を抜くことに何か問題があるのか、などと考えてしまうと、清掃そのものの価値も見失い、徐々に清掃しなくなってしまう。

　たかが掃除だと考えている方も多いようです。

　極端な例を紹介する。ある会社を訪問した時の役員の発言です。

　「そんなことをしていないで、１個でも多く作れ！」などと言う場面に遭遇した。清掃することが悪いことのようになっているのです。

　それを聞いて大変ショックを受けた。物を作ること以外は仕事ではないという感覚です。

　そして気が付いた時には大変なことになってしまうのです。

　利益を優先し、品質を落とすことになるのです。品質が悪いと製品を余計に作ることになり、損失が大きくなる。そして企業の信頼も失うのです。その様な企業も見てきた。

　"ローマは一日にして成ならず"という言葉がある。

　毎日の積み重ね、継続することの大切さです。１回や２回で成果が見えるものではないが、それをコツコツやり続けることに意味がある。

　"継続は力なり"という言葉もある。これらは、逆に、手を抜くと、崩れ落ちるように悪い環境になってしまうことも言っている。長い努力が短時間に消えてしまうのです。

　品質や歩留まりが目に見えて下がったという頃には、立て直しには相当時間が必要になる。その間の様々なロスは大きいのです。

（1）清掃する文化の定着

　あるユニークな活動をしている会社があった。

　休日に出社して徹底的にトイレ清掃をするということもやっていた。ご存じの方もいるでしょう。

　私が訪問した時のスローガンは、"トイレでおにぎりを食べられるように奇麗にしよう"だった。

　休日に集まり、朝からトイレを清掃し、磨き上げる。

　3時間ほどやって、リーダーが、「今日はこれで終わりにしよう」と言うと、「私はこれでは気が済まない。もっとやらせてください」という人が出てくる。

　そう言う人の中には、特に若い男性が多いそうです。もちろん、そこでおにぎりを食べるわけではないですが、ぴかぴかです。

　私もクリーン化指導に何回かお邪魔したが、トイレの床に自分の顔が映るくらいだった。

　この状態を見て、"トイレを奇麗にすることを通じ、自らの心を磨いているんだ"と感じた。

　こうなると、現場の清掃も手を抜くことはないでしょう。

　清掃する文化は定着しているので、私は着眼点や方法をアドバイスすれば良いのです。診断者も、その場その場で適切なアドバイスが必要になる。より良い指導はどうすべきかを考える。

　この診断、指導、アドバイスの場は、私にとっての学ぶ機会でもあるのです。

　『排除する』では、清掃、クリーンマット（除塵マット）等でのゴミの回収、局所排気設備の活用が大まかなポイントです。

　クリーンマットでのゴミの回収について、"排除する"という項目にあるクリーンマットの役割は、クリーンルーム内、またはエアシャワー前後に敷設し、防塵靴の底や台車などの車輪に付いたゴミ、汚れを除去することです。

　表面に塗布された粘着物にゴミ、汚れを付着させ、汚れたらそれを1枚ずつ剥いで、クリーンルーム外に排除することです。

図-10の"排除する"、のところにクリーンマットの剥がし方と書いたが、クリーンマットを剥ぐ時に静電気（剥離帯電）が起きる。

　その反発で、せっかく捕まえていたゴミが飛散してしまう。思い切り剥ぐと、その飛散量は多く、また広範囲に飛散する。ゴミを集めて、剥ぐ時に、またそのゴミをクリーンルーム内に撒いてしまうのです。

　以前実施したセミナーでのこと。

　剥離帯電のことを話したところ、その場にいた人の中に、剥す時に静電気が起きるのがどうしても信じられないという人がいた。ところが、思い切り剥いでその時の静電気を測定したところ、最大で5万ボルトを観測した。疑ってすみませんとの連絡があった。

　剥ぐ様子を可視化した画像を見ると、大変な量のゴミ、埃が飛散するのが確認できる。

　剥ぐ時に静電気が起きるのは仕方ないが、飛散量をできるだけ少なくするため、ゆっくり剥す、丸めるなどの工夫をし、静電気の発生を少なく抑え、飛散する量も少なくする工夫です。

　完璧に抑えることはできないが、クリーン化では、知恵と工夫で可能な限り発塵、飛散を抑えるという考え方がある。

　最近のクリーンマットの中には、静電タイプとか除電タイプというものもある。ただし、このような性能が記されたものでも、名前だけという製品もあるようです。名前だけで鵜呑みにせず、自分たちで評価し、納得して購入することが大切です。

クリーンマットの汚れからわかること

　あるところの工場長の行動です。

　毎朝、仕事が始まる前に、所管の工場を巡回していた。

　工場に入ると、まずクリーンマットの汚れを確認するのです。

　汚れが多いと、きちんと剥いでいないのではないか。そうなると表面の粘着物の効果がなくなり、ゴミを捕集してくれないので、室内全体に汚れてしまう。

　また、汚れが少なくても、剥いだ直後かも知れない。

　そこで、そのマットの上についている靴跡を観察するのです。靴跡が室内に

向かって付いている場合は、外からクリーンルームへ持ち込まれるものを、そのマットで捕まえたということです。

逆に、中から外に向かう靴跡なら、クリーンルームが汚れている。それをクリーンマットで捕まえたということになる。

足跡が中から外に向いている場合、クリーンルーム内に汚れた場所があるのか、全体に汚れているのか、清掃はきちんとしているのかと疑問になる。

この例は、すべてそうだとは言い切れませんが、およその様子は把握できる。

クリーンマットは奇麗さのバロメータ

この工場長が毎朝、仕事が始まる前に工場に入る理由は、仕事が始まると会議などがあり、なかなか工場に入れない。"後で"と言っているうちに、その日が終わってしまう。そして、工場を見ない日が続いてしまうからだと言っていた。

製品を作る。その製品に品質を作り込むのは現場です。

現場を見ないと実態はわからないと言って、毎日巡回しているのです。

この時、作業者とも会話をすることで、様々な情報が得られる。

この地道な繰り返しでアンテナをたくさん立てることができるのです。

どうしても現場に入る時間がない時は、廊下から窓越しにクリーンルームを覗くこともあった。窓に近いところに敷設したクリーンマットが汚れていると、足跡の向きが外からでもわかるというのです。長い間の積み重ねで、見る目が肥えるのです。

そして自分の管轄の職場ごとの差もわかるわけです。この努力には頭が下がる。

つまり、"クリーンマットを奇麗さのバロメータとして活用"しているのです。

逆に、現場も毎朝工場長が巡回するというので、いい加減な管理ではなく、きちんと清掃をし、クリーンマットを剥ぐことも徹底されて来るのです。

クリーンマットは、汚れたら剥いで捨てれば良いというだけではもったいないのです。

その中にたくさんの情報が含まれているので、それを活用したいのです。

その汚れを良く観察すると、金属のゴミが多いとか、部品の断片だとか、グ

リスのようなものだという風に、様々なものが見えてくる場合がある。それによって現場が正常なのか、原因を究明したり、何か対策を講じないといけないのかと気を配ることに繋がるのです。

◆局所排気設備の活用

　薬品を扱う工程では、薬品の雰囲気が室内に漂うことを防ぐためにドラフトを使う。

　また、オイルミストが発生するところでは、発生源である設備（ロータリーポンプなど）にカバーをし、その雰囲気は排気管を通し排出している。

　局所排気設備としては、このようなイメージを持っている方が多いでしょう。

　これらの対策がなければ、作業者に有害な薬品のミスト、製品品質に影響しそうなオイルミストが、室内に浮遊することになる。

　局所排気設備は陰圧（負圧）になるよう措置がされている。

　具体的にはドラフトは背部から排気を取り、薬品の雰囲気を排出しているので、それによってドラフト内も陰圧になる。

　また、薬品の雰囲気が手前に出ることも防ぐために、前面の扉は開けっ放しにしないことです。扉を開放したままにすると、排気の引きよりも流入する大気の量が多いので、背面への引きの効果がなくなる。従って前面の扉は解放範囲（高さ）が決められ、印がつけてあると思う。

　背面に排気されていることが確認できるよう、ドラフト内部の排気部分の中に色つきのテープを取り付けるとか、風速が確認できるようメータが取り付けてあるなど、風の流れが確認できるようにしてある。あるいは配管とドラフトの接続部あたりに色つきのテープを取り付け、目視でも引きの確認ができるようにしている。引きの強弱は、調整弁で調整出来るようになっているものが多い。

風速の問題
過去の事故事例の紹介

　ドラフトの問題ではないが、この場で紹介しておく。

　設備から出るガスなどがきちんと排出されているかの確認のため、引きの風

速をチェックしていた。

　ところが、生成物が配管内部に徐々に付着し、内部の穴径が小さくなってしまった。

　それは外からは確認できなかった。その狭い穴を気流が通る時、そのスピードが速くなっていたのです。

　引きの速度が速くなっていたのを正常と判断し、その問題に気づかなかった例です。設備点検の時、偶然発見されたが、それが遅れたら、配管の穴は塞がっていただろうという事例です。

　何だか人間の血流のようです。

はんだ付け作業

　局所排気では、先に記したように、ドラフトなどを想像される方も多いでしょう。

　この他、いろいろな現場を見て気になるのは、局所排気の対策が取られていないはんだ付け作業です。

　清浄度の低いクリーンルーム（乱流方式）、あるいはクリーンルームではないところでも同様に見かけます。例えば基板や電子部品の修理などです。

　このような作業環境では、気流は乱れているので、はんだ付け作業時に発生するミストが作業者の方に流れ、それを吸っていないかを特に心配している。

　特定の作業者の日常作業であるとしたら、その影響は大きいでしょう。

　はんだ付け作業では、粒径の小さなミストが大量に発生する。パーティクルカウンターで測定すると、0.1ミクロン、あるいは0.3ミクロンくらいの粒径で1分間に数十万個カウントされる。これを長い間吸い続けていると、どうなってしまうんでしょうか。

　最近問題になっている"長年、アスベストを吸い続けていた"と言うのと同じようなことが起きないかと心配になる。問題が表面化して来るのは、恐らく、かなり先のことだと思うが、今から対策を講じておきたいものです。ドラフトと同じように囲うか、作業する部分を中心に排気を取るかですが、気流を良く確認し、人が吸わない対策を取っておきたい。

　本当にそのようなことが起きるか否かはわからないが、なってしまったら取

195

り返しがつかない。クリーン化の考え方の中に、"**疑わしきは排除**"と言う考え方がある。

お金があまりかからないのであれば、対策を取っておきたい。

安全、品質いずれにも影響するので、局所排気設備が設置され、適正に管理されているのか、ぜひ現場を確認してください。

なお、局所排気と局所クリーン化とを混同されている方もいるので、別途説明する。

クリーン化4原則は、図-10（P163）のようにクリーンルーム内、あるいはそれを取り巻く環境での、守るべきこと、注意することなどを項目別にまとめたものです。

これは、基準、標準、ルール、申し合わせ事項など、その会社、現場によって表現や扱いは違うが、クリーンルームの管理項目、着眼点になっている。

これらのきまりを守らないと、クリーンルーム内の環境レベルが低下し、製品品質に影響してくるので、従業員の教育は重要なのです。

また、経営者や管理職の方がクリーンルームに入る場合も、ただ漠然と見るのではなく、着眼点として活用していただきたい。この着眼点はクリーンルームを持たないものづくり現場でも、良い環境の現場づくりに活用できるのです。

一方、作業者以外の人がクリーンルームに入る時、様々なものを持ち込んでしまう場合がある。

技術や品質部門の方の持ち込みも注意が必要だが、開発や設計、生産管理部門などは、現場とは遠い関係になるので、クリーン化の意識は低くなるでしょう。

また、経営者や管理職の方が現場に入る時、これらのルールに違反する行為があっても、一般の従業員は指摘し難いです。上に向かって物申すということへの遠慮です。

このことについては、6.半導体の歩留まり向上のところで説明したことを振り返ってみましょう。

『日本の大手メーカーが半導体の製造を始めた時、社員がみんなで清掃していた。そして歩留まりが向上し、米国と肩を並べる、あるいは追い越したと言われる時期があった。

　その反省から、米国の企業では、現場だけでなく人事、総務、管理など現場から距離が遠い部門であっても、全社員に教育を実施しているところが多いようだ』ということを記した。どの部門に配属されても現場のことを理解するのです。全社一体となって品質をつくり込むのだ。

　日本では、従業員に教育を実施しても、役員や管理職まで教育をしている例は少ないでしょう。しかし従業員の教育だけでなく、経営者や管理職など双方に対しての教育が必要です。

　外資系の企業では、製造部長などが、クリーンルーム内の標準を作るところもあるようです。机上で思いつくまま標準の作成はできないので、頻繁に現場に入るわけです。

　いわゆる三現主義であり、現場に精通するのです。

　私が山形県の工場に赴任した時、クリーン化教育を立ち上げ、総務部門の協力を得て"全社員対象の教育"にしてもらった。社内では重要な教育と位置付けてもらったわけです。当時、その赴任先の社長にも受講してもらった。

　この時、「クリーン化の重要性を認識した。もう一度聞かせて欲しい」と言って二度も受講してくれた。

　こうなると一般社員も同じ内容の教育を受けているので、共通の会話ができ、従業員との距離も縮まり、相互に話がしやすくなるのです。

　また、"クリーン化で重要なこと"の最初に"経営者、管理・監督者の旗振り"と記したが、すぐに成果が出る活動ではなく、継続することに価値があり、それが会社、製造現場の体質強化に繋がるのです。そのことを理解し、支援をしていただきたいのです。

　成果主義だけを強調しすぎると、数字やデータで報告しやすいことになびき、クリーン化は敬遠されてしまうのです。地道な活動を見守り、支援してもらいたい。

　クリーン化教育は全従業員（役員から一般社員まで）だけでなく、契約社員、派遣社員など幅広くやっておきたいです。

　クリーン化４原則は、現場を管理するために、抑えるべきポイントであり、また現場を見る時の着眼点でもあります。

　現場に入ってどこを見ればよいのか、何を見ればよいのかわからない方も案

外多いものです。

　現場で発言したことが、クリーンルーム管理に反する場合もあります。その失敗や怖さを知っている方は、徐々に現場に近寄らなくなる。そして現場との距離が遠くなってしまう。そんな場面もいくつか見てきた。

　クリーン化４原則を頼りに現場を見ても、実際にはそれだけで気づくことは少ないです。

　現場は生き物であり、私たちに見せる顔が日々違うのです。

　日々多面的に観察することが大切です。これによって自己成長にも繋がるのです。

　"クリーン化は感性だ"と言います。これはショートカットの言葉です。

　そのカットされている部分は、"現場に良く入り、日常的に様々な見方ができるよう心掛ける、その繰り返し"だと考えている。いきなり感性には辿り着かないのです。

　逆に毎日現場で作業している人が見る現場は、"住めば都"になってしまい、その環境に慣れてしまうと、これもまた自職場の不具合を見つけられない。例え見つけても、まあいいかとなってしまう。いつも新鮮な目で見るよう心掛けることが大切です。

　そうは言っても具体的にどうすればよいのか、そのきっかけを紹介します。

　私がイメージして絵にしたものです。細かく記したものを少し省き、以下の四つを紹介します。

9. KYトレーニングの紹介

　Kは、感性や気づき、Yは、それを**養成**するとか、本来持ち合わせているはずだが、眠っている部分もあるので、それを**呼び起こす**イメージで命名した。

　ただし、KYT（危険予知トレーニング）と混同しやすいので、トレーニングとそのままにした。

　現場の小集団活動などでやってみると良いと考えている。

図-14　KY トレーニング：掲示板

　メンバーに集まってもらい、気づいたことをそれぞれ指摘してもらう。すると、絵のように、いくつもの気づきが出てくる。それを聞いていた他のメンバーは、自分でもほとんど同じことに気づいたが、気づかなかったものもあった。それが共有化できるわけです。

　生まれ育った環境の違いなどで多様な見方、考え方があるのです。それらを取り込むことが自分を磨き、徐々に気づきが増える場になるでしょう。

　上記の絵の状態では、ただ掲示しただけで、見る人への配慮はないですね。このような状態では、クリーンルームの中も推して知るべし。あまりひどいと見てもらえない場合もあるでしょう。

　そして情報が共有、周知出来ていなかった。何のための掲示でしょう、ということにもなる。

　掲示の目的は、見てもらうことなので、見やすさ、伝えやすさなどを考えましょう。

その改善例の紹介。これはクリーンルームを持たない現場や、事務室など幅広く活用できます。

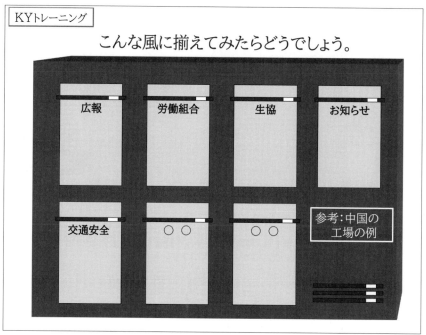

図-15　KY トレーニング：掲示板（2）

　このようにしてみたという例です。

　位置を決めて掲示すると、欲しい情報がいつも同じところに掲示されているので、都度探さなくても良いのです。

　また、見やすさ、見た目の良さもあり、見たい気持ちにさせる効果もあるでしょう。そして情報の伝達量が変わるのです。

　自職場だけでなく、社内、構内では、お客様をはじめ多くの人の目につくものもある。極端に言えば、そこで会社の印象が決まってしまうのかも知れません。そのことも意識したい。

　このことは、後で、中国の工場の掲示の例を紹介する。

　いろいろな場面で使ってみよう。

KYトレーニング

いろいろな場面で使ってみよう

- 設備の周りに集まって…
- 物の置き方の風景を見て…
- 机の上の状態を見て…
- お互いの服装を見て---特にCR内で…

こんなふうに、いろいろな風景を対象に
やってみると、感性が育てられます。
また、お互いの気づきが共有化でき、感性の幅が
　広がります。

以降省略

図-16　KY トレーニング活用事例

　今までの応用として、現場の設備の周りに集まり、同じようなことをしてみると、日ごろ見慣れていて気付かないものも発見できることがある。物の置き方や机の上の状態については、事務室の中でも気づくことは多いでしょう。

　ある会社に現場診断、指導に行った時のこと。

　玄関から応接室に案内される途中で、事務室の中が見えた。すごく奇麗だった。

　これでは恐らくクリーンルームの中も奇麗だろうから、さらに良くしてもらいたいという願いを込め、今日の現場診断は少し厳しめに見てやろうと思った。

　甘い見方では、この現場は奇麗ですね、で終わってしまう。それではその会社にも失礼だと思う。さらに良くしようと呼ばれたのだから、それに応えなくてはいけないと思うのです。

　そして廊下を歩きながら、診断のレベルを考えていくわけです。

　クリーンルーム内の服装チェックもそうです。自分では気づかない不具合が指摘されれば、次には注意しようということになるのです。このような繰り返

201

しで、多くの人の感性が高められ、現場の管理レベルも上がっていくでしょう。一朝一夕にできることではなく、地道な繰り返し、積み重ねが重要です。

　クリーン化のことを色々解説してきたが、これらの多くはクリーンルームに関わることです。そのクリーンルームのことを理解していないと、良い環境にし、維持していくことができません。

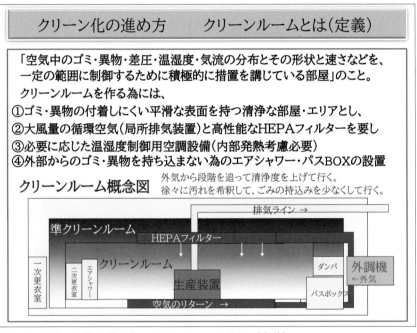

図-17　クリーン化の進め方　クリーンルームとは（定義）

　取引先からの依頼で、現場をクリーンルームにしたけれど、お金がかかるのに、品質や歩留まりが向上しないという話を聞く。クリーンルームにすれば、歩留まりが向上するという神話だけでは効果は出ません。そのクリーンルームに相応しい管理をすることが重要です。

【クリーンルームの定義】

　『空気中のゴミ・異物・差圧・温度、湿度・気流の分布とその形状と速さなどを、一定の範囲に制御するために積極的に措置を講じている部屋のこと』で

す。少し面倒な、理論的な表現ですが、ここに記されている一つひとつに着目し、管理していく必要がある。

　空気中の、とあるのは、もちろんクリーンルームの中のことです。いくつか説明する。

（1）差圧について

　差圧とは、クリーンルームの室圧とクリーンルーム外の圧の差のこと。一般的なものづくりのクリーンルームは、外よりも室圧を高めに設定している。室圧が高い（陽圧、正圧とも言う）ということはゴミが寄ってこない。つまり、クリーンルーム内にゴミが入りにくいということです。

　参考ですが、ものづくり以外で、これとは逆に設計されているクリーンルームもあります。

　例えば、怖い病原菌を研究しているところです。ここでは外よりも室圧を下げて（陰圧、負圧とも言う）いる。

　室圧が高いと、外に流れる気流に含まれた病原菌が、一緒に流れ出て、外にいる人が感染してしまうからです。

　新型コロナウイルスが入ってきてからは、病院でも室圧を下げていますね。

（2）油断禁物

　サーズ（これも新型コロナウイルス）が発生した時のこと。

　これが日本に入ってきた場合、室圧を下げて隔離できる病院、病室がどのくらいあるかを調べたところ、ほとんどないことがわかった。

　もし入ってきたら大変なことになると一時騒がれたことがあったのをご存じの方も多いでしょう。

　実際には入ってこなかったが、将来のことを考え、その準備をすべきではなかったか。

　また今回の新型ウイルスが入ってきた時も、あれは風邪みたいなものだという専門家や医者もいた。そもそもこれが油断の始まりのようにも思う。

　東京オリンピックが延期になる前の時の話。

　2019年頃、海外ではエボラウイルスが猛威を振るっている地域があった。

これが日本に入ってきたらどう対応するか、そのウイルスを輸入し研究することになった。

　ところが、地域住民は、それが研究所から漏れることを危惧し、反対運動が起きた。

　この時の説明では、研究施設の室圧を下げて管理しているから大丈夫だということだった。

　ものづくりのクリーンルームは室圧を高くしている。この状態が保持されていると、室内の気流は外に流れる。

　パーテーションで簡易にクリーンルーム化したところも幾つか見たが、施工の不具合で、接続部分に隙間や穴があるところもあった。

　こうなると、設計以上に空気が漏れるので、エネルギーの損失になる。

　またそれらの箇所は、たとえわずかな空気の漏れであっても、虫にしてみると大きな情報です。

　その空気を遡って、クリーンルーム内に入って来る。夜になれば、室内の照明（紫外線※）に向かい、その隙間からクリーンルーム内に入ってしまうのです。

（※虫の紫外線への直進性：257ページ）

　そのようなクリーンルームを診断すると、まれに虫も見かける。

　部屋の隅の天井付近にクモの巣があるのを見かけたこともある。餌がないので、やがては死んでしまうが、死骸が粉になって飛散する。それらが、クリーンルームを汚してしまう。

　室内の空気は、壁に設置されているダンパーや、ドアの隙間など様々なところから室外に流出する。つまりそこは空気の通り道です。流れ出る空気に含まれる埃などが、このダンパーやドアに付着する。ダンパーやドアの隙間は、外側から観察すると、その汚れが良く見える。

　まったく清掃されないと、埃が固まりになっている。停電などの瞬時的な衝撃で、脱落、飛散する場合もある。

　二次更衣室のドアでは、下の方に空気の換気口のようなものが付いているものがある。

　ここも空気の通り道なので、その隙間を布切れなどで拭いてみると汚れ具合がわかる。

　ただし、隙間が狭いので、素手だと怪我をする可能性があるので、慎重にしましょう。

　ドアに付着した埃は外側から懐中電灯を使い、斜光で観察すると、広範囲に付着しているのが確認できる場合もある。

　クリーンルームは奇麗な部屋ではなく、これだけの埃が発生し、日々様々な隙間を経て、室外に放出されているのです。観察力を高めていくと、様々な発見があるでしょう。

　概念図でクリーンルームの定義、およそのイメージが把握できたと思う。

　クリーンルームは、おもに以下の五つの方式がある。

　このうち、ものづくりの分野で多く採用されている二つの方式を次の図で解説する。

クリーン化の進め方　クリーンルームの方式と特徴①

	垂直層流方式 Vertical Laminar Airflow Clean Room	水平層流方式 Horizontal Laminar Airflow Clean room	乱流方式 Turbulent Airflow Clean Room	混流方式 Mixed Airflow Clean Room	トンネル方式 Tunnel Clean System
清浄度	M1.5～3.5 （クラス1～100）	M3.5 （クラス100）	M4.5～6.5 （クラス1000～100000）	M4.5～6.5 （クラス100～100000）	M1.5～3.5 （クラス1～100）
稼動時の清浄度	作業者からの影響は少ない	上流の発塵が下流に影響する	作業者からの影響有	レイアウトによっては作業者からの影響は若干あり	作業者からの影響は最も少ない
運転費	高	中	低	中	中
レイアウト変更	容易	困難	容易	容易	困難
製造装置のメンテナンス	ルーム内又はリターンスペースから行う	ルーム内又はリターンスペースから行う	ルーム内から行う	ルーム内又はリターンスペースから行う	リターンスペースから行う
増設	困難	困難	やや困難	困難	ライン毎増設可
高精度空調	室全体制御のため室内での不均衡やや有	上流の発熱が下流に影響する	不均衡有	不均衡有	作業部ごと高精度制御可能
方式 Supply Air Return Air					
清浄化メカニズム	置換	置換	希釈	希釈	希釈
	超微細加工のクリーンルーム				

図-18　クリーンルームの方式と特徴

1. 垂直層流方式

　最左に記した方式です。半導体、表示体、水晶デバイスなどで、特に微細な製品加工に用いられるタイプです。

　クリーンルームの断面図で説明する。

　天井全面がフィルターになっている。このフィルターを通し、奇麗な空気が供給される。

　また、床（点線で表示）全面に穴が開いている。天井全面からフィルターを通し供給された、清浄度の高い空気が、床全面にまっすぐ落ちるので、垂直層流方式、あるいはダウンフローと言う。

　しかし、これは設計上の話であって、実際には天井のフィルター下に搬送ライン（天井搬送）があるとか、床を搬送ロボットが走る。あるいは設備があり、その設備に除材、給材用のロボットがあるなど、障害物があれば斜流や乱流が起きる。

　斜流や乱流がある場合、気流の風下に製品があれば、品質に影響が出る場合がある。

　人が通行すると、垂直の気流を遮ったり、気流が乱れる。

　高い清浄度の確保はクリーンルームがやってくれるのではなく、そこで働く人によって左右されるので、作業者へのクリーン化の教育は必須です。

　この方式は、汚れた空気を奇麗な空気に置き換える考え方で、清浄化メカニズムは、置換と呼ばれる。常に大量の空気を入れ替えるので、運転費用は高額になる。

2. 乱流方式

　図の中央のタイプ。

　清浄度はクラス 1,000（Fed.Std）からクラス 100,000 くらいまで幅広い。

　クラス 1,000 から 5,000 くらいでは、製品によっては、半導体前工程で採用しているところもある。また、半導体、水晶、液晶事業の後工程や、その他層流方式ほど高い清浄度を要求されない現場では、クラス 10,000、クラス 100,000 のクリーンルームが採用されている。

　取引先からクリーンルーム化を要求され、改造や新設する場合もこのタイプ

が殆どでしょう。

　国内の床面積では、この乱流方式が最も多いと言われている。

　この方式は図にあるように、天井のところどころにフィルターが設置され、奇麗な空気が供給され、そのフィルター間の配置の距離はかなり離れている。

　天井全面からの供給ではないので、滞留している空気も多く、吹き出した空気がそれに衝突し乱流になる。また、床は穴あきではないので、ここでも気流は乱れる。

　この方式は、奇麗な空気を少しずつ供給し、中の汚れを少しずつ薄める、希釈型のクリーンルームです。

　層流方式に比べ作業員が多く配置されているので、その人の行動でも汚れます。

　クリーン化４原則を着眼点に、現場を良く見ることが必要です。

　"私一人ぐらいは、あるいは少しぐらいはいいだろう"という考え方があると、様々なものを持ち込み、また発塵させる行為をしてしまう。そしてクリーンルーム内の希釈が間に合わなくなる。

　こうなると、"クリーンルームという形をした単なる箱"になってしまうのです。

　電気代は継続的にかかってしまうのに、品質は向上しない。そして経営に影響する場合もあるので、特に作業者教育は重要かつ必須です。

　"クリーンルームの中では、人は最大の発生源、汚染源である"。そして、クリーンルームを汚すのも奇麗にするのも人であることを認識してもらうため、クリーン化４原則に着目した対応が必要です。何のためのクリーンルームかを良く考え、そのクリーンルームに相応しい管理をしましょう。

　層流方式のクリーンルームを保有しているところは、教育を実施し、なおかつ、厳しいクリーンルーム管理がされている。

　乱流方式のクリーンルームの場合、客先からの要望でクリーンルーム化しても、管理のためのノウハウの指導がされないことが多い。

　実際に、今までの現場診断、指導などの経験から、クリーンルームにしただけで安心してしまうとか、管理方法を知らないところにも遭遇した。潜在的にはたくさんあるでしょう。

宝の持ち腐れにならないようきちんと管理しましょう。

　クリーンルームの代表的な例を図表で紹介した。ここで、その二つの方式について実際のクリーンルームの写真で説明する。先ほどまでのイメージより、印象が残ると思う。

　そのことで、自社のクリーンルームの方式と特徴を理解し、そのクリーンルームに相応しい管理ルールを模索して下さい。そして、社員、作業員の行動に繋げていくことが重要です。

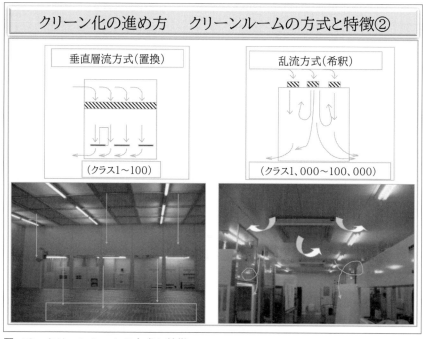

図-19　クリーンルームの方式と特徴

1. 垂直層流方式を上の写真で説明する

　垂直層流方式は左側です。

　前回の絵では、天井全面がフィルターだと説明したが、実際にはこのようにフィルターを支えている枠があり、蛍光灯が取り付けてあるので、完全な全面ではない。この枠や蛍光灯付近でも気流の巻き込みなど、わずかな乱流は起き

る。

　さらに、垂直の気流を妨げる様々なものがあるので、室内では斜流や乱流が起きる。

　写真は完成したクリーンルームですが、まだ設備や搬送ライン等が設置されていません。

　それらが設置されると、気流の流れを阻害するので、設計思想通りの気流にはなりません。

　床は全面穴開きですが、穴のない部分は気流が通過しないので、乱流になる。

　この床のグレーチングは、開口率の違うものが幾種類かある。開口率が小さいものは、床からの気流の落下が制限されるので、斜流や乱流が起きる。

　穴の形は丸だけでなく、楕円になっているものもある。この縦長の穴と横長の穴を組み合わせ、気流の形状を垂直に近づける工夫がされている。また開口率の大きなものに変えることでも、気流の乱れを少なくする工夫ができる。

　もちろん、そのクリーンルームを作った施工業者への相談は必要です。層流方式は、清浄度の高い空気を大量に取り込み回転させる。そのことを換気回数と言うが、電気代を中心に費用が高額になる。

2. 乱流方式を

　乱流方式は右側の写真です。

　乱流方式のクリーンルームの特徴に着目してください。

　こちらは、天井の所々にフィルターが設置されているが、写真のように相互の距離はかなり離れている。従って、滞留している空気や設備、作業者などの障害物がたくさんあり、乱流になる。

　天井の所々から奇麗な空気が供給され、中の汚れを薄めていく。清浄化メカニズムは希釈型と呼ばれる。空気の流れが乱れるのは容易に想像できます。

　ここに様々な持ち込みや、発塵させる行為、行動があれば希釈が間に合わず、クリーンルームの効果は薄れる。電気代はかかるのに、品質は一向に改善されない。高い清浄度を維持するために、全員の意識、知識、行動は重要なのです。

　きちんと教育をしましょう。

　話は反れるが、黄色のクリーンルーム（イエロールームともいう）について

説明する。

　この黄色の光は紫外線をカットするためです。

　設備のメンテナンスや現場確認などで使用する懐中電灯も、黄色のフィルターを付けたものを使う。通常の光のもので製品に光を当ててしまうと、製品が不良になってしまう（露光されてしまう）ので、注意しましょう。

　通常の光のものも、黄色のフィルターが付いたものも、室内ではなかなか判別がつきにくい。

　それを知らないで使っていて、歩留まりを低下させていた例もある。

　黄色のフィルターは、紫外線をカットすると言うが、正しくは紫外線の波長をカットします。

　大雑把には、紫外線の波長、約10ナノメートルから400（398）ナノメートルをカットしたい。

　黄色はおよそ500ナノメートル以下をカットするので、余裕を持ってカットできる。

　なお、室内の窓ガラスなどでオレンジ色のものを使っているところもある。

　これは、黄色と同じ効果があるが、室内が全体的に暗く感じる。

　見学通路に用いているところもある。

　中の様子が見えにくいことや、作業者が気を取られないで作業ができるなど、様々なことを考えて採用しているようです。

　事故事例を紹介する。

　普通の蛍光灯に、黄色のヒシューブ（熱収縮性チューブ）を被せ、熱をかけ蛍光管に密着させるタイプのものを使っていたところがあった。ところが、熱をかけた時に蛍光管の両端が縮み、蛍光灯の白い部分が露出し、白い光が漏れていた。それに気づかず使用していたという例です。

　現在ではこのような加工ではなく、蛍光管そのものが着色されているタイプが殆どです。

　しかし導入する時に様々な観点で確認する必要がある。

　このような事例を知っておくことも、多面的にものを見たり、判断材料になるでしょう。

　これまで、クリーン化の進め方の解説で清浄度とかクリーン度という言葉を

使ってきた。

　この清浄度、クリーン度について解説する。

　清浄度、クリーン度は、どちらも同じことで、クリーンルーム内の奇麗さの度合いのこと。クリーンルーム内に浮遊しているパーティクル（微粒子）の量をパーティクルカウンターで測定する。

　具体的には、1立方フィートの空気中に0.5ミクロン以上のゴミがいくつあるか。これをクラスで表す。

　例えばクラス100とは、1立方フィートの空気中に0.5ミクロン以上の粒子径のゴミが100個以下です。1立方フィートと表現したが、1Ft^{3}という表現を使うこともある。

　また、立方体の容積なのでキュービックフィート、その量を1分間に吸い込むので1cf/mと表現することもある。いずれも同じです。

　わかり易く言うと、1分間に約30cmの立方体の容積（約28.3ℓ）の空気を吸い込み、カウントする。この考え方は、米国連邦規格（Fed.Std.）に則っている。

　米国から半導体、およびクリーンルームが入ってきたことから、クリーンルームの管理についても米国規格を用いてきた。ただ、半導体における微細化のスピードは速く、0.1ミクロン、あるいはそれ以下の粒子径のゴミを管理する必要がある。

　一般的には線幅の10分の1くらいの粒子径のゴミを管理しないと製品品質に影響すると言われている。それに対応するため、0.1ミクロンよりも小さな粒子径を測定することが可能なパーティクルカウンターもある。

　このようなクリーンルームでは、0.1ミクロンでクラス1などと言う風に表現する。

　0.1ミクロンでクラス幾つ、0.5ミクロンでクラス幾つという風に管理粒子径（前提条件）をきちんと確認しないと、話の食い違いが生じてしまう。

　今、管理粒子径が厳しいクリーンルーム（層流方式）の話をしたが、国内の床面積で最も多い乱流方式（図-19の写真右側）のクリーンルームでは、0.5ミクロンで管理しているところが殆ど（クラス1,000～クラス100,000）。

　ここで紹介した米国連邦規格（Fed.Std.）は、2001年に廃止になっている。

日本国内、および日本の企業で東南アジアに製造拠点があるところでは、現在もこれで管理されているところが多いでしょう。

　米国規格が廃止されたとは言え、元々米国の考え方なので、米国はそのまま使っています。

　また日本も導入の経緯から、多くのところで引き続き米国規格を使っているが、新設された工場では ISO の規格が採用されはじめています。

　国際会議では、米国規格が廃止された後、ISO（ISO14644-1）に統一する動きが早くからあったが、統一までには至っていないようです。在社中に国際会議の委員の方から聞いた話です。

　台湾企業からの監査に立ち会った時、ISO での清浄度データの提示を求められたことがあった。もう 15 年くらい前の話です。この時は、これまでの経緯から、従来通りの方法で継続させてくださいと、了解を得た記憶がある。

　パーティクルカウンターでデータを定期的に採取するほかに、床や壁に一定の間隔で測定端子が設置されていて、自動的にデータを採取する集中管理方式を採用しているところもある。

　この場合、データの変動が大きければ、集中管理室から該当の場所付近にいる人にフィードバックされ、その時点で原因究明がされる。

　直ぐに原因を探らないと、状態は刻々と変化してしまうからです。例えば、四人で集まり、打ち合わせをしていたという風に、原因究明が素早いので、対策も講じやすいのです。

　話は変わるが、このように目に見えないパーティクルを管理しているにもかかわらず、クリーンルーム内で、目視で確認できるような大きなゴミが目に付くことがある。大きなゴミが管理できないのに、小さなゴミを排除しようというのには矛盾を感じる。

　半導体、液晶、水晶などの分野の前工程では、この浮遊塵の管理の他、"クリーン化で重要なこと"のところで説明したが、並行して落下塵の管理をしているところが多い。

　この二つの物差しを用意している理由は、浮遊しているゴミと落ちるゴミとは別物であり、それぞれ攻め方が違うという考え方からです。

気流について

クリーンルーム内の気流の見方を解説する。これまでの説明のなかで部分的に触れたことも含みます。

1. 層流方式のクリーンルーム

設計上は天井から床に向かう気流になる。

しかし天井からの供給エアーと床のグレーチングの開口面積のバランスや、クリーンルーム内の様々な障害物によって、気流の乱れが起きる。

例えば天井下に搬送ライン（天井搬送）があるとか、製品運搬ロボット、あるいは除給材用のロボットがあるなどです。それにより、斜流や乱流が起きる。

斜流や乱流が起きると、製品へのゴミの付着などが考えられる。斜流が発生しているところでは、下流の製品や部品が影響を受けます。

2. 乱流方式のクリーンルーム

乱流方式では、天井の所々からきれいな空気が供給されるが、その設置個所はかなり離れている。そして室内で滞留している空気が多いので、それにぶつかるなどで気流は乱れる。

この方式のクリーンルームの場合、きれいな空気を少しずつ供給し、中の汚れを少しづつ薄めていく、希釈型のクリーンルームです。室内には様々な設備があり、作業者も多いので気流の流れを阻害したり、移動することで床の堆積物を巻き上げたりします。乱流とまとめて言っているが、斜流、流れの強弱、あるいは気流が巻くところも発生する。斜流の傾斜角度が緩やかな場合は、微粒子が遠くまで運ばれることになる。

また、薬品の雰囲気がクリーンルーム内に浮遊する場合も考えられる。この場合は、品質への影響だけでなく、作業者への影響も考慮する必要がある。酸などの特定薬品を使っている現場の作業者は、定期健康診断の時に、半年に1回は歯科検診もある（エナメル質等の酸による溶解の有無確認）。これはその現場の全員が対象ですが、自分の現場はどうなっているのかを確認することは重要です。

3. 気流の可視化

　気流は目に見えないので、可視化し、改善や対策を講じることです。

　この気流の可視化について、次の図で説明する。

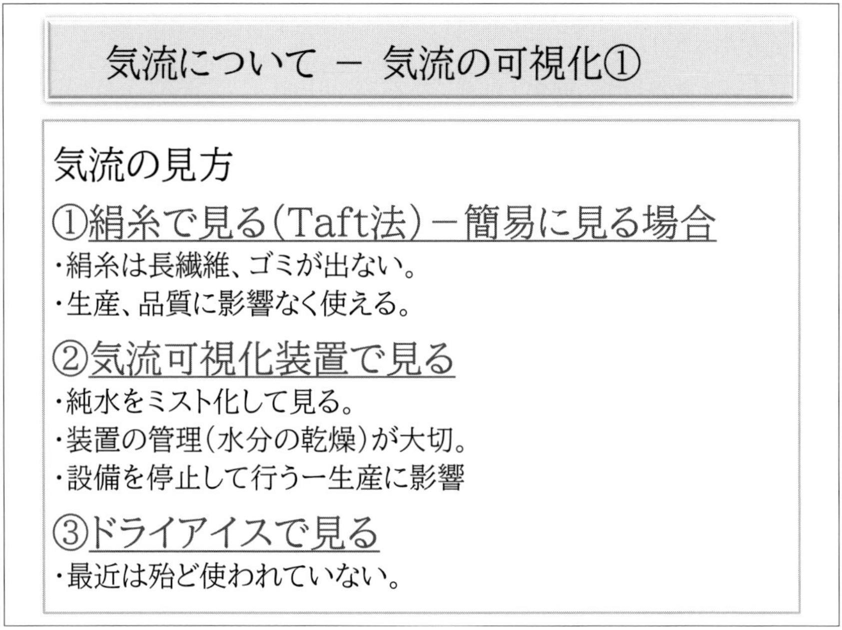

気流について － 気流の可視化①

気流の見方

①絹糸で見る（Taft法）－簡易に見る場合
・絹糸は長繊維、ゴミが出ない。
・生産、品質に影響なく使える。

②気流可視化装置で見る
・純水をミスト化して見る。
・装置の管理（水分の乾燥）が大切。
・設備を停止して行う－生産に影響

③ドライアイスで見る
・最近は殆ど使われていない。

図-20　気流の可視化

①絹糸で見る

　気流を簡易に観察する場合、この方法が良く使われる。

・なぜ絹糸を使うのか

　絹糸は蚕が吐く糸です。野麦峠の映画にもあるように、明治時代から今の長野県岡谷市には製糸工場がたくさんあった。現在はわずかになっているが、ある会社の方の話を聞くと、蚕は 1 匹で 1,000 m から 1,500 m くらい吐くようです。

　つまり長繊維（繊維の長さが長い）です。長繊維は繋ぎがなく、ゴミが出にくい。

　蚕も人間と同じように気まぐれだそうで、一度吐き始めるとそのまま一気に

吐いてしまうものや、途中で吐くのをやめてしまい、もう終わりかと思うと、また思い出したように吐き始めるもの、はじめは太いが、終わりの方は糸が細くなる。あるいはその逆のものなど様々なようです。

　ただし、人間の目ではクモの糸を見るようなもので、その差はわかりません。

　その糸をおよそ33本から35本くらい束ねたものを、気流確認に使っています。本数が少ない方は接着剤で束ね、多い方はそれをしないことで、糸の重量をほぼ同じくらいにしているようです。

　この本数がもっと少ないものは軽過ぎて、わずかな気流でも影響を受け、きちんとした確認ができません。

　私の家の近くに、国の蚕糸試験場がある。

　見学させてもらった時に、絹糸のことを聞いてみたところ同じような話だった。

　この蚕糸試験には様々な国の糸や繭が展示されていて、黄色やピンクなど色の種類も豊富だった。それらの国の多くは中国から西の方に点在していて、シルクロードとほぼ一致する地域です。東の終点は蘇州あたりでしょう。蘇州刺繍が世界無形文化遺産になっています。

　どうして綿の糸を使わないかですが、綿の糸は、原料は"わた"です。

　これは短繊維（繊維の長さが短い）であり、使っているうちに、短い繊維が少しずつ抜け落ちる。これを糸が細るとか、糸が痩せるなどと言うこともある。

　この抜け落ちた繊維がゴミになるので、製品品質に影響することがあるからです。

（ア）絹糸の使い方

　ゴミの出ない棒状のものの先に付け、測定者の体から離して（遠くして）気流を見る。

　魚釣りのイメージです。測定者に近いと、その影響を受け、本来の気流と異なってしまうからです。気流の上流と下流の確認、気流の巻き方などを確認することで、作業エリアのレイアウトの検討もできる。

　気流の下流に、高い清浄度が必要な製品加工エリアがあるとか、上流に職制

の机があり、朝礼や打ち合わせで人や書類が集まることで発塵し、それが製品の方へ流れていかないようレイアウトの工夫をしたい。

現場を見ると、このようなレイアウトになっているところも多いです。クリーンルームの中だから大丈夫だとの認識、思い込みがあるのです。

乱流方式のクリーンルームでは、天井から奇麗な空気が吹き出すところがある一方で、天井に吸い込みが設置されているところもある。

実際にどのように気流が動いているのかは、気流観測し、スケッチしてみると良いでしょう。

クリーンルーム内で、清浄度が高い部屋と、それより少し低い部屋が隣り合わせにあって、通路が空いている（ドアや仕切りがない）場合は、その境に絹糸を複数吊るしておき、絶えず高い方から低い方に気流が流れているかを確認しやすくしている（目で見る管理）ところもある。

（イ）気流可視化装置で見る方法

気流可視化装置は、ハンディタイプと、台車に乗せて運搬するような大型のものがある。

ハンディタイプは、自家用車の車内を掃除する、小型の掃除機くらいの大きさです。

いずれも、その装置内に純水を入れ、加熱し湯気のようなミストを発生させ、その流れを肉眼で確認する。

この設備には、ホースが付いていて、その先端からミストが吹き出す。測定箇所は任意に動かすことができる。粒径が大きいとすぐに落下してしまい、気流の確認はうまくできないので、観察しやすい粒径に調整する。

例えば、炊きあがりのご飯やみそ汁、コーヒーなどは湯気が立ち、風の流れが良くわかる。あのような感じです。確認した気流をきちんとスケッチすることが必要です。何か変化があった時も、それをもとに調査にも活用できる。

台車に載せて運ぶタイプは、純水のタンクが大きくかなり重い。

容量が大きいので、長時間の測定には適しているが、台車が入らない狭いところの観測はしにくい。

気流可視化装置を使っての気流測定で注意すべきことがある。事例を紹介し

ながら説明する。

【気流確認後の乾燥が不十分な事例】

気流確認後、純水を抜いてきちんと乾燥することが必要ですが、データを得られればもう仕事が終わったかのように、放置されてしまい、残っていた水滴の中にバクテリアが発生していた。

台車に乗せるタイプの純水容器はステンレス製が多い。その純水の乾燥が不十分で、中に錆が発生していたことがある。ステンレスでも錆びるものがあるので要注意です。

内部にフィルターが入っているが、それが劣化していて、その後使おうとしたら、そのバクテリアや錆が吹き出したという事例です。これが製品に付着すれば、品質に影響が出る。

【製品品質に影響した事例】

純水の粒径調整がうまくいかず、少し大きな粒径のミストが吹き出した。

それは、気流によって浮遊するのではなく、落下してしまい、気流観察はできない。

落下した粒子が鏡面（半導体のウエハー、水晶製品、表示体製品など）に付着、シミができた。こうなると洗浄しても除去できず、不良として廃棄された事例もある。

【生産に影響した事例】

上記のように、製品品質に影響が出ないよう、気流測定をする前に設備を止め、製品は安全なところに避難させる対策を講じる。ところが、気流確認は時間がかかることがある。長時間設備を止めてしまったため、その日の生産計画は達成できなかったという事例です。

厳密に観察しなければいけない場合を除き、簡易な観察で良いのなら、絹糸での確認をお勧めする。品質にも生産にも影響しない方法であり、いつでも、どこでも確認できるのです。

（ウ）その他の確認方法

・ドライアイスでの確認方法

昔は使われていたようです。私も技術担当が使っていたのを見たことがある程度です。

ドライアイスは液体にはならず、直接気体（昇華）になる。この時のガスが、純水のミストと同じように、肉眼で見えるので、それを活用したもの。ただ保管や扱いの点で敬遠され、今ではほとんど使われていないでしょう。

・精密機器での測定

風の流れを３次元で測定、記録することができるものがある。

これは、ほんのわずかな気流の動きを確認できるが、非常に高価であり、現場での使い勝手も良くない。

周囲の環境に左右されてしまうと、測定の意味がないので、特に乱流式のクリーンルームでは必要ないでしょう。

クリーンルーム内の気流の見方としては、普通の現場では今まで紹介した絹糸で見る方法と、気流可視化装置で見る方法で目的は達せられるでしょう。

この気流によるゴミの流れはクリーンルームに限ったことではありません。

小さなことにも気を付けてみると、身の回りでも同じようなことに気が付くでしょう。そのことで、ゴミの見方も変わってくる。一面ではなく多面的な見方、考え方ができるようになると思う。

次に、身の回りで起きている気流によるゴミの流れを解説します。

【扇風機の事例】

暑い時期、扇風機を使う方も多いでしょう。

扇風機という塊を漠然と見るのではなく、そのファンの背面を観察してみましょう。

空気が取り込まれる背面側のカバーに埃が付着しているのが確認できると思う。また羽根そのものにも付着しているでしょう。

清浄度の低いクリーンルーム内で大型の扇風機を使っているところも見かけるが、これも同じです。

　背面カバーに防塵紙を当ててみると、埃が転写する場合もある。カバーの吸われる手前側にたくさん付着しているからです。

　ファンのカバーに衝撃を与えると、その埃が舞って、扇風機の前面に吹き出し広範囲に飛散する。パーティクルカウンターで測定しながら衝撃を与えると、確認ができる。

　その下流に製品があると、品質に影響するかも知れません。

〈参考〉

　このような話をすると、クリーンルーム外にパーティクルカウンターを持ち出そうとする人もいるかも知れません。しかし、一般の部屋にパーティクルカウンターの持ち出しはしないことです。

　普通の会議室などでは、1cf/m（1分間に、約28.3リットル：1辺が1フィートの立方体の体積の空気を吸い込みカウントする－米国連邦規格による測定方法）を0.3ミクロン、あるいは0.5ミクロンの粒径でカウントしてみると、30万個から50万個くらいある。

　このように、日ごろ会社で生活している雰囲気では埃は目に見えにくいですが、ゴミだらけということです。これでは、パーティクルカウンターの故障に繋がるのです。

　裏返すと、"ゴミを嫌う製品は、クリーンルームという奇麗な環境で製品製造をしないと、まともな製品が作れない"わけです。

　このことは、クリーン化の見方、考え方、なぜクリーン化が必要かのところで説明したことです。

　クリーンルームの壁についているダンパーも風の通り道です。クリーンルーム側に埃が付着しているのが目視で確認できる。クリーンルームと言えどもゴミがないわけではないので、クリーンルーム内の余剰空気がダンパーを通過、排出される時にダンパーに付着するのです。

　清浄度が低いクリーンルーム（乱流方式）は、天井から清浄な空気が供給されますが、まれに天井に吸い込みも併設されている場合がある。その吸い込みを通過する時に埃が付着する。

　クリーンルームは何らかの熱（人、照明、設備）があり、上昇気流が起きま

す。それにより天井付近には浮遊しやすい軽いゴミが滞留します。それが、吸い込みを通過する時に、周囲に付着するのです。そこに着眼し、清掃をしないと、その付着量は多くなり、埃の塊ができる。

　停電、長期連休などで空調が停止した時、ドンというような衝撃があれば、その塊が落ちてくる。建物は地震、台風などでも揺れる。その他のわずかな振動があってもゴミが脱落してしまう。

　その下に製品等があれば、被ってしまう。従って、製品や部品などもカバーを付けて保管することが必要です。

　現場を守る、製品を守るという観点では、固定観念を排除し、様々な見方、考え方で、先を考え事前に対応することが必要です。それでも予測できないことが起きてしまうが、その発生量は減らすことができる。問題が起きてから対応するという、後手では被害が拡大するので、その火消しは大変です。そのままにしておいたらどうなるのかを推測し、予防することが大切です。

【ドアの隙間から気流が外部に排出される箇所がある場合】

　クリーンルームや、クリーン廊下のドアを開けると、一般の廊下という場合もある。

　前室を設けていないクリーンルームです。

　クリーンルームに設備を搬入、搬出することを考え、前室が設けられている。

　そのドアは、完全に密閉できればよいのですが、わずかに隙間がある場合もある。使用頻度が多ければ、蝶番の劣化により隙間が発生、拡大する。大抵はドアの上が周囲に接触し、下側に隙間ができる。その隙間を通ってクリーンルームの空気が室外に漏れる。その個所を外側から懐中電灯を使い、斜光で見てみましょう。

　リークがあれば、びっしりと埃が付着しているのが確認できるでしょう。空気が外に出た途端巻くので、ドアに付着するのです。

　これはクリーンルームだけではなく、会議室などでもドアを通過する風によって同じようなことが起きる。気流の流れる方向を糸で確認し、埃の付き方を観察すると、この気流の場合はどちら側に埃が付着するのかということがわかる。それが自分の体験学習であり、小さなノウハウになるのです。

そしてこの小さな積み重ねが、クリーン化技術という大きな塊になる。一見、感性が優れている、ものの見方が違うと思われる人は、天性ではなく、人に見えないところで努力しているのです。

そのノウハウが説得力に繋がるのです。こういうことを大切にしたい。米作りに例えたクリーン化のところの、水面下の部分です。

1. 設備のファンも要注意

設備には、冷却ファンがついているものがある。

冷却ファンは、内部の熱を排出しながら設備を冷やすタイプ、逆に設備内に周囲の空気を吸い込み冷やすタイプがある。このファンも空気が通過する場所なので要注意です。

吹き出すタイプは、設備内で発生したゴミも一緒に吹き出す。その場合、吹き出し付近の清浄度が低下し、軽いパーティクルは上昇する。

逆に吸い込む場合は周囲の悪い雰囲気も吸い込むので、設備内が汚れる。

ファンは、設備の下の方に設置されている場合が多い。どちらのタイプも一長一短がある。

【トラブル事例】

設備のファンから内部の汚れも一緒に吹き出すので、そこに静電シート（静電対策されたビニールシート）を取り付け垂らした。これでゴミは飛散よりは落下するだろうと考えた作業者の改善（飛散防止の考え方）です。

ところが、そのファンは吸い込むタイプだった。その静電シートが吸われ、ファンに密着し、空気の取入れができなくなった。これでは設備を冷やすことができず、逆に設備内部の温度が上昇し、設備が停止したという例です。

たかが気流、空気の流れですが、その中には考えようによっては、様々な見方、考え方ができる。気流は目に見えないので、意識する人は少ないですが、見えないものが製品品質に影響している場合もある。ものづくりの現場では、気流の管理も見逃してはいけないのです。

このようなことは地道にやってもなかなか評価はされません。

米作りに例えたクリーン化というところで説明したかったのは、そのような

水面下の努力を評価し、光を当てたいという思いがある。

　名のあるお米も、それを作るお百姓さんの地道な努力があることを忘れては
いけないのです。製品品質の作り込みは、現場で実現するのです。

　余談だが、私の気流測定でのちょっとした事例を紹介する。

　層流方式のクリーンルームの気流を確認しようとした。当時、私を指導して
くれた先生が、「これを使いなさい」と言ってゴミや埃の出ない釣竿を貸して
くれた。

　それを使ってクリーンルーム内で気流を確認していたところ、年配の人が
寄ってきて、「こんなところに釣竿を持ち込んで、ふざけているんじゃない！」
と叱られてしまった。

　そこで、その場所で起きている品質問題を探るため、気流確認をしていると
説明、具体的に糸の流れを見せて説明した。そしたら納得してくれて、気流の
影響などに興味を持ってくれた。

　ある時、室内の隅で気流によりゴミが渦巻いているのに気が付いて、屈んで
観察していた。

　するとその方が"具合が悪いのか"と寄ってきたことがあった。それ以来、
その方と気軽に話ができるようになり、様々な情報も提供してくれるなど、現
場の情報を得やすくなった。

　アンテナが一つ増えたのです。若い頃のこのような経験の一つひとつが、現
場診断、指導に繋がっている。現場が一番情報を持っているので、これを活用
したいです。

　現場で実際にクリーン化活動を始めると、いろいろなことに気づく。

　そこで、手当たり次第に着手すると混乱して、収拾が付かなくなる。

　特にありがちなのは、クリーン化とはこんなことだろうと表面だけ捉え、着
手してしまう例です。

　また、単に掃除のことだろうという思い込みもまだあるので、クリーン化を
理解し、手順を確認しながら進めましょう。

　次のステップに進んで、それまでのステップの進め方が不十分だと思えば、
そこに戻れば良いのです。

どのような順序で取り組んでいけば良いかを下図を使い概略を説明する。詳細は後に回すが、ここでは全体像を確認ください。

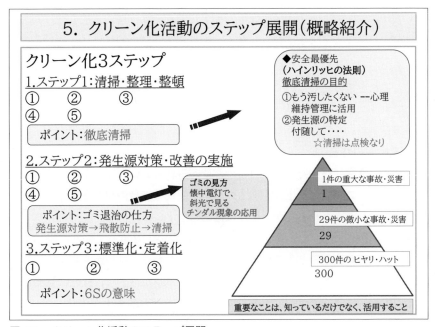

図-21　クリーン化活動のステップ展開

この３ステップで進めると、今どこをやっているのか、何をやっているのか確認できるので活動しすい。

あまり細か過ぎたり、ステップが多いと混乱するので、シンプルに考えましょう。

この考え方は、クリーンルーム内に限ったことではなく、ものづくりの現場であれば、どのようなところでも使えます。

【ステップ１：清掃、整理、整頓】

現場全体の清掃を実施する。これがスタート地点です。そして、必要なもの、不要なものを分け、不要なものは室外に出し、残ったものは、整頓します。

この徹底清掃には二つの目的がある。

① 徹底清掃し維持管理に活用

ここでは、中途半端な清掃ではなく、徹底的にやることです。

徹底的に清掃することは、相当大変なことです。特に今までやったことがないとか、簡単な清掃程度で済ませていたという場合は、相当苦労するでしょう。

すると、もうあんな苦労はしたくない。もう汚したくないという気持ちになる。その心理を活用し、汚れる前に清掃する。定期的に清掃することに繋げていく。これを標準化していくことで、その良い状態を維持管理していくということです。

② 発生源の特定

苦労して奇麗になったのに、特定の部位が汚れるという場合がある。

つまり、その付近に発生源があるのです。これまでは汚れが堆積していたので、それに気づかなかったが、今度は確認しやすいわけです。

例えば、「私の車は何だかオイルが漏れるみたい」と言って修理工場へ持って行って、汚れ放題のところに車を置いても、なかなか見つかりません。ところが、ピカピカに磨かれた床の上に置くと、オイルが落下し、虹色に見える。

その上が発生源なのです。「ああ、このチューブの継ぎ手が劣化している」という風になる。これは修理工場の人と一緒に見れば、自分も納得する。

それを "チューブ交換しておきました。修理代はいくらです" と言われてもピンときません。

現場では、"発見し、それに対策を講じる。するとそこには汚れが付着しなくなる" という改善の効果が見えて来る。発生源の特定、改善や対策、効果、成果の一連のやったことが繋がるので、やりがいがあるでしょう。その発生源を見つけ対策を取っていくのは次のステップです。

このステップをまとめると、

1）徹底清掃をすると、もう汚したくない、あんな苦労をしたくないという心理が出てくる。それを活用し、汚れる前に清掃する。そして定期的な清掃をすることで、維持管理に繋げていくこと。

2）どんなに奇麗にしても、部分的に汚れるところが見えてくる。それを発生源の特定に使う。

　このステップは、徹底清掃がポイントですが、安全最優先で進めることが最も重要なことです。「さあ大掃除をしなさい」といきなり号令をかけてしまうと、あちこちでケガや事故が起きてしまうかも知れません。

　清掃は重要な仕事という認識は薄いことに加え、あまりやりたくないという人も多いでしょう。すると、"私はクリーン化をやったためにケガをした"という被害者意識が増幅し、段々距離を置くようになってしまい、全員活動ではなくなってしまいます。そうならないために、安全教育をまずやっておくことです。

ハインリッヒの法則について

　図-20 中のハインリッヒの法則は、米国の損害保険会社のハインリッヒという人が唱えた法則です。

　1 件の重大な事故や災害が発生したとすると、その背後には 29 件の微小な事故、災害がある。その背後には 300 件のヒヤリハットが存在するというもので、1：29：300 の法則とも言われます。災害の出現率のような捉え方です。

　安全教育では、必ずと言って良いほど紹介されるので、これを知っている方は多いでしょう。それだけにとどめず、活用していただきたいのです。

　"知っている"というのはひとごとで終わってしまうかも知れません。そしてヒヤリハットだったものが、微小災害になり、やがて大きな事故、災害に繋がってしまうかも知れません。自分のこと、自分の職場のこととして捉えると、具体的な行動に繋がる。

　例えば、作業者の、「今日の朝掃除の時、作業台や設備の下に潜ったら、頭を打ちそうになったとか、作業台を拭いていたら、隣の作業台との隙間に指が挟まって切れそうになった」。

　あるいは、「脚立に上ったら、グラグラして危なかった」という話を聞いたら、これはヒヤリハットです。放っておくと微小災害だけでなく、大きな災害に繋がるかも知れません。その時点できちんと再教育をすることです。

　薬品を使った清掃では、必ず保護メガネ（できればゴーグル型の方が良い）、薬品用の前掛け、エプロンをする。脚立に上る場合、脚立が広がらないよう必ずロックし、一人は脚立の脚を捕まえ支える。電装系は担当者以外は触らない

など、その現場で必要なことは、あらかじめ指導、教育しておく。

　また、言っただけでなく、巡回し不具合があればその場で指導することが重要です。

　指導を後回しにすると忘れてしまったり、その人に伝える力が弱くなってしまう。

　ある会社にクリーン化診断、指導に行った時、安全について話す機会があった。

　次に訪問した時に、作業標準書を見せてもらったところ、その標準書の一番上に、"やらなければいけないこと"、"やってはいけないこと"が書いてあり、そこには安全のことが記してあった。

　"この作業開始前に必ず保護メガネをすること！"という風に。安全最優先の意識であり、その仕組みの一部です。

【良くある微小災害の例】

　カッターナイフの扱い中に手を切る事故。

　これはかなり多いです。子供でも使うものなので、特に指導の必要性を感じていないのでしょう。でも、単に切り傷程度で終わらず、深く切って出血が止まらない。あるいは筋を切ったと言う例も聞いている。もしかすると、一度や二度そのような経験をした方もいるのではないでしょうか。潜在的にはかなり多いでしょう。

　セロハンテープ台のギザギザを使ってテープを切る場合、この部分で手を切ることもある。

　あるいは、何かを切った、その切り屑を吹き飛ばしたところ、向かいに遮蔽物があり、跳ね返り自分の目に入った。

　ドアの開閉の時、向こう側の人にぶつかったなど、身の回りには数えきれないほどのヒヤリハットがあり、その先には微小災害が出番を待っています。

　安全第一という掛け声だけでなく、実際に自職場の点検を行いたい。

　子供たちの通学路の安全確認を、子供たちの目線で実施しているように。

　水や純水で作業台を拭く場合、薬品は使用していないので油断しがちです。

　ところが拭いた水が跳ね返り目に入った。その水の中に金属粉や様々な異物

が含まれていて炎症を起こし、眼科にかかったとか。このようなことも労働災害になるかも知れません。

　単純な中にも見落としてはいけないことがあります。本人も嫌な思いをします。

　会社にとっても有形、無形の損害があります。"問題は小さなうちに芽を摘む"ということが良く言われる。恐らく経験的なものから発生した言葉でしょう。

　一つの事象を見たらそのままにせず、一つ先、二つ先を考え、未然防止に繋げる習慣を身に着けることが大切です。

【ゴミの見方】

　クリーンルーム内でゴミを簡易に見る方法として、懐中電灯を使い斜光で観察する方法がある。どんなに小さなゴミであっても形がある。懐中電灯で斜めに光を当てることで、そのゴミに影ができ存在を確認しやすくなる。

　例えば真夏の昼、外に出ても真上からの太陽光では自分の影はできないが、夕日などのように斜めから太陽光が当たると、自分の影が身長の何倍にも大きく見えます。この原理を使うわけです。人が懐中電灯を使い、肉眼で見える大きさは、およそ10ミクロンくらいまで、また良く訓練された人は3ミクロンくらいまで見えるだろうと言われる。

　訓練された人は、懐中電灯での斜光の使い方が違うのです。傾ける角度、光を遠ざけたり近づけたりするなど、より影を大きくし確認しやすい様々なノウハウを持っている。

　一方で、懐中電灯も光が広がらない、集光タイプが見えやすいです。

【落下塵の観察】

　懐中電灯を使い斜光で観察する方法は、主に落下塵の確認に適している。

　作業台、製品容器、設備、設備カバー、そして床などの平面上にあるゴミを見る時です。

　この使い方を応用すると、壁面、側面などに付着しているゴミも観察できる。

　クリーンルーム内の会議机や作業台の裏側を見てみましょう。

浮遊塵や軽いゴミが熱や気流で上昇し、それがその裏面に付着するのです。

　恐らくチェックの着眼点には含まれていないでしょう。盲点です。私も最初に見た時はびっくりしたものです。

　この他、室内の天井のスピーカー（丸いものが多い）も、外周の少し内側を除き全体的に灰色や黒っぽくなっているところがある。これは上昇気流によって上った汚れが付着しているのです。

　層流方式のクリーンルームでも、ゴミは無いわけではなく、場所によっては多くのゴミが確認できる。ゴミが落下する場合は、ある重さを超えたものが落下する。重力沈降と呼ばれる。

　それよりも小さなもの、浮遊しているものでも、静電気で相互に吸着し、重くなると、沈降する。様々な見方をして経験値を高めましょう。

【浮遊塵の観察】

　参考に浮遊塵の見方も紹介する。

　早朝、雨戸を少し開けた時、差し込む光の中に、小さなゴミが浮遊しているのを見たことがある方も多いでしょう。映画館でもスクリーンに向かう光の帯の中には、おびただしい浮遊塵を確認できる。プレゼンテーションなどで使うプロジェクターから発せられる光の帯の中にも、同じように浮遊塵が見える。

　このことは、イギリスの物理学者、ジョン・チンダル（1820年〜1892年）が、"光の通り道に何か障害物があれば、白く濁って見える"ことを発見した。

　その名からチンダル現象と呼ばれている。

　落下塵であっても、光を当て、影をつくりその存在を確認するとは、このチンダル現象の応用です。このように、私たちの身の回りにはたくさんのゴミ、微粒子がある。それを自分の目で確認することで、清掃の仕方も変わります。お金をかけずに、知恵と工夫で活動できるのです。

　クリーンルーム内で、懐中電灯を使う理由は、上記の他、持ち運びのしやすさ、人が入りにくいところ、遠いところも観察ができるなどのメリットがある。

　品質問題が出てから原因を探るのではなく、定期的な現場パトロールを実施したい。懐中電灯を活用し、未然防止、予防保全に努めることも、製品製造面でのロスを防止、また品質向上への貢献に繋がるのです。

【懐中電灯を使う場合の注意点】

　最近の設備にはセンサーがたくさんついています。このセンサーに懐中電灯の光を当てると、設備に悪影響を与えることがある。センサーの光を遮り、設備停止や誤動作を引き起こすかも知れません。使用して良い場所、良い箇所かは技術、品質などの部門に確認が必要です。

　このような意味では、パトロールメンバーに技術、品質、保全メンバーも加えると良いです。

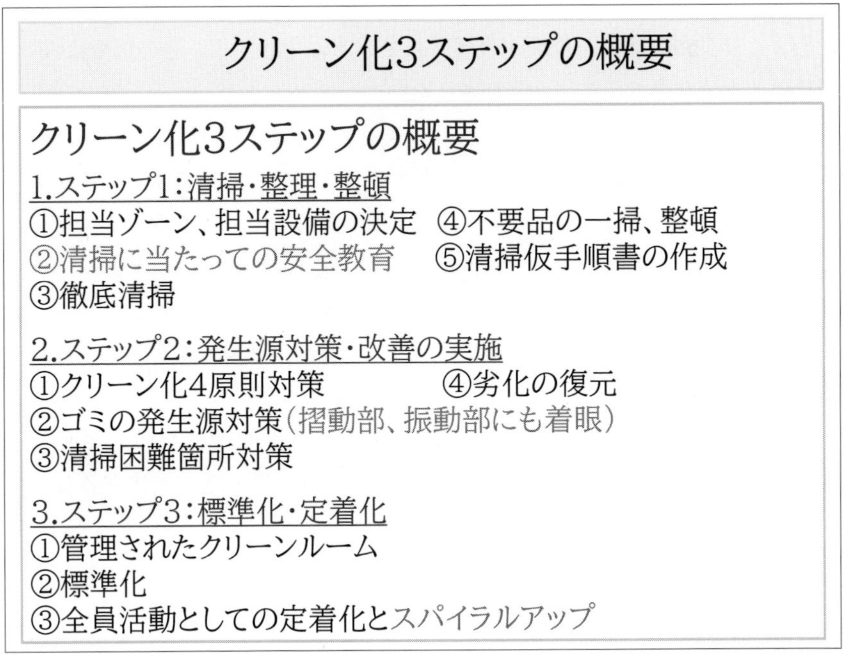

クリーン化3ステップの概要

クリーン化3ステップの概要

1.ステップ1：清掃・整理・整頓
①担当ゾーン、担当設備の決定　④不要品の一掃、整頓
②清掃に当たっての安全教育　　⑤清掃仮手順書の作成
③徹底清掃

2.ステップ2：発生源対策・改善の実施
①クリーン化4原則対策　　　　④劣化の復元
②ゴミの発生源対策（摺動部、振動部にも着眼）
③清掃困難箇所対策

3.ステップ3：標準化・定着化
①管理されたクリーンルーム
②標準化
③全員活動としての定着化とスパイラルアップ

図-22　クリーン化3ステップの概要

　このステップでは、これまで実施してきた対策や改善について、再発しないよう、あるいは元に戻らないよう、標準化、歯止めをすること。それを土台にし、さらにレベルを上げていくことです。

　まず、"管理されたクリーンルーム"を目指す。活動は、クリーン化担当や職制の活動ではなく全員参加の活動にし、定着させていくのです。

図-21のステップ３の部分に、"6S"と書いた。これはある会社の事例です。

　その会社を訪問した時、廊下に6S……と記したものが掲示されていた。

　案内してくれた社長に、「6Sって何ですか。私は5Sしか知りません。整理・整頓・清掃・清潔・躾とは違うのですか」と聞いたところ、「そのことですが、躾は非常に難しいので、もう一つSを付けた。それは習慣化のSです。それほど定着させることは大変なんです」と言っていた。

　この躾の難しさは、人財育成のところでも触れる。

　そこまで表現することが必要か否かは別にして、それほど難しいということです。

　恐らく社長の実体験、経験が表現されているんでしょう。その部分は5Sの最後の仕上げなので、しっかり押さえたい。

　また標準化したらそれで終わりではなく、さらに良い標準になるよう修正、改善していく。実情に合わないものは使わなくなってしまいます。標準があるのと、それを使うのとは別だということになってしまうことがないようにしましょう。

　大企業の不祥事の中には、このような問題もあった。

　標準書は、相手に伝わるかどうか、使う人が理解できるのかを考えた表現を意識すること。

　いろいろな解釈ができるものは、使う人によって理解が変わってしまいます。

　"標準は書き換えるためにある" とも言われます。常にメンテナンスしていくことも重要です。

　クリーン化３ステップは、このようにしなければいけないのではなく、実際に現場でやったことを整理したものです。小集団活動でも足並みを揃えるのには使いやすいものです。

　また、TPM活動にある設備保全等の考え方や安全、人財育成についても含めている。

　理論的ではなく、現場目線、現場視点なので、即、現場で使うことも可能です。

　クリーン化というと、とかくゴミ、異物を減らす活動だとの狭義の解釈がされがちです。

　しかし、その活動を充実させるには、様々な知識に加え、安全、人財育成も

非常に重要なキーワードです。そのこともご理解いただきたい。

　概要を記したが、その企業や地方の風土等によっても、進め方や考え方が変わってくると思うので、詳細は省いた。各々の特色を生かしたオリジナルなものを構築していただきたい。

　小集団活動では、職制が先行して活動し、現場活動の手本に使う場合も良いでしょう。

　活動の途中で迷いが出たり、再検討が必要だという場合も、このステップを確認しながら、どの位置にいるのか確認ができます。

　やりながら、自社、自職場にマッチするよう変化させ、独自の技術に育てることも良いです。

　三つのステップが一通り終了したら、また1ステップから始めると良いです。

　その場合は、最初よりレベルを上げていく。その繰り返しで、スパイラルアップしていくと、さらに良い現場づくりができると考えている。

　クリーンルームの方式の違いにより、清浄度向上への取り組み方が違ってくる。

　なんでも奇麗にすれば良いのではなく、効率的、効果的に清浄度を上げましょう。

◆クリーン度の違いによる改善の仕方

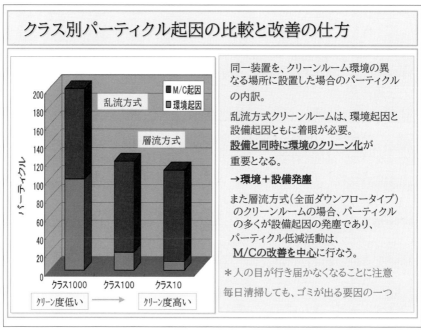

図-23　クリーン度の違いによる改善の仕方

　　上図のグラフの左は、清浄度が低い乱流方式のクリーンルーム、クラス1,000
としてある。

　　また、中央のクラス100、右のクラス10はいずれも層流方式のクリーンルー
ムです。

　　乱流方式と層流方式に大別し説明する。

　　同一の設備をそれぞれのクリーンルームへ配置したとする。

　　清浄度の低いクリーンルームは、清浄化メカニズムは乱流方式であり、それ
だけでも層流方式より清浄度は下がる。加えて、作業者が多く配置されている
ので、人（環境）起因のゴミが多く発生する。昔から"人はクリーンルーム内
での最大の発生源、汚染源"と言われる所以です。

　　注意していても発生してしまうのです。

　　一方で、中央および、右の層流方式のクリーンルームは、設計上は天井全面

から床全面に向かう垂直な気流によって、ゴミが浮遊しにくいです。

　また、人が発生源、汚染源であるので、その人の配置を最小限にし、人が
やっていた作業は搬送システムや運搬ロボットに、設備への除給材も専用のロ
ボットに置き換えられている。

　この違いにより、清浄度の低い乱流方式のクリーンルームでは、人を含む環
境からの発塵に加え、設備からの発塵もある。この両方から改善していくこと
が重要です。

　セミナーなどの場で、"毎日清掃しているのに毎日ゴミが出るのはどうして
か"という質問が出ることがある。

　それは上記の理由から乱流方式では避けられない問題です。手抜きをすると
それらのゴミが蓄積する。そのことを理解し、クリーンルームの清浄度の維持、
管理をしていきましょう。

　層流方式では、乱流方式と同じ設備を設置したことが前提なので、同程度の
発塵ですが環境起因は極端に少なくなる。この場合は、設備発塵に着目し、改
善していくことが重要です。

【層流方式の欠点】

　人を限りなく少なくしているので、設備の異常に気が付かなくなることです。

　気が付いたら大変なことになっていたという場合もある。人は一人で2個の
目玉、五人では10個の目玉で見ている。

　目の周りには数万と言われる神経が集まっていると言われる。目から入る情
報は非常に多いのです。それがなくなってしまうので、日常的な発見が遅れて
しまうのです。

　このようなクリーンルームの場合、作業者だけでなく、管理職、クリーン化
担当、保全担当がクリーンルームに入る機会があれば、意図的に設備に着目し、
早期発見に努めることが大切です。

　もちろんこれらのメンバーが揃ってクリーンルームに入ると、清浄度が低下
するので、あくまでも単独、または少人数で観察する。

　さらに、定期的な清浄度のわずかな変化、パーティクル起因の品質状況の変
化などから現場を監視することも重要です。

特に清浄度の高いクリーンルームでは、わずかな変化をどう捉えるかが重要です。

データを見る側も、小さな変化を見逃さず、敏感に反応したいものです。先のクリーン化パトロールなどのメンバーの連携、情報交換もクリーンルーム管理では重要になる。

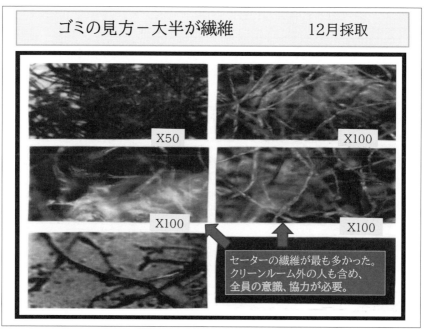

ゴミの見方－大半が繊維　　　12月採取

X50　X100　X100　X100

セーターの繊維が最も多かった。クリーンルーム外の人も含め、全員の意識、協力が必要。

写真：構内廊下のゴミ

これは、30年ぐらい前の写真です。長野県の半導体工場在籍中のこと、ある二次更衣室前に設置されたクリーンマット（除塵マット）の汚れに気づき、調査をしたことがあった。

最初は土のような汚れに見えたが、事実を知りたいと思い、そのゴミを採取し、顕微鏡で観察したところ、ほとんど繊維（セーター）のゴミだった。

この頃の私は、いろいろなゴミを直接見たいという思いがあり、クリーンマットを小さく切ったものをいつも持っていた。

もちろんクリーンルーム用と構内用は区分けしていた。その構内用でこのク

リーンマットから更衣室へと順次遡って採取してみた。その時は、12月で非常に寒い時期だった。遡っていくと徐々に繊維ゴミの量は増えて行き、一般社員が使う更衣室まで延々と続いていた。

　人の行動を観察していると、出勤時更衣室を通るが、社服を着用せず、分厚いセーターで自職場に向かう人もいた。その人たちに聞いてみると、"私たちはクリーンルームへ入らないのだから服装は気にしていない"というのです。

　ところが、ゴミを観察してわかったのは色取り取りのセーターの繊維だった。

　これを歩きながら落とし、それが多くの人の歩行時の風でクリーンルームの方にも、一般事務室の方にも運ばれていることがわかったのです。

　今度は二次更衣室、エアシャワー、そしてクリーン廊下、クリーンルームへと作業者が入る経路を追っていくと、段々少なくはなっていくが、中に持ち込まれているのです。

　多くの人が落としたゴミを、大勢が通行しながらそれぞれの職場に運び、クリーンルームの方へも運んでしまうわけです。

　その押し寄せる大波を、二次更衣室の前に設置したクリーンマットで食い止めようとしても、完全には食い止められないのです。ここではクリーンルーム直前で食い止めようとする水際対策では効果は得られないのです。

　先に記した、「私たちはクリーンルームに入らないから関係ないでしょ」という人たちが一番汚していた例です。クリーンルームに入る人たちは、社内の服装ルールは厳しく守っていても、その他の人たちの人数も非常に多いので、防ぎきれないのです。

　まず発生源、汚染源に対策を講じる、つまり上流からの対応が必要です。上流から少しずつ減らし、最後に二次更衣室前のクリーンマットで食い止めることです。二次更衣室は、クリーンルームの玄関です。ゴミがそこに辿り着く前に可能な限り減らす工夫したい。

　社員全員が製品品質に関わっている。

　クリーンルームの関係者だけが苦労すれば良いのではなく、全社で共通の認識が必要です。

　この時のことは総務部門に音頭を取ってもらうよう依頼した。クリーン化教育も全社員を対象として、必要性、重要性を認識するようにしましょう。

さて、皆さんのところはどうでしょうか。どんなゴミが見つかるでしょうか。

　恐らく問題ないというところはないでしょう。ゴミの存在、その中身を認識することで、改善、対策が変わってきます。

　クリーンルームの玄関である、二次更衣室のゴミの事例の紹介です。

　あるものづくり企業から、現場の診断を依頼された時のこと。

　二次更衣室で防塵衣、手袋を着用して、エアシャワーのドアノブに手をかけた時、靴底に違和感を持った。その床のゴミを採取し、観察した事例です。

　顕微鏡で観察したところ、下のようなゴミが確認できた。

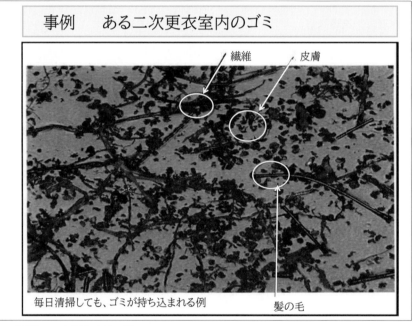

写真：二次更衣室のゴミ

　細長いくねくねしたものは繊維、輪郭がはっきりしていて、やや直線的なものは髪の毛、そして丸い粉のようなものは皮膚です。

　二次更衣室では、防塵衣の着脱が行われるので、このようなゴミがあっても不思議ではないが、その量は異常です。特に皮膚のゴミは多すぎる。

　エアシャワーを浴び、クリーンルームに入る時に、このゴミが靴底に付着し

236

持ち込まれまる。

　皮膚が多い理由は、エアシャワーのドアノブをガチャガチャと扱うので、その時に手袋をしていても、防塵衣の袖と皮膚が擦れ、剥がれ落ちたものと推測できる。

　その作業エリアは手作業が多い工程だったので、手からの発塵、飛散を考慮し、二重袖の防塵衣を採用していた。これらも相互に擦れることで剥がれた皮膚です。

　手袋もインナー、アウターと二枚重ね。袖も内袖と外袖の二枚重ね。それらと皮膚が擦れるだけでなく、ドアノブに触れる方の手に腕時計をしていれば、そこでも擦れ強制発塵の原因になる。

　もちろん、手袋や防塵衣の袖が二重になっているのは、それらの重ねの工夫で、防塵衣内から発生したゴミを外に漏らさないようにするためですが、そのルールはなかったので、防ぎ切れないのです。

　その工夫がされていない（何のために二重になっているのか理解していない）現場では着用方法がばらばらであり、ゴミが漏れ放題になる。その結果、前記のように、特に皮膚のゴミが目立つわけです。

　昔、日本空気清浄協会のレポートを読んだ時、“人の皮膚は３日に一度置換する”とあった。

　３日に一度程度、古い皮膚が剥がれ落ち、新しい皮膚に置き換わるということです。

　それはいつ、どこで剥がれ落ちるかわからないが、この例のように、強制劣化させている場所では特に多いでしょう。皮膚は単にゴミというだけではなく、人特有の異物が含まれている。

　特に清浄度の高いクリーンルームでは、微細な製品への影響があるので、厳しく管理されている。

　皮膚が剥がれるのは、このような事例の他に、夏の日焼け、冬の雪焼けなどもある。

　比較すると、夏の日焼けの方が影響は大きいのです。

　品質への影響を避けるため、クリーン化４原則の中に“日焼けしている人、あるいは日焼けがひどい人はクリーンルームには入らない”ということをルー

ルにしているところもあります。

　236ページの写真を良く見ると、髪の毛の直径よりも皮膚の方が数倍も大きいのです。肉眼でも見える大きさであり製品品質には影響します。

　ある現場で客先からの現場監査があった。監査終了後の報告会でのこと。

　そのお客様から、「この職場の○○工程の○○設備の前に髪の毛が１本落ちていた」と指摘があった。お客様が退席してから、職制の中には、「そんな小さなことをいちいち指摘するのか」とか、「その場で指摘すればいいじゃないか」という声が出た。それを聞いていた他の同席者も同じ反応だった。

　それを聞いていた職場の責任者が、「あの指摘は、小さなことをほじくるように指摘したというのではなく、この職場にはゴミを見つける、そしてそれを掃除する文化、風土がありますか、ということを言っているんです」と周囲の人たちをなだめたそうです。

　そうしないと不満ばかりが増幅し、その後の取り組みが良い方へ向かないと考え、咄嗟にその考えを表に出した。素早い対応だったと思う。

　クリーン化では、“少しでも良くしたい”という気持ちの積み重ねが重要です。“この程度はまあ良いか”では、環境は悪くなってしまいます。被害者意識を取り除き、全員の気持ちをどう揃えるかも品質に影響します。

　“品質は人の質、人の質は心の質”だと考えている。

　先ほど髪の毛の直径よりも、皮膚の方がはるかに大きいと記した。髪の毛の拡大写真をご覧ください。

　これは、私の髪の毛です。直径約100ミクロンです。

　床屋さんでは少し硬い髪の毛と言われたことがあった。その分やや太いのかも知れません。

　女性のしなやかな髪の毛は80ミクロンくらいだと言われる。

　この表面には鱗状の模様が見える。よくシャンプーのCMに出てくるキューティクルと呼ばれるものです。これも剥がれるのです。

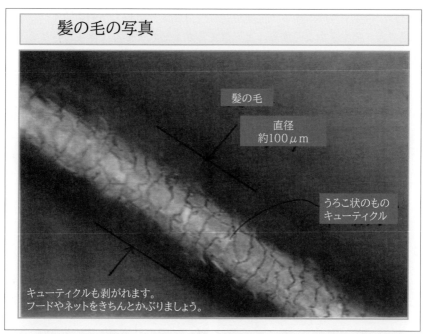

髪の毛の写真

髪の毛

直径
約100μm

うろこ状のもの
キューティクル

キューティクルも剥がれます。
フードやネットをきちんとかぶりましょう。

写真：髪の毛の拡大写真

　髪の毛の直径と比較すると30ミクロン以上はあるでしょう。

　この直径よりも皮膚は大きく、2〜5倍、あるいはもっと大きいものまである。つまり200ミクロン以上あるのです。

　そうなると注意していれば目視でも確認できる。クリーンルームの中では、髪の毛は大きなゴミですが、直径で比較すると、皮膚はそれより大きなゴミです。しかも大量に見つかったわけです。

　皮膚や髪の毛は、製造している製品によっては、支障が出る大きさであり、さらに塩分他含まれるものも様々あるので注意が必要です。

　このようなことを理解していないと、防塵衣のフードから髪の毛が出ているような着用のし方をしていたり、髪の毛を出すことがお洒落だという人までも出てきます。

　何のために防塵衣を着用するのかが理解されていない。または教育がされていないということです。防塵衣という白い服を着用して安心するという例です。

ゴミが出たら掃除で除去する前に、そのゴミを観察してみるとゴミの内容が確認でき、発生を少なくすることに繋がるかも知れません。皆さんのところの二次更衣室やクリーンルーム内はどうでしょうか。

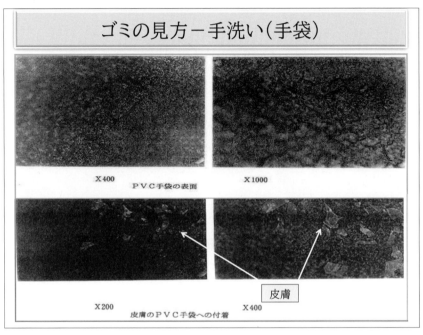

写真：ゴミの見方−手洗い（手袋）

　この写真は、半導体製造のクリーンルームで作業に使っている手袋に付着したゴミの例です。インナー手袋、その上にアウター手袋と重ねて着用している。
　そのアウター手袋に付着したものです。
　今の先進の工場では自動化が進み、手作業はあまりないでしょう。
　しかし、クリーンルームであっても古くから稼働している工場や、乱流式のクリーンルーム内で製品製造をしている現場では、まだまだこのような例は多いでしょう。
　あるところではクリーン化のルールの中に、"手袋で皮膚や髪の毛に触らない"という項目があった。そこで、実際にどのような問題が起きるのか、確認してみたのがこの写真です。

　まずこの手袋の表面観察を実施したところ、表面に滑り止めのしわが確認できた（上段）。しわのないタイプのものも取り寄せ、実際に作業してみたが、滑りすぎて、治具、製品容器などを、うまく掴むことができず落としてしまった。これでは作業には向きません。

　しわのあるものは確実に掴むことができる。

　そして、“皮膚や髪の毛に触れないこと”という記述に対し、触れたらどうなるのか実際にやって顕微鏡観察した。

　これは私の顔の皮膚です。皮膚の角質が確認できる。

　また良く観察すると、皮脂も付着している。その汚れが付着したまま真空ピンセットやウエハー入りの容器（カセット）に触れると、転写してしまうおそれがある。さらに製品にまで付着することも考えられる。

　真空ピンセットの先端を手袋で掴むという動作もたまに見るが、これでは人為的にウエハーに手袋の汚れを付着させているようなものです。その皮脂は水（純水）洗いでは奇麗に除去できない。

　特にしわの溝に入り込んだものは確実な除去ができない。

　現場によっては、純水にエチルアルコールを混ぜたものを用意し、そこで手洗いをしているところもある。

　これは汚れの除去以外にもう一つの目的がある。

　半導体製造では人体に有害な薬品も取り扱うので、安全面での活用です。

　手袋に破れ、穴あきがあっても気づかない場合がある。そこでクリーンルーム入室時、アルコールを含んだ水で手洗いをする。このような不具合があれば、手袋内に浸み込んだ時、水で濡れる感じだけではなく、アルコールによってスーとした感じを皮膚が検知するので、より気が付きやすいという理由です。

　ルールはやらなければいけないこと、やってはいけないことを端的に記したものです。

　それには理由があるので、それを理解すること、あるいは教育に含めることが必要です。

　なぜを知らないと、ルールを無視することが起きる。

　ゴミの見方の最後に“合理的、効率的なゴミの分析”について解説する。

肉眼で観察し、それが何かを確実に判断できる場合は良いですが、不明なもの、曖昧なものは顕微鏡などで確認する。

　それでもまだ不明であれば、分析してきちんと特定することが重要です。そうしないと真因に迫ることができないばかりか、誤った情報により改善、対策が取られてしまうかも知れません。

　誤った情報で改善、対策をしてしまうと発塵源を食い止めることができず、ゴミは出続けるかも知れません。

　その分析について以下に示した二つの例を参考に、私が考える合理的効率的な方法を解説します。

　長年現場を這いずり回り、その過程で現場、技術、品質部門の対応も見てきた。

　その対応の仕方は大別すると、この二つです。結果的には、**ゴミの分析は現場に足を運ぶことから始めることが合理的、効率的**だと考えています。

参考： 分析について

◇合理的・効率的なゴミの分析について

ゴミを分析する場合

技術・品質部門の対応（分析担当の事例）

① 自ら現場に足を運び、三現主義で、
　　現場を見ながら採取し、分析する。
　　・異物が何かある程度推測できる。　　　…良い例
　　・分析結果はその推測の裏付け。

② 現場にゴミを採取させ、分析だけを担当すると、
　　誤った結果や、真因究明に時間がかかる。
　　もしくは究明出来ない場合があり、正確さ、効率ともに悪い。

　分析担当の言葉
　　◇事実は現場にある、だから現場に足を運ぶ

図-24　分析について

1. 現場に事実がある。だから現場に足を運ぶ

　私が赴任中に在籍していた品質保証部門には分析担当もいた。学生時代から分析を学んでいたとのこと。分析結果や原因の特定など様々なことにアドバイスをもらっていた。

　この担当者は、前図の①に記したように、現場からゴミの分析依頼があると、必ず現場に出向き、「分析したいのはこれですね」と確認し、対象のゴミを採取しながら、その周囲の環境も良く観察していた。

　その時、「このゴミは、金属のゴミです。分析するとSUSが出ますね。このスライダーが擦れて発塵しているので、発生源はここですね」と周囲の人に説明し、その部分も見てもらうわけです。

　金属粉の場合、普通の微粒子と違い、同じ大きさでも重量があるので、その環境では飛散するより、ほぼ真下に落ちることも含んで判断しているわけです。

　あるいは、繊維の千切れたものの場合、その付近で使われているワイパーの繊維ではないか。設備の鋭角の部分にも千切れた繊維がある。それと同じではないか。そこからワイパーの使い方や、不織布や化学繊維の選択に問題があるのではないかという風に指摘するわけです。

　このように長年の分析の経験に加え、現場もセットで見ているため、過去の分析データが頭の中に入っているのです。そして蓄積されているのでしょう。

　ただしこれだけでは説得力が弱いので、きちんと分析する。その結果、「やっぱりSUSでした。SUS-×××でしたよ」と言って、データを見せると納得するのです。

　つまり現場で推測ができ、分析でその裏付けが取れるわけです。しかも効率的に短時間でできるのです。この過程で、現場を納得させるだけでなく、自らの推測にさらに自信を積み重ねることができるのです。この繰り返しから、推測したことは高い確率で当たっているわけです。

　この分析担当は海外の工場、拠点からも現場診断の要請があると出かけていた。現場診断の時、分析装置を背負っているようなもので、不具合を指摘するだけでなく、その場でこのゴミは○○ですと言ってくれる。

　受け手である現場側も改善や対策に素早く対応できるわけです。状況によっては、現地に滞在中に、発生源の究明やその改善、対策結果の報告を受けるこ

ともできるのです。

　また、その結果に対し、アドバイスできることもあるのです。

　最初のところで、"三菱電機のCATS"のことを紹介したが、それを一人でやっているようなものです。

　その分析担当の思いは、**"現場に事実がある。だから現場に足を運ぶ"** のだそうです。

　現場に行けば、設備の不具合だけでなく、治工具、作業条件、人の動き、製品の製造方法、管理者や作業者の考え方など、様々なこと、見えるものがあるということです。

　単に分析するだけでなく、技術、品質部門の課題を拾い、持ち帰ることもできるわけです。

　依頼されたゴミを淡々と分析し、得られたデータをそのまま提示するという事務的な作業ではなく、多面的に見たり、改善、対策に繋がる幅広い情報を提供するという、**次の行動に繋がる分析活動**なのです。現場の不具合と、ゴミを対比させたり、繋げたりして説明してくれるので、わかり易かった。

　自分の周りのもこんなに大勢の先生がいるのです。

2. 現場との良好な関係で日常的な情報収集

　現場からの分析依頼があった時の技術や品質の対応事例です。

　現場から分析依頼があった時、「分析してやるから、そのゴミを採取して持ってきなさい」という例です。

　そのゴミはどんな環境で採取されたのか、色々混じっているが、どれを分析すれば良いのかわからない。いざ分析を始めると、数十、あるいはそれ以上のものが出て来てしまう。

　分析装置は非常に高額で、何台も用意するわけにはいきません。

　その設備を一人が長時間占有し、得られたデータは机の上に並べきれないほどたくさんになる。時間をかけたわりに、真因究明にまで辿り着かない。そしてそのまま曖昧になってしまう。

　もしくは誤った結果が出てしまうことになってしまう。またやり直しになってしまうかも知れません。これでは効率的な分析はできません。現場に対して

も説得力はないのです。

　まず現場に足を運ぶことは、合理的、効率的な分析に繋がるのです。

　ぜひ現場に足を運び、現場の環境を確認したり、現場の人と話をしてみましょう。

　日常の会話の中で、新たな事実や貴重な情報も得られるかも知れません。加えて、現場との良好な関係ができ、日常的な情報収集のアンテナもできるでしょう。

現場診断・指導について

　現場診断は、以下のパターンが考えられる。

　1. 客先からの監査を受審する場合（監査を受ける立場）

　2. 自分たちが他社の現場を診断する場合（監査をする立場）

　3. 品質レベルを向上させるための定期監査（内部監査）

1. 客先からの監査の受審（監査を受ける立場）

　客先、つまり取引先による現場監査です。

　一般的には机上の監査（書類上の監査）と現場監査がセットで行われる。

　客先からは、自社に納入される製品を製造している現場の環境は、どのように管理されているかチェックする場です。そこで厳しい指摘をされることがあるので、事前に現場を確認し、良い状態にしておきましょう（本来は監査があるからやるのではなく、日常的に良い状態にすべきです）。

　監査する立場では、小さなことでも指摘される場合がある。

　"問題ありません" と言ってくれることはほとんどないでしょう。

　監査者はたくさんの現場を見ている場合もある。また、"現場を見る力がないのか" と言われたくないという心理もあるでしょう。書類上はあまり目立った指摘がなかったとしても、それらに従い製造する、製品を具現化するのは現場だからです。その現場がどうなっているのかは、監査する側としては気になるのです。

　監査に立ち会う、あるいは現場診断を依頼される機会もしばしばあった。

　現場を良く観察すると、様々な改善事例を目にして感動したり、不具合を発

見することがある。

　同じ場所をチェックしても、日々違う顔を見せるのです。

　このことから、"現場は生きている"と感じることが多々あった。また、今日現場を見られるので、慌てて清掃したようだということも、ある程度推測できる場合がある。恐らく監査者もそのような目で見ているのだと思う。

　客先という違った目で現場を見られると、どんなに奇麗にしたつもりでも、指摘されてしまうのです。

　監査者は、他の取引先の現場も見ていたり、経験が豊富な方の場合は、それまでの経験も含め、多面的に見ることができるのです。表面だけ繕う、隠す、そして言い訳をするのではなく、その場を学ぶ場として受け入れ、レベルアップに繋がるようにしたいものです。

　あんなことまで指摘するのかと批判的になると、被害者意識が増幅し現場の活動さえも低下してしまいます。それよりも謙虚に受け入れ、自社の現場レベルを改善していく方が客先への印象も良いと思う。また現場のものづくり基盤は強固になるでしょう。

　受審側が謙虚であれば、保有しているノウハウや事例を公開してくれることもあるでしょう。

　そうでなければ、あそこは……ということになって取引にも影響が出るかも知れません。

　ここは対応の仕方の分岐点です。そのようなことを踏まえ、これから説明していく内容を現場の見方のポイントに加えていただきたい。

2. 自分たちが他社の現場を診断する場合（監査をする立場）

　取引先の監査は、客先からの監査を受審する場合（監査を受ける立場）とは逆の立場です。

　不具合を見つけられる力があるかどうか。つまり、自社へ納入される製品の品質が十分確保されているかどうかの確認の場です。

　机上の審査では、品質の作り込みが正常にできるかどうか、書類上の確認をする。

　それが現場での製造、管理に連動しているかという紐づけが重要です。書類

は完璧だが、その通り実施しているかどうかは、現場に入って確認しないとわからないのです。

　従って、監査する側には技術や品質部門のメンバーだけでなく、現場を良く知っているメンバーを含めることです。現場を知り尽くしている人なら、不具合の発見もできるでしょう。それを指摘する場合や、相手が理解できていないと判断した場合、その場で理路整然と説明ができるでしょう。

　こうなれば、相互の関係は、指摘する人、される人という立場よりも深化した関係が構築でき、品質向上も期待できる。監査の受け手側が現場をきちんと管理できていない場合は、指摘内容が理解できず、先ほどのように、こんなことを指摘されたという被害者意識が増幅します。

　また、逆に監査側が不具合を発見しても、説明できないので指摘はやめておく、というのでは相互にマイナスです。そうすると気持ち良く改善や対策の実施がされません。この気持ちが起きてしまうことは、その現場でのロスであり、現場力の後退にも繋がりかねません。

　取引関係は、相互信頼で成り立っていると考えても良いでしょう。大きく見るとその繋がりが"強いサプライチェーン"になります。

　事前に、自社に納入されている製品の品質状況（クレーム、品質問題など）の把握、それに関連しそうな作業、設備、環境などを拾っておくとか目星をつけておく。それを中心にチェックしていきます。もちろんそれだけではなく、現場全般を見ます。

3. 現場レベルを向上させるための定期監査（内部監査）

　自社の製品品質を向上させていくには、自社でも内部品質監査の仕組みを作り、定期的に実施、改善していくことが大切です。

　自職場だけでやる現場パトロールはどうしても甘くなり、まあいいかとなってしまいます。

　また、毎日見ている現場は、それに目が慣れてしまい、不具合に気づく力も低下します。それを内部監査で拾うわけです。

　他社とのやり取りがある場合は、監査を受けるたびに成長していくが、自社内で完結する製品は、客先監査の場がないので、現場管理も甘いと感じる。内

部的に処理できることが多いと品質ロスに繋がるのです。その差を埋めるためにも、内部品質監査は必要です。

　この監査は健康診断と良く似ていると思う。

　会社に在籍中は年に２回の健康診断があった。日ごろは自己管理なので、「今日はたばこの量が多いかな、まあいいか」とか、「今日は酒の量が多いな、まあいいか」ということで自分に甘くなる（自己管理の甘さ）。

　ところが、健康診断で様々な異常値が出てくる。医者からは、「あなた、このままでは重大な病気になります！」などと厳しく言われるとしばらくは我慢するでしょう。

　ところが時間が経過すると徐々に戻ってしまう。その頃また健康診断があり、医者や健康管理室（医務室）の看護師さんから厳しく指摘される。その繰り返しで、ある程度レベルが維持されるのです。健康管理と健康診断の関係は、現場ではセルフチェックと現場監査の関係に良く似ていると感じる。

　他者が、現場を見ましょうかと提案しても、自分たちでやるから良いですというところは、マンネリ化してしまう。

　よそから指摘されるのは気分が良くないかも知れませんが、他の目を入れることも、ものづくり基盤を強くしていくには必要です。

　因みに、私は煙草も吸わず、お酒も飲めません。

　これまで、現場の監査や診断について説明してきた。

　これらは人財育成の場でも活用できます。

　例えば、監査に行く、あるいは堅苦しい場面でなくても、現場診断・指導の機会があればクリーン化担当や後継者、現場のリーダーなどを連れて行くと良いです。

　このような立場の人には、レポートや写真、論文などを見せて学ばせ、育成しようとしても、印象に残らないとか、なかなかぴんと来ないが、その場に立ち会わせることで効果が期待できる。

　理論よりもその場を直に見せ、現場の不具合を見つけ、内容を説明する。これは生きた教材であり、人財育成の場です。ただし大勢を引き連れてというこ

とは避けましょう。

　このような育て方をすると、日常的に現場を良く観察するようになるだけでなく、現場監査の受審前に、対象の現場を"監査を意識した目"で見てもらうこともできるのです。

　そして改善していく、その積み重ねで当日の指摘事項も減るでしょう。

　また、不具合や着眼点について説明できるようになり、診断する立場、受審する立場、どちらでも対応ができるようになる。

　もちろん、幅広い知識や、多面的な見方、考え方が必要になる。それらは自ら学ぶことも必要ですが、様子を見ながらアドバイスをしていけば良いでしょう。

　説明する立場では、如何に相手に納得してもらうかなど、相手の立場を理解しながら説明することが必要なので、説明の仕方も工夫するようになります。

　つまり、現場を見る力がつくだけではなく、　その個人が育つ機会になるのです。

　これはクリーン化以外にも応用、活用できるので、バランス良く人が育つことに繋がります。

他社診断、事前に学ぶ

　さて、私が他社診断する場合のイメージを紹介する。

・会社全体の雰囲気を把握する。

　初めて訪問する場合は、特に事前準備が必要です。

　海外であれば国民性、国内であれば県民性やその地方の風土、習慣などです。

　もちろん完璧にはできないが、それらをもとに、話の切り出しや話題ができる。そこで、事前に把握したことと違う情報が出る場合もあるので、その場で対応方法や話題を選びます。

　違ったということは、その分情報が増えたと捉え、次回、又は別の場でも活用できます。

　このような準備をしておかないと、その会社に着いて、「さあ現場を見せてください」という始まり方になってしまい、監査、診断の場が味気ないものに

なってしまう。

　そうならないよう、監査、診断を価値ある時間にするための準備をしておきたい。

　文化、風土、習慣を把握しておくと、言葉選びもスムーズにいきます。

　国内では、表日本と裏日本の違いを感じる。私の勝手な思い込みかも知れないが、日照時間にも関係しているように感じる。従って、話のやり取りができているのかの把握も重要です。

　その会社の受付に到着し、担当者が迎えに来るまでの間に周囲を見たり、廊下を歩きながら清掃状況も確認する。会社の構内が奇麗に見えたり、清掃が行き届いていると感じる時は気持ちが良いものです。また、すれ違う社員の挨拶や様子を見て、雰囲気が明るいなどと感じると、会社と社員の関係は良いだろうなと感じます。

　応接室や会議室に案内されて行く時、一般の事務室の中が見えることがある。

　すると"事務室も奇麗だ。これは今日の診断も厳しく見よう"ということになるのです。

　客先監査で割と多いのは、現場だけをその日に合わせ奇麗にしておくという例です。

　現場を良く見ている人が見ると、今日のために慌ててやったのか、日常的に管理されているのかはある程度推測できる。

　一般の事務室などでも奇麗にしてあるのは、会社全体にその文化が定着していると見ても良いと思います。3S、5Sの定着です。

　こうなると、クリーンルームも日常的に奇麗に管理されているはずです。そこで、緩めの診断をしてしまうと、そのまま最後まで行ってしまい、指摘事項がなかったということになる。

　奇麗に管理されているところは、漠然と診断してしまうとこのような結果になってしまうことも経験した。

　レベルを推測し、その場に合わせた診断に心がけることです。

　奇麗なところは、少し厳しく見て、指摘することも礼儀だと考えている。

　「良いですね。問題ありません」では、そこで成長が止まってしまうからです。現場に入る前にも前述のような雰囲気を把握し、臨機応変に対応したい。

不具合が見つからない場合は、クリーン化４原則に照らしながら、注意深く観察すると、いろいろ見えてくる。

　単に現場の不具合を指摘することだけが現場診断、指導ではありません。

　現場の見方、考え方を伝え、品質や安全、生産、人の育成など様々な繋がりも考えてもらう機会にしたいのです。指導する側も、成長に繋げてもらいたいという思いを込めています。

　現地に着くと多くの場合は応接室、または会議室に案内されます。そこで会社の概要や品質向上に関するテーマなどの情報交換をします。もちろんクリーンの話題が中心です。

　この場には、会社の規模にもよりますが、経営者、あるいは管理職など会社側の立場の方にも立ち会ってもらうことが重要です。

　診断、指導の依頼があった時は、そのことも事前にお願いしておく。

　この打ち合わせの場では、取り組み内容、困っていることなど先方から提示されるテーマ、相談などを聞きながら、雰囲気を把握します。本気度がどのくらいなのかです。

　その重要な時間に挨拶だけで席を外される方も多い。極端な場合は、残ったのはクリーン化担当だけという場合もある。

　あるいは、経営側の方が同席していても、「あなたが掃除の仕方を教えに来たのか？」という場合もあります。まだまだ“クリーン化とは何か”ということが普及せず、単に“掃除のことだろう”という意識の方もいる。

　中小企業の中で、このようなところも多いのが実情です。その原因はいくつかあります。

　まず、『クリーン化技術は企業の競争力であり、そのノウハウは門外不出である』という部分です。中小企業は大手企業から仕事が入ってくるケースが多く、しかも１社だけではなく、複数の企業との取引があるでしょう。

　大手企業は自社内でノウハウを保有、蓄積させていても、取引先へ技術公開すると、その企業を経由して他社に流出することが考えられる。

　また、そのノウハウを他社製品の製造に活用され、他社が恩恵を受ける場合もあるので慎重なのです。

　もう一つ、たとえ大企業であっても、監査者の所属部門によっては指導で

きない場合もある。

　指導できなくても“クリーンルームにすれば品質、歩留まりが向上する”という思い込みや、神話のようなことで、現場のクリーンルーム化を要求するわけです。そして現場をクリーンルームにしても、そのフォローがないと、クリーンルーム内で旧態依然のものづくりをしている場合です。

　クリーン化に取り組んでいる大企業、中堅企業の場合は、クリーン化は仕事の一部であり、ノウハウを保有、進化させている。

　その場で、今説明した内容を話題にしても、「今時そういうところはないだろう」という反応が多いと感じる。相互の狭間に見えない段差が存在するのです。そのことをまず理解してもらうことから始めるが、“クリーン化”という言葉さえ広く普及しているわけではないので、この時間が最も重要だと考えている。

　導入段階に今回の目的を明確にする。曖昧なまま進めないことです。

　私たちのようにクリーン化を長い間やってきた、あるいはそのような環境にいた人たちは、クリーン化は普及している言葉だと錯覚してしまい、いきなりクリーン化の中身に入ってしまう場合があるが、ここでもギャップが起きる原因になっている。

　この会社、現場はどの入り口から入るのが適正なのかを考えることです。

　これは私が在社中に経験したことが多いが、社内では、なかなか信じてもらえない場合もあった。よそを知らない人との会話です。この段差を如何にならすか、現場診断、指導の中での大きな役割だと考えている。

　また、サプライチェーンを活用し、品質レベルを高めていくことにも検討の余地があるのかも知れません。

　単にものの流れの繋がりだけでなく、品質も一緒に流動する。逆に川下からの品質問題等を、そのチェーンを使って遡上させる仕組みを持たせるということです。

　サプライチェーンの機能強化を考えましょう。

管理者の姿勢

　前述の、経営者、管理職の方が冒頭で挨拶しただけでいなくなってしまい、

現場診断の場では担当者だけということも何回か経験した。

　最後のまとめの時だけ顔を出して、何か問題はあったかと聞かれ、事例をいくつか紹介しても、信じてもらえないこともあります。

　「うちの会社にはそのようなことがあるはずはない」という話が出て来てしまう。

　でもあったんですよ、というと、その方がもっと怒ってしまい、「うちではいつも厳しく言っている。君本当かね？」と担当者を吊し上げてしまう。

　今怒っている人は、担当者の上司なのだから、自分の立場も危うくなるので、「それほどでもないです」と濁してしまう。

　すると、その怒っている方も、「そうだよな、うちはいつも厳しく言っているからな」という終わり方になってしまう。それは、自社の現場を見ていないということがわかる。

　この場合、しわ寄せは担当者のところに行くわけで、現場の改善には繋がらないばかりか、担当者も評価してもらえません。経営者、管理職の方が現場診断に立ち合わないと、事例を提示してもそのことが理解できません。

　是非、経営者、管理監督者の方々は現場診断の立ち合いをして下さい。

現場に足を運ぶことについて

　本題から少し外れるが、ここでは経営者、管理監督者の役割、行動を考えてみる。

　以前、トヨタ自動車の豊田章夫社長（当時）が米国で演説した中に、「どんなに優れたレポートよりも事実は現場にあり」という言葉があった。この言葉が私の心に強く残っている。

　経営者や、管理職の方は、職制というルートで把握した情報だけで自社の管理をされていないでしょうか。体裁の良いレポートを見ても、現場の実際の姿は把握できないでしょう。現場に良く足を運ぶことで、事実を確認する。そのことを怠ると、自分が思っているものと実際の現場とは乖離してしまう。そこで、いきなり雷を落としても、良い方向にはいかないでしょう。

　私も、セミナーなどの場で、「現場とはその場に現れると書く」ということを言っている。現場を巡回すると、日々の変化に気が付くのです。

253

現場に足を運び、作業者と会話をすることで、現場が健全に管理されているかどうかも把握することができる。"何だか聞いていることと違うなあ"と。そのことは、長年現場を這いずり回ってきた経験から良くわかる。現場の人は情報を持っているのです。

トヨタの危機管理

　もう一つ、"トヨタの危機管理の大原則"（幻冬舎）について触れておく。

　最近のネットで紹介されていた文面を簡単に紹介する。

　危機管理対応についてはいちいち報告書を作成して、役員に上げたりはしない。「危機対応は一刻一秒を争う。担当者は問題を解決することに集中する」。

　社長はもちろん全役員は危機対応が知りたくなったら、自ら出向き、情報を把握すること。わからないところは担当者に聞く。「役員が担当に報告をさせるのではなく、役員から担当のところに行け。トップが現場に降りていくのが、本当のトップダウンだ」という部分があった。

　この記事を読んで、なるほど、トップダウンについて的を射た表現だと感じた。上から指示を出すだけがトップダウンではないのです。

　確かに問題があった時、上司→上司と報告を上げる仕組みの場合、その都度きちんとした報告書を要求される。

　それを作成するのに多くの時間がかかる。さらに報告書の内容や書き方について修正や指導が入ったりすると、具体的な調査、行動に入る前に停滞時間が生じる。内容によっては、そのルートの過程で修正される場合がある。それに優秀な技術者が時間を取られてしまう。

　それらが対応への最大のロスです。

　1分、1秒でも早く対応する必要があるのに、報告書を作成するだけで時間とエネルギーが消耗してしまう。それを避けたいということです。

　私も、報告書作成のために時間を費やすこともわずかだが経験した。そして、OKが出るか否かだが、たいがい1回ではすまない。ところが、他の部門から、「あの問題はどうなった？」と催促される。そこで現状を報告しなければならない。なかなか本題に入れないのだ。その様な経験からも頷ずける話です。結局は本当に回答が欲しいところには、遅れて回答が届く。

その時事態は変化しているかも知れない。

昔の管理職は現場を良く見た

現場に足を運ぶということについては、昔の話だが、「紙とタイプライター、足と目」という言葉がある。

昔、米国では、現場の責任者がタイプライターでレポートを作成し、トップに報告していた。

その中に会社や経営側に不都合なことが書かれていると、その責任者は解雇されてしまうという事例があった。

そこで、解雇されたくないので、不都合なことは省いて報告していた。

つまり事実が隠されてしまうのです。これをオブラートに包んだ報告と言われたようだ。その頃の日本の経営者や管理職の方は、自ら現場に足を運び自分の目で確認していた（参考：三菱電機にはCATSがいる）。当時、日本の現場が強いと言われた所以でしょう。

この日本と米国の相反する内容を表現した言葉です。

現場と距離を置いてしまうと、段々入り難くなってしまう。

日ごろから現場に出向き良い関係を築いていきましょう。

現場診断、指導で企業を訪問すると、経営者や担当の方が現場に連れて行ってくれて、クリーンルームの中に入って、「さあどうぞ、見て下さい」という場合がある。

現場を見られるのだからと、大体の場合、クリーンルーム内は奇麗になっている。でも、そのクリーンルームを取り巻く環境はどうでしょうか。

例えば、クリーンルームと廊下の間にある壁には、ダンパー（写真）が設置されている。あるいは二次更衣室にもあるでしょう。

現場診断・指導　クリーンルームの外回り

① ダンパーの不具合事例（付帯設備）

ダンパーの目的は？

パッキンの外れ

② **ドアの穴あき**　気流の流れ　虫の入り込み　虫の紫外線への直進性

写真：ダンパーの不具合事例

ダンパーの不具合事例

　ダンパーの目的は、

　1. クリーンルームを陽圧にし、その余剰空気を室外に排出すること。

　2. 停電などで空調が止まると室圧が下がる。

　　ある室圧まで下がると、錘によってダンパーが閉じ、外部から汚れた空気
　　の入り込みを防ぐこと。

　このダンパーの吹き出し部に大量に埃の塊のようなものが付着しているもの
がある。

　これはクリーンルーム内の空気が排出される時に、一緒に排出された汚れが
付着するのです。つまり、クリーンルームと言えども奇麗ではないということ
も知っておきたいです。

　さらにダンパーが室圧変動で激しく開閉するような場合、金属同士の接触に
よる金属粉などが発生、飛散する。

　特に、二次更衣室にダンパーがある場合、人の出入りが多いと、ダンパーは激しく動作接触する。

　それを防止するためにパッキンが取り付けられている。このパッキンが外れている場合もある（写真）。これではダンパーが閉じる時、パッキンが間に挟まってしまい、その隙間から汚れた空気が入ってしまう。

　きちんと閉じた場合、停電から復帰するまでが短時間であれば、クリーンルーム内の清浄度がある程度良い状態で保持できるので、作業開始までの時間が短時間で済む。

　しかし汚れた空気が入り込んでしまうと、通電後、清浄度が作業開始レベルに到達するまでに相当な時間がかかる。

　従って、ダンパーもクリーンルームが正常かのチェックポイントです。

　チェックする労力が短時間で済むのに対し、クリーンルームが汚れてしまって清浄度が回復するまでの労力（清掃など）や、作業開始までの損失時間、工数は非常に大きなロスです。

　中小企業でクリーンルームを新規に作る場合、大きな費用負担になります。

　そこで、他社で不要になったクリーンルーム（主にはパーテーションなど）を譲り受けている例もある。それを工事する業者の中には、クリーンルームの知識がない場合がある。すると様々なチェックが抜け落ちてしまうことがある。

　事例を紹介すると、パーテーションの繋ぎ目などに隙間があったり、穴が開いている場合です。こうなると、クリーンルーム内は陽圧であっても、その部分から空気が漏れ出てしまう。

◆虫の紫外線への直進性

　空気が漏れ出る場合、ゴミは入ってこないが、虫が入ることがある。

　虫は歩行性、飛行性、両方のタイプを備えたものがある。いずれも**紫外線へ向かう性質**があるので、室内の蛍光灯の光に向かうこと、またわずかな気流の吹き出しも虫にとっては大きな情報です。虫がクリーンルームに入っても餌がないので死んでしまう。その死骸がゴミとなって飛散する。これもゴミです。

空気が外に吹き出しても、どこか別のところから入り込んでいる場合もある。

これらは汚れた空気なので、清浄度が低下する。また、停電などの場合は、クリーンルーム内の圧力が外と同じになるので、汚れた空気が入り込みやすい。

空気が漏れ出る場合は、その分補填が必要でエネルギーの損失になる。室圧を確保するための費用が嵩むのです。

クリーンルームを守るには、その直前で入り口にクリーンマットを設置するだけではどうしても持ち込まれてしまう。

あるいは気が付かないところから、汚れた空気やゴミ、異物、昆虫の入り込みがあるので、クリーンルームを取り巻く環境も改めて見直したい。良く見るとチェックポイントが明確になります。

何のための防塵衣？

3〜4年ほど前に、新潟県の企業からの依頼で2回講演に行った。

小海線で佐久平、そこから北陸新幹線に乗り換える。

この小海線の沿線に精密関係の会社があった。

会社の建物の中から防塵衣を着用した人が数人出て来て、構内の路上で話をしているのが車窓から見えた。

ローカル線であり、ゆっくり走るのでその様子が良く確認できた。

小海線で移動する機会が何回かあったので、いつも同じ窓側に座って観察していた。複数回同じ様子を見たので、恐らく日常的でしょう。

何か事情があるのかも知れないが、いまだに建物の中はどうなっているのか、何を作っているのか気になっている。

ゴミ捨てくらいは防塵衣を着用したままでも良いだろうというところもあるが、**何のために防塵衣を着用するのか見直してみませんか。**

現場診断はクリーンルームに入る前にも、観察する箇所があると説明した。

そこで、二次更衣室からクリーンルーム内に至るまでの着眼点を説明する。

二次更衣室は社服から防塵衣に着替える場所です。

防塵衣の着用については、すでに説明したので、それ以外のことを説明する。

1. 二次更衣室からクリーンルームへ－１

二次更衣室とクリーンルームの間の壁にダンパーが設置されている現場だった。

クリーンルームからダンパーを通して、清浄度の高い空気を二次更衣室に排出し、やや高い清浄度を確保していた。当然、クリーンルーム内のゴミ（特に浮遊塵）もその気流に乗って排出される。一部はダンパーに付着し埃の塊のようになる。これは二次更衣室出入り口のドアの開閉や、停電、通電などの衝撃で剥がれ、二次更衣室内に吹き出す。

この二次更衣室側のダンパーの下に防塵衣が吊るしてあった。これでは、内部から吹き出したゴミが防塵衣に降り、付着してしまう。気が付かないうちに汚しているのです。

2. 二次更衣室からクリーンルームへ－２

二次更衣室で手袋をして手を洗い、エアシャワーを浴びてクリーンルームへ入る場合、ドアノブは汚れていないかも確認している。

手袋をしてドアノブを操作する人と、素手で直接掴む人がいないかです。

素手には人から出た皮膚や脂分などの汚れ、色々なところに触れて付着した汚れなど、様々な汚れがついている。素手や手袋で掴んでいたのでは、それらの汚れが転写してしまう。

折角手洗いをしたのに、そこで汚れてしまうのです。その汚れが治具などに転写することになります。

普通に考えるとありえないことだが、作業者はきちんとやっていても、そのエリアの清掃を業者に依頼していて、素手で扱う例があった。

清掃業者の責任者に指導依頼をしていても、実際の作業者に伝わらなかったり、日常生活の中で手袋をする習慣がない人が多いので、必要性、重要性を認識できないのです。それで手袋と素手の両方が混在することになるわけです。このような盲点はないかも観察する。

エアシャワー内の清掃状況や不具合がないかも確認する。この不具合については付帯設備のところで説明する。

また作業者の防塵衣着脱の様子、エアシャワーを浴びる様子などもチェック

ポイントです。

　クリーンマットはエアシャワー前後、あるいはどちらか一方に設置してあるところが多い。

　この設置方法や汚れ状況なども観察する。

　"クリーンマットは奇麗さのバロメータ"と言われるように、たくさんの情報を持っている。それを見逃さないようにすることです。

　二次更衣室やエアシャワーはクリーンルームの玄関です。良く観察したい。

　クリーンルーム内では、レイアウト、物の動き、人の動作や行動、安全関係など幅広く観察、確認する。またどのような教育がされているのか、作業者の意識はどうかも可能な限り確認する。

　歩行中に靴底に異常を感じる場合は、床の汚れも観察する。合わせて、清掃標準や清掃の有無も確認する。

【作業、製品の扱いについての観察】

　動作、行動が速すぎるとゴミの発生や飛散、巻き上げが起きる。

　また製品の扱いが荒いとか、音がする場合もゴミが出る。これらは製品品質にも影響が出る場合がある。

　トレーサビリティ（原因遡及容易性）はどうなっているのかも確認したい。

　どこかで品質問題が発見された場合、それはどの工程の、どの設備の問題なのかを容易に遡れるような仕組みです。それによって品質問題の対象製品はどこからどこまでか、あるいはその工程、工場から流失しているのか否かも迅速に把握、対応する仕組みです。

　もちろん簡単な話ではないですが、まずその意識、考え方を確認したい。

　原因の中にクリーン化に絡むものもある。これは、私が品質保証部門に籍を置いていたので、意識している項目です。

　品質管理での、第一種の誤り（生産者危険）、あるいは第二種の誤り（消費者危険）という観点です。これらは一度には確認できないので、現場を歩きながら聞いたり確認していく。

　更に設備はどのように管理されているかなどです。

設備診断について

「現場診断しましょうか」と言っても、「自分たちでやるから外部の方の診断は不要です」と言われる場合がある。これには以下のような理由があると思います。

- 他の人にいろいろ指摘されたくない。
- 自職場で職制や担当者がいて自走しているから不要だ。

これには、セルフチェックで十分です、という場合と、本当はそんなことやりたくないという場合がある。

自分たちで実施することも良いのですが、以前説明したように、セルフチェックは甘くなる。

見慣れた職場であり、自分たちもその中で働いているので慣れてしまい、不具合があっても見逃してしまう。

あるいは厳しく指摘すると自分たちにもその影響が及ぶという意識もあるでしょう。

そして、"まあいいか"ということになってしまう。マンネリ化してしまうのです。

そこで、専門家や他職場のメンバーに見てもらうことが良いのです。

常に新鮮な目で見て、現場を改善していく意識が大切です。その意識がないと、現場を巡回することが目的になってしまいます。

他職場の人にいろいろ言われると気分が良くないのは、私も経験があるのでわかります。でも、交差パトロールにすれば、お互い様です。そしてその嫌な部分は棚上げにして、お互いに指摘を有難く受け入れましょう。その中で、この職場はこんなに良いことをしているとか、改善事例があれば、私の職場にもこの改善をくださいという風に、情報やノウハウを共有できます。相互に育つということです。それは環境だけでなく、設備に着眼する場合も同じです。

【設備診断で期待される効果】

- 不具合の早期発見、予防保全
- 品質確保
- 生産確保、安定生産

261

・事故・災害の未然防止

などが挙げられる。

いろいろな人が見れば、着眼することが多くなるので、不具合がたくさん見つかるでしょう。これらを着実に改善していく。

不具合を拾い出しただけで終わってしまう場合もある。すると、次のパトロールの時に同じ指摘がされる。その繰り返しだと、徐々にやる気が失せます。

発見された不具合は、担当、納期、改善前と改善後の写真、図などを残すことです。それは対応に真剣さが出るだけでなく、過去の事例として参考にできるからです。

【設備診断のイメージ】私の見方

1. 設備診断—手順1　　設備の周囲を簡単に見る
2. 設備診断—手順2　　設備周囲を詳細に見る
3. 設備診断—手順3　　設備内部を詳細に見る

外から徐々に中に攻めていく手順です。

日ごろからあまり活動していないところでは、設備周囲の確認の時点から、様々な不具合が見つかる。この場合、中に視点を移していく過程ではもっとたくさんの不具合が見つかる。

私の経験では、先ほど挙げた、期待される効果の項目のいずれにも影響があると考えている。

1.【設備診断－手順1】

設備の周囲を簡単に見る。

診断する設備の周囲を簡単に見る。その時、次のような一般的に気が付くことをまず見ます。

・電気のプラグが抜けそうだ。電気のコードで足が引っ掛かりそうだ

・配管、排気管が外れそうだ

・周囲に液体があるが、これは水、薬品、オイル？

・設備のカバーを外したまま

設備診断のうち、"設備の周囲を簡単に見る"の次は、それを詳細に見るこ

とですが、この診断に入る前に重要なことを説明する。

安全最優先ということです。

【設備診断での注意点】

1. 動いているものには絶対に手を出さない。

2. 不具合の確認は、設備を停止する。

設備が動いている時に確認すると不具合を見つけやすいので、それを具体的に記す。

- あのスライダーは動作時、周囲のカバーと擦れていないか。
- スライダー動作時、真空や圧縮空気の配管、電気系統の配線などに擦れていないか。

何かが動作する時異音がする。

そして発塵しているかも知れない。という風に確認すると不具合を見つけやすい。

【不安全な行為】

スライダーが奥の方に移動している時に、瞬間的にカバーや配管、配線等に直接触れて確認しようとする行為。

すぐにできそうだからと手を出したが、自分が思っているより早く戻ってきた。あるいは、その下にゴミを見つけた。サッと取れば除去できると思い手を出した。

ところが予想外に時間がかり、スライダーが戻ってきて、手を擦る、挟むなどの事故が起きることがある。このような微小災害は多い。甘く見てしまうのです。また、事故に至らなかったがヒヤッとしたという例も多い。

ハインリッヒの法則を思い出してみましょう。

設備が動いている時に診断すると不具合は発見、推測しやすい。しかし実際に確認する場合、設備を停止してから実施すること。

停止したつもりでも何かの拍子にスイッチを入れてしまうとか、誰かが、"設備が停止している"と勘違いし、スイッチを入れてしまうことも考えられる。そして事故が発生するかも知れません。

不具合の確認はプラグを抜くこと、および周囲には連絡（周知）しておくことが重要です。事故、災害の発生は労働災害です。これらは作業者にもきちんと教育を実施しておくことが必要です。

設備の周囲を詳細に見ること
◆現場診断・指導は、先を考えること
　詳細確認で不具合を発見した時、このままにしておくと、その先どうなるかを考えることが大切です。すると“何か見えるもの”があるかも知れないのです。仮定や推測で見ていくのです。
　具体的に説明する。
　設備のカバーに以下のような不具合を発見したとする。
　1. カバーが斜めに取り付けられている
　2. カバーのネジがきちんと締めてないとか、欠落箇所がある
　3. カバーに手（手袋、素手）の跡がある
　管理職や職制の方は、「すぐに復元しなさい」と言うかも知れません。それはそれで良いでしょう。でもそこで終わりにしないことです。これらの原因究明や、このままにしておいたらどうなるかを考えてみる。先を考えるということです。

カバーが斜めに取り付けられている　この原因を推測すると
・修理後カバーを斜めに取り付けてしまったが、気が付かなかったのだろうか。
・取り外し、取付けの頻度が多いとか、取り扱いが荒く、カバーが変形してしまったのだろうか。
・修理頻度が多く、カバーの取り外し、取付けが頻繁。斜めに取り付けてしまったのは知っていたが、どうせまたすぐ外すのだからとか、面倒だから。
・カバーのネジがきちんと締めてないとか、欠落箇所がある。
・ネジが緩み、浮いている。手で触れても簡単に回転できる。
　これらの原因は修理が頻繁で、すぐまた外すことを想定し、きちんと締めなかったという場合もあるでしょう。

先を考える

このままでは設備の振動でさらに緩み、やがて抜け落ちる。すると近辺のネジも同様に緩み同じことが起きる。これらのネジが落下した場合、設備の故障の原因にならないか。

作業者がそのネジを踏んだ場合、足を痛めないかということも考えられる（人は足裏、靴底で何か感じると、敏感に反応する。それで捻挫するなどの微小災害もある）。

・ネジが緩むと設備とカバーがバタバタと接触を繰り返す。

そして金属粉や塗装粉が落下、飛散する。さらに人の移動、台車の通行などで起きる風で飛散、拡散する。あるいは、靴底、台車の車輪に付着し、さらに広範囲に拡散することが予想できる。一部は設備内に入り込み品質への影響の可能性も考えられる。

・5個のネジ止めが必要なのに、1番目、3番目、5番目しかネジがないものがあった。

その場に立ち会った保全メンバーに確認したところ、「修理が多いのでいちいちきちんとネジを締めるのは面倒だから。保全作業の効率化です」というびっくりする回答があった。

・カバーに手（手袋、素手）の跡がないか。

故障の多い設備では、カバーを頻繁に取り外す、取り付けることの繰り返しが起きる。

この時いつも同じ場所を掴むので、例え奇麗な（はずの）素手や手袋で掴んでも、徐々に汚れてくる。

【これらから見えるもの】

この設備は故障が多いのだろうか。

ではMTBF（Mean Time Between Failure－平均故障間隔）はどうなっているのか。

保全記録を確認すれば、故障が多いかどうかはわかる。修理が頻繁ならこの設備の稼働率は低いということ、そうなら日々の生産目標は達成できているのか、という疑問が出てくる。

それが問題として抽出されなかった理由を調べたところ、ほかにも数台同じ設備があった。

　今回の問題の設備の稼働率は低いが、他の設備の稼働率が高く、不足分を補っていた。

　それならこの設備の稼働率を改善すれば、もっとたくさん生産できる。逆に、この設備は不要かも知れないということになる。

　仮定で先を見ていくといろいろなことが見えてくる。これらの多くは改善の種です。

　これらに優先順位をつけ改善していくことが重要です。

　この他、

・カバーに汚れはないか。塗装は剥げていないか

・カバーが錆びていないか

・設備の上（死角）に何かないか

・設備の排気は良いか、吸気口は良いか

・付属設備は良いか

　などに着眼しましょう。

　これらも、同様に見たり考えたりすること。不具合があれば、品質、生産、安全、保全、コストなど様々なことへの影響が考えられる。他の設備の同じ部分はどうか。いわゆる水平展開です。

　同様の傾向であれば、不具合や故障が起こりそうな箇所です。メーカーへのフィードバックや改善、対策をすることで予防保全に繋げたい。

　多くの人がこのような見方、考え方になると、体質の強い現場が実現できるでしょう。

　論外なのは、修理頻度が多いので、カバーは外しっ放しという場合です。

　確かにすぐ修理に着手できるが、予期せぬ地震、停電などで避難通路を塞いでしまうことも考えられる。そして、たかがカバー1枚で大きな事故、災害に繋がるかも知れません。

　ものづくり現場だけでなく、各企業では先を読む、こうなったらどうするかを考え、それに対して未然防止策を考えることが重要です。それでもサプライチェーンの一部の不具合によって、全体が麻痺するような読み切れない予想外

が起きるのです。予測できたことであっても、何もしないのでは、問題が発生した時に後悔するでしょう。対応可能なことは、日々改善しておきたい。

　今度は、「設備診断の手順－3、設備内部の詳細診断」を解説する。

　設備の中は製品を加工する、製品に最も近い場所です。つまり、品質影響が大きいことを認識し、良く観察することが大切です。"良く"ということは、多面的に観察するということです。

【観察のポイント】　五感を総動員する。

・**動作不良、異音、異臭、熱などの不具合があれば、設備からのSOSと捉え、原因を調べる。**

　これらは、品質、安全、設備停止による生産確保など様々な問題に繋がる可能性がある。

・**振動部、摺動部発塵**

　振動部、摺動部は発塵するので良く観察することが必要。また近辺に発塵粉が確認された場合は、発生源となっている部位が劣化していることが考えられる。

　例えば、排気管、配管の擦れがあれば、管の穴あきが発生しているかも知れない（後述）。設備内部に気流があれば、飛散していることも考えられる。これらが製品品質に影響を与える可能性もあるので、詳細な観察により発生源を突き止めることと、その影響を推測し、そのものの対策、改善だけでなく、進行した場合の影響を考慮し予防措置をする。先を考えるということが大切です。

・**メンテナンス面の着眼点**

　上記と同じ着眼点に加え、設備内に部品や結束バンドなどが落ちていないかにも着眼する。

　ネジや座金、結束バンドなどの落下があれば、どのような作業をしたのか、その後片付けはどのようにしているのかを確認する。

　それらは、設備の故障に繋がるからです。折角修理したのに、片づけ方が悪く再び故障すると、修理時間、費用などが二重になる。

　製品に対しては、生産数やコストに影響するので、価値ある作業に心がけることが大切です。

現場確認中にメンテナンス作業をしているのを見たら、その動作、行動や上記の不具合を確認する。それも生きた教材です。

　不自然な行動などは、安全面からも着眼する。

　重量物を持ち上げる時は、手先だけでなく、腰を深く入れているかなど様々な観点で見ましょう。恐らく労働安全衛生法・規則に準ずる内容を含め、自社の安全作業についての標準類があるでしょう。労働災害が発生しないよう、未然防止に努めたい。

【事例の紹介】

- 設備修理のため、電源コードを束ねている結束バンドを切ったが、片付けなかった。修理後、可動部が結束バンドの切れ端に乗り上げ、設備が停止した。
- ネジが落下、設備の振動で電装系に入り込みショートした。
- ネジや座金に可動部が乗り上げたとか、可動時に挟まり設備が停止、修理に長時間を要した。
- 設備をカバーで覆っていたが、その内面に真空、圧空などの配管、配線が固定されていた。

　配線や配管の固定は、結束バンドと粘着物の組み合わせ（マウントベースと言われるもの）で、カバー内面に固定することもある。

　取付け時は可動部に接触しないよう完璧な固定だったが、時間とともに粘着力が低下、剥れて、配線、配管類が垂れ下がり、可動部に擦れて発塵していた。パトロールは実施していたが、見ていただけで、観察には至っていなかった。

　長年現場診断をしていると、このような発見や推測ができるようになる。もちろん完璧ではないが、発見の確率が向上する。

　毎日巡回、観察することで、予測する見方ができるようになる。偶然の発見ではなく、日々の積み重ねで着眼点が養成され、蓄積されていくのです。

1. エアシャワーの診断着眼点

　（1）ドアについて

　　・自動ドア

　　・ドアノブ

　　　　　・蝶番
　　　　　・ドアクローザー
　　　　　・エアシャワー内の清掃
　　　　　・周囲の環境全般

　ドアに着目してもこんなにある。ところが日ごろ頻繁に出入りしていても、不具合に気が付かないことがあるので意識的に観察することが大切です。

・自動ドア

　自動ドアは、手を使わずに開閉できるので採用しているところは多い。逆にどこにも触れないので、五感で異常を感知する機会は少ない。ドアの自動開閉の駆動方式はどうなっているかを把握しておきたい。

　センサーで感知し、チェーンで開閉させるタイプは、滑車がレールに乗り、チェーンで扉を動かしている。

　その部分はカバーで覆われ、見えないので劣化していても発見しにくい。開閉のたびに、金属同士が擦れ、金属粉が発生、飛散する。そしてグリスも落下や飛散がある。長期間保守しなかった箇所で、開閉のたびにチェーンの錆が飛散していたという例がある。

　またグリスが乾き、黒い粉となって飛散した例もある。

　こうなるとグリスの役目をしないので、金属粉も増加し、さらにはチェーンの摩耗、損傷が起きる可能性がある。

　この付近は汚染領域となる可能性がある。特に人や台車の通行が集中する場所で、それにより気流が発生、拡散する。この付近には製品等品質に関わるものは置かないことです。

　また、チェーンの弛みも目視では発見しにくいことに加え、人の出入り口なので、故障すると緊急時の避難にも影響することが考えられる。定期的な点検が必要です。

　この他、センサーの感知とドアの開閉のタイミングがずれていないかも見ておきたい。極端な例だが、クリーンルーム側の扉が早く開いてしまい、エアシャワー内で巻き上がっている浮遊塵が、クリーンルーム内へ流れ込んでいた例もある。

• ドアノブの劣化

　人が開閉するドアにはドアノブがある。レバータイプもあるが、多くは回転させるタイプである。これはエアシャワーに限ったことではなく、更衣室など仕切られている部屋があれば、ドアが存在する。同じ見方でチェックしたい。

【不具合事例の紹介】

　工場巡回中に、クリーンルームのドアノブの劣化に気づいた。

　最初から気づいたのではなく、偶然ドアノブの下の桟に汚れを発見した。その汚れは黒いものと、キラキラ光るものだった。何だろうと近くに寄って観察していたところ、そこを通行したいと言うので、下がって見ていた。

　その作業者がドアノブを回す時にガチャガチャと音がし、何かが落ちているように見えた。

　ドアノブを操作しながらその付近をパーティクルカウンターで測定してみたところ、0.1 ミクロン以上の粒径の合計が、1 分間に 17,000 個以上確認された。

　ドアノブに触れてみると、緩みが確認できた。

　黒い汚れは、グリスの乾いた粉、光るものは金属粉だった。

　グリスが乾き、その役目をしないため金属同士が擦れてしまったもの。

　他のドアノブを確認してみると、緩みのあるものは、程度の差はあるが発塵は多い。まったく緩んでいないものには飛散はなかった。

　関係する現場に連絡し、各クリーン化担当が調査したところ、同様の結果が報告された。

　ドアノブは、故障がなければ半永久的に使い切ってしまうものだから、異常の発見が遅れる。

　なお、こんな事例もあったので、紹介しておこう。

　ドアノブが緩んでいたが、それでも不都合なく開閉できていた。

　ところがある時、作業者がドアを開けようとしたら、ドアノブが抜けてしまい、ドアは開かなかったという例だ。

　これは笑って済ますわけにはいかない。その影響を考えてみよう。

　もし、停電などのトラブルが発生し、施設管理部門から、「空調が停止し、

酸素濃度が低下している。直ちに、クリーンルームから退避してください」（通常はクリーンルームを出たクリーン廊下で待機する場合が多い）というアナウンスがあった。天井灯は消え非常灯だけの薄暗い中、同じ情報を持った人たちが同時にそのドアに殺到しても、ドアは開かない。そしてドアの前に人が滞留してしまう。

　後ろの人は何が起こっているのかわからない。

　そしてドアの前で転倒するなどの二次災害が起きるかもしれない。暗い中での混乱状況を想像してみよう。

　いつ、どこで、何が起きるかわからないのが事故災害である。後悔しないよう、また発生時の被害を最小限にするため、先を考え、手を打つことが必要になる。安全側に倒すことが大切だ。

　その場の問題だとして済まさないことだ。

　安全第一と言うが、掛け声だけでなく、どこから始めるのかで、様々な損失に差が出る。ドアノブが緩むという例は、自宅でも確認できるかも知れません。

　身近なものにも着眼してみましょう。

・蝶番について

　ドアの開閉は蝶番（Hinge）によって行われる。

　使用頻度の多い、つまり人通りの多いところのドアの蝶番は劣化が速い。

　設備診断のところで触れた摺動部発塵。ものが擦れるところでは発塵があるということです。

　そして図-24のように蝶番の反対側に傾くことが多い。

　ドアによっても違うが、蝶番の数は2個から5個ついている。

　ドアが傾くとドアの角と枠が擦れ、金属粉や塗装粉が発生する。これらは重いので落下する。

　エアシャワー内やドアの外にも落ちる。そしてドアを開閉することで発生する風により、広範囲に拡がる。さらに、台車の車輪や靴底に付着し広範囲に運ばれる。

　劣化が進むと、蝶番の中にある軸も変形し、蝶番から金属粉やグリスの粉が発生し、落下、飛散する。これはドアを開けて内側から観察すると良くわかる。

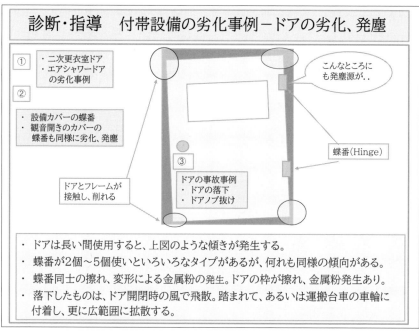

図 -25　ドア蝶番の劣化事例①

【事故事例】

　ドアの劣化が進み、傾きが大きくなってきた。

　そろそろ修理しないといけないと言っていた矢先、ある作業者がドアを開けようとしたところ、ドアごと落ちて来た。ドアを開けるつもりだったので、予想外、本人はかなりびっくりしたという。

　幸いにも足の上に落ちなかったので、大事には至らなかった。

　ドアが取れてしまうと、そのドア側にエアシャワーの風が吹き出し、ゴミも吹き出す。従ってエアシャワーも停止させなければいけない。日ごろから大勢の人が見ているので、ドアの劣化に気が付いている人も多いだろう。しかし、気が付いていても、"このまま放置しておくとどうなるのか、その先を考える"人がいなかった。

　作業者だけでなく、管理、監督者も通行の機会があるはずなので、いずれも問題意識が足りなかったか、気が付かなかったのかという問題もある。

272

　付帯設備は、生産設備ではないので重要だという意識が低いが、それぞれ重要な役割を担っていることを認識したい。現場に入る時は、色々なことに着眼して欲しい。

　気が付くかどうかは、日ごろからどのように現場を見ているのかにもよる。

　気が付いても誰かが言うだろう、やるだろうというひとごとで済ませているのかも知れない。危機意識、当事者意識を持つように心がけたい。それができて初めて、予防保全に繋がるのです。

　二次更衣室のドア、クリーンルームの中の設備にも蝶番が付いている。

　同じ目で他を見る、水平展開してみると多くのことに気づく。そして観察する行動に繋げて欲しい。

　現場だけでなく、事務室、会議室などにもドアはある。

　これらは大丈夫かという風に拡げてみることができる。そんな想像力も養っておきたい。

　"会社に行った時だけ"でなく、日常の生活の中にもその機会は多々ある。いろいろな気づきを養う場にしたい。

　酒田の工場に赴任した時、後工程の品質部門の若いメンバーが、私と一緒に活動することになった。

　非常に優秀なメンバーだった。彼は摺動部発塵に興味を持った。

　回転寿司のコーナー部分に座ったところ、キーキーと言う異音に気づいた。

　その付近を確認したところ、ベルトのプラスチックからの発塵粉が落下しているのに気づいた。

　お客は、流れて来る商品に目が行き、これには気づかないだろうというのだ。

　例えば、自宅には三面鏡（化粧台）をお持ちの方も多いでしょう。これは、前面を両側に開くと正面の鏡も含め三面になる。先ほどのドアの絵のように、蝶番と反対側に傾く傾向がある。すると、閉じる時、鏡の上部同士がぶつかるようになる。下には隙間があるが、上に行くに従い隙間が少なくなる。そして上が擦れているものもあるのではないでしょうか。

　ところで我が家の三面鏡は同様の症状は確認できるが、年数のわりに劣化の程度が軽いのはどういうことだろう。稼働率の問題だろうか……その原因は？などと連想してみると面白いかも。

私はこんなことを考え、時々脱線するので、変わった人だと言われるのかも知れない。

　なお、ドアは上と下の2点で挟み回転させているタイプもある。

　比較的重い扉の開閉に使われているが、扉の重量により、徐々に下がり、床に接触することがある。その場合、床に扉の開閉の跡（丸い跡）が付くが、足元であり気づくのが遅れることもある。

　色々なことを考えて"考動"しよう。

"絞り込んで見る"例

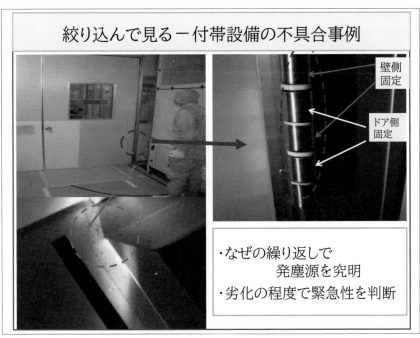

写真：ドア蝶番の劣化事例②

　この写真は、私がある現場で気が付いたものです。

　ドアの蝶番の下に汚れを見つけた（左側の写真）。この汚れは拭き取ってしまえば証拠は消え、暫くそのまま放置されるでしょう。

　蝶番は片方が壁に、もう一方はドアに固定されている。その中心に金属の軸

があり、それを中心に回転させている。開閉時の動作を見ると、壁側は動かず、ドア側だけが回転する。その金属同士の擦れ防止として、スペーサーと呼ばれるプラスチック部品が挟んである。

　ゴミを良く確認したところ、蝶番の劣化によりスペーサーが削れたものの堆積だった。

　蝶番を良く見る、つまり絞り込んで観察したところ、右側の写真のように蝶番が劣化しているのがわかった。このドアは蝶番が2個ついているタイプ。

　どのタイプでも下側の蝶番にドアの重量がかかるので、下側の方が劣化が速い。個数が多いほど分散されるので、最下段への負担も少なくなる。重量のある扉は、取り付け個数が多い。この写真の蝶番は下側のもので、ドアの負荷が大きいものです。良く見ると、白いパーツが大きい、そして小さいものが交互の繰り返しになっている。壁は上下しないが、ドア側は、ドアの重さで徐々に下がる。そしてその下のスペーサーを押し潰すので、下がった分小さくなっている。その潰れた分は、蝶番の上に隙間として確認ができる。

　これが進行すると、スペーサーが徐々に削れ、やがてなくなる。

　すると今度は金属同士の擦れになり、金属粉が発生する。単に見るだけでなく、良く観察する、絞り込んで見ることが大切です。そしてこのままにしておいたらどうなるか、先を考え、早めに修理をしておきたい。

　なお、このように劣化しないよう、メーカーでも工夫していて、かなり前から、劣化しにくいものが開発、普及している。現在設置しようとする場合は、恐らく改善されたものが取り付けられるだろうが、旧タイプが使用されているところもまだある。

　エアシャワーのドアは、扉を開けた時に蝶番の内側も確認します。

　蝶番付近が黒くなっているところがあると思う。普段観察する機会が少ない場所ですが、意識して見ると劣化具合がわかる。ここは、劣化の確認、エアシャワー内の清掃の着眼点です。故障する前に対応しておきたい。早期発見、早期対応、つまり予防保全です。

ドアクローザーについて

　ドアを開く時は手動ですが、手を離すとドアクローザーによって自動で閉ま

275

るタイプが多い。

　ドアクローザーはドアの上部の片側に取り付けられている。ドアが閉まっている時は、2本のアームが重なるように折り畳まれ、開く時はこの重なりがやや直線的に伸びる。

　この様子をよく観察してください。

【不具合事例の紹介　着眼点】

・使用頻度が多いとか、長期に使用している場合、徐々に劣化し、2本のアームが伸びたり、重なるたびに相互に擦れていることがある。この場合金属粉の発生がある。劣化が進むと擦れから相互の衝突に至る。

・全開にして、そこからドアが閉まりきるまで良く観察すると、ドアが完全に閉まる直前に2本のアームを繋いでいる部分が、ピョンと跳ねることがないでしょうか。

　これははじめからそうなっているのではなく、劣化したためです。

・ドアクローザーがドアに固定されている部分のネジが緩んでいないか。緩むとドアクローザーの本来の動きをしなくなり、ガタガタという動き方になる。さらに固定しているネジが脱落することもある。するとうまく開かない、閉じないと言って、強引に開けたり、締めたりするようになり、極度に劣化する。

　このドアクローザーの下側には、丸いキャップのようなものが付いているものが多い。

　この中に、グリスが入っているが、これが漏れているものも時々見る。漏れた場合は、床に落ち、靴底に付着してクリーンルームへ持ち込まれる。そうなると、その跡を確認しながらの清掃が必要になる。発見が遅れれば、広範囲の清掃が必要になる。

　また、エアシャワーを浴びている人に落下、付着することもある。防塵衣が汚れるので交換、クリーニング出しが必要になる。

　また開閉の最中に垂れ、それがドアの内壁に垂れることもある。

　これは、垂れた跡が筋になっているのでわかり易い。またこのグリスが垂れなくても、そのキャップ周囲に付着していると、エアシャワー内で巻き上がっ

た浮遊塵がキャップ周辺のグリスに付着する。

エアシャワー内の清掃

エアシャワーの浴び方のところで説明したが、エアシャワー内にはたくさんのゴミが存在する。防塵衣やシューズの裏面、持ち込み品に付着したものなどが、エアシャワーによって除去され、それが、堆積、あるいは軽いものは浮遊している。多くは落下するが、次の人が浴びる時、また舞い上がるものがある。

ゴミの種類によっては、浮遊していても相互に結びつく（静電気によるパーティクルの結合）ので重くなり、落下するものもあるでしょう。それがエアシャワー室の内壁やドアに付着する。付着している様子は、側面から肉眼でも見ることができる。懐中電灯を使い斜光観察すると、さらに良く確認できる。

これらは、次の人がエアシャワーを浴びる時、内壁から剥がれ、同じように飛散するものがあれば、付着したままのものもある。徐々に溜まるのです。そして、入室するために開いたドアから、人の後ろに発生する気流に乗ってクリーンルームに入るものも多いでしょう。

これも、クリーン化4原則のところで説明した、"見えない持ち込み"です。

従ってエアシャワー内の清掃が必要です。

私がクリーン化に関わり始めた頃、休日に会社で、エアシャワーの清掃をしていたことがある。通常勤務者がいないので、クリーンルームへの出入りが少なく、思い通りにできるのです。

時間を掛け、隅々確認すると、様々なゴミが確認できた。

クリーン雑巾やクリーンワイパーで吹き出しノズル内を拭き取ってみても、付着するものもある。清掃に着手したエアシャワーの床はグレーチング設置のタイプだった。その下へゴミを落とそうという考え方です。多くの人が通行するので、グレーチングが周囲の金属やコンクリートと擦れ金属粉やコンクリートの粉がその下に堆積していた。

グレーチングを外し、エアシャワーを運転すると、これまた舞い上がるものがある。それらを確認したあと、徹底的に清掃をした。そして暫く休日に通い続け、ゴミの発生具合の確認と清掃を続けた。

エアシャワーに名前を付け"今日の調子はどうかね"などと話しかけながら清掃していた。

すると何だか愛着が湧くのです。清掃しながら、ドアの開閉がスムーズか、蝶番の劣化や発塵、グリス等の汚れ、ドアクローザーの劣化等様々なことにも着眼する。清掃は点検なりです。

その繰り返しで、清掃時間や清掃の周期が見えて来たので標準化し、該当職場に引き渡した。

近年、24時間稼働の工場が多い。それを2交代、3交代で作業するので、エアシャワーへ人の出入りが多い。それぞれの状況を確認しながら清掃周期を決めたい。

客先監査では、エアシャワーの清掃のルールや実施記録を確認する場合もある。軽視しがちなところだが、クリーン化4原則、"持ち込まない"という項についての重要な着眼点です。

ある会社で聞いた話だが、監査者が懐中電灯を持ってエアシャワーに入った。

その時、ジェットエアーの吹き出しノズルを懐中電灯で確認し、個々に確認できた付着数を指摘したという。

このノズルには3個、その隣には5個ついている。この清掃はどのようにしているのかと。

エアシャワーはクリーンルームの玄関です。様々な持ち込みがされないよう奇麗にしましょう。

クリーンルームの中だけ奇麗にしよう、ではゴミは減りません。その手前、さらにその手前はどうあるべきか。逆に言うと少しずつ薄めながら、エアシャワーに辿り着く前に極小化していく、希釈の考え方をしたい。

エアシャワー周囲の確認

"エアシャワーについて"の中の最後の項ですが、本当は清掃に着手する前にやっておきたいことです。

具体的には、エアシャワー周囲の汚れを観察し、どんなゴミがあるのか見ておく。金属粉であれば、金属の擦れ、黒い汚れならグリス、またはグリスの乾いた粉、繊維状のゴミなら持ち込みという風に簡単に見ておくことはできるで

しょう。

　また、エアシャワー前後にクリーンマットが設置してあれば、その汚れも見ます。

　上記のゴミの他に、足跡をみて、防塵靴の汚れ、あるいは靴跡の向きなども見ておきたい。

　クリーンマットは、床に直に貼る場合もあるが、台紙と呼ばれるゴム状の専用シートがあり、その上にクリーンマットを設置する場合もある。この台紙を用いた場合、1cmほど高くなる。これがドア開閉の時の障害になる場合がある。

　ドアを開けようとして、その段差にぶつかり、開閉ができないとか、いつものつもりで、ドアノブに触れながら体もドア側に動き始めた。そのタイミングでドアが開くはずだった。しかし開かなかった。そしてドアにぶつかるということも起きた例がある。

　いつもは床に直接貼っていたのに、突然台紙を設けたという場合に起きる。

　これはヒヤリ、ハットであり、微小な事故、災害になるかも知れない。もし、ドアの窓にぶつかれば、ガラスが割れ、それでケガをするという事故になるかも知れない。労働災害である。

　災害はいつ、どこで起きるかわからない。その芽を小さいうちに摘んでおきたい。

　これは品質管理で言う4M変更（変動）にも似ている。新しい設置方法に変更したのだから、ドアの開閉も確認をしておきたかった。また、そのことを周知しておかなかったというミスだが、事故が起きるまでは予想していなかった例である。

　ドアが開かないことで、強引に開けることもある。かろうじて開く場合も、ドアの下部と台紙が擦れ、ゴミが発生する。

　小さなことと思っても、その変更によってどんなことが起きるかを想像したい。

　難しいことだが、気遣いとか、先を考えるということです。その周囲の環境を確認することは、ある意味、環境影響評価（＝環境アセスメント）のミニ版と捉えても良いかも知れない。

　さて、その周囲のゴミを観察し、どこから発生したものかをある程度推測し

ながら、清掃に入る。清掃しながら発生個所と思われる部分を観察する。

　観察することを清掃手順の一部と考えれば、改めてそのようなことを意識しなくても、習慣になれば自然とできるようになる。そして不具合の発見に繋がる。ただし、誰でも落ちなく、同じようにできる（清掃方法、清掃時間等）ことを考えると、清掃標準に付け加えておきたい。

　前に紹介した、ある会社の作業標準の最初に、安全を意識して、"やってはいけないこと"、"やらなければいけないこと"を記したことと、考えは同じです。清掃前に、ゴミを観察しておくこと、これも"清掃は点検なり"です。

　"掃除をすることだけ"を目的にしないことです。

設備の排気管の劣化について

　付帯設備の観察ポイントを説明した。これらをもとに、水平展開、応用をして、いろいろなものに着眼しましょう。これも予防保全として活用して下さい。

　主には、乱流方式のクリーンルーム内で起きやすい例です。

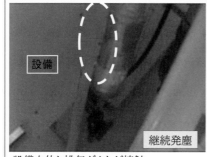

写真：排気ダクトの劣化事例

　この写真は、設備内の汚れた雰囲気をダクトによって室外に排気する部分です。

　左の写真は、設備とダクトが長い距離で接触している。この下には金属粉や設備から剥がれた塗装粉が落下していた。設備はわずかに振動している。またダクトは天井側の振動が伝わってきている。

　この場合、相互に擦れていて、それがずっと続く、継続発塵の例です。人が入り難いところは、人の目での発見はし難いので意識して見ることです。

　落下した金属粉、塗装粉も様々な気流で飛散する。

　右の写真は排気ダクトが設備の角に接触している。左の例と同様、設備もダクトも振動していて、相互に擦れている。こちらの場合は、設備の角に接触している部分が極度に劣化する。

　やがてダクトに穴があくのです。穴があくと、設備内の汚れた雰囲気を外に出そうとして、せっかくダクトに集めたのに、この個所から室内に放出されてしまう。

　室内の清浄度が低下するだけでなく、内容によっては、人的被害も考えられる。何のためのダクトかということになってしまう。

　写真右のダクトはステンレス製だが、アルミ箔の蛇腹のような感じのものもある。その場合は穴あきよりも、破れが発生し、大量に放出され、その付近の清浄度は低下する。

　どちらもそのままにしておくと劣化が進み、何らかの事故が起きる可能性がある。これらは、ダクトの引き回し方を考えることと、最初は良かったが、徐々に変化していく、つまり状態は変化することを考え、設備点検、定期点検などの項目にも含めておく。そうしないと、いつから始まったのかわからなくなってしまうからです。

　例えば、右の写真は、奥の設備に点検表が貼ってある。この記入のために人が狭いところを通るのかも知れません。最初は良かったが、通行する人がダクトと接触し、徐々に変化したのかも知れません。最初の良い状態が持続されるのかはわからないのです。

　設備と排気ダクトの擦れの不具合事例を紹介したが、これはダクト以外のガスや薬品、純水などの配管、電気の配線など、設備周囲にはいろいろなものあ

るので、それらの引き回しも同じような視点で確認すること。問題が起きてから対応する事後保全ではなく、予防保全の考え方が重要です。

　これまで設備や付帯設備について触れてきた。それらのメンテナンスについて、次の図で簡単にまとめる。

メンテナンスはどこからどこまで？

診断・指導　メンテナンスについて

　メンテナンスは、どこからどこまでやるのか。

　設備が動けばそれで良いのか。

　＊メンテナンスメンバーも、常に安全（事故・災害）、生産、品質への配慮を！

1）結束バンドの切れ端が、床や設備内に落下している場合、

　①落ちたものは、駆動部に入り込まないか。

　②設備のエラーが出ないか。生産は止まらないか。

2）ネジが設備内に落下している場合、

　①このネジは、どこから来たのかの確認が必要。

　・振動で抜け落ちた場合、他のネジも連鎖的に抜け落ちる。

　②落下を見逃し、新しいものを取り付けた場合、

　・行方不明のネジが設備内の駆動部へ落下しないか。

　・電装部へ入り込まないか。

　　これらにより、ショートなどで人的・設備的被害が起きる可能性がある。

3）メンテナンス終了後、バルブの開閉確認、設備のクリーニング実施

図-26　メンテナンス作業の注意点

　メンテナンスはどこからどこまでを指すのか。その会社、部門によってもきちんとした定義や決まりがないところもあるでしょう。

　メンテナンス作業は、不具合箇所を修理し、動くようにした。それだけで良いでしょうか。

　メンテナンス作業中は、対象設備を停止するという感覚だけでなく、生産も止まるのです。

　それを考え、短時間で動くようにするという意識が働くと思う。ところが、作業後に結束バンドの切れ端が散らかっているのを見かけることもある。また

ネジや座金が同様に設備内に落下している場合もある。つまり、やりっ放しです。

　メンテナンス作業後はそれらの確認、除去もきちんとしないと、それらが原因で、また設備が停止するかも知れません。急いでやったのに、トラブルの原因を作って、またやり直しということです。

　これらの頻度が多いと、単に設備が停止するだけでなく、設備の寿命も短くなることが考えられる。安定稼働ができないうえ、その先には、減価償却の問題も出てくる。つまり設備が安定して動き続ければ、製品が安価にできるので、利益が増えるのです。

　メンテナンス作業を始める時に、設備によっては、排気や配管類のバルブを閉める場合がある。これを元に戻すのを忘れ、現場に引き渡してしまった例や、気が付かずに暫く生産していた例もある。これは、品質、安全にも影響する。

　メンテナンス作業終了時は、その場の環境を見直すことに加え、素手で作業したり、手袋に汚れが付いた状態で作業した場合もあるので、設備をクリーニングしてから現場に引き渡したい。

　この部分までルール化、標準化してあるところもあるが、そのメンテナンス作業者個人の裁量に委ねられている場合もある。

　後者の場合は、メンテナンスの作業者にばらつきがあり、そこまで考えない人もいるので、標準化しておきたい。これは、設備メーカーに修理を依頼した場合も同じです。メーカーの方でも、個人の配慮があるか否かによる違いもあります。

　設備メーカーの考え方でも違いがあるので、作業開始前に標準をもとに、相互に確認することが重要です。

【不具合事例の紹介】

　1）クリーン化パトロールの時、設備内部に配線の切れ端を発見した。

　それを指摘したところ、「メーカーの人が設備を立ち上げた時に清掃や片付けをしなかった。最初からで、今から処置できない。パトロールの度に指摘されて現場も迷惑です」という例です。

　これは、相互に確認しておきたいことです。またメンテナンス担当もメーカーの作業に立ち会うとか、終了時に確認して、不具合があれば指摘して、き

ちんと片づけてもらうことです。

やりっ放しにはしないことです。

2）クリーンルームではないところの話。製造現場の工事を外部業者に依頼した。

この時持ち込んだ脚立に土がついていて、現場に土の塊がいくつか落ちた。

その時、これでは仕事ができないと、現場の作業者が掃除をした。

暫くして、その業者は、職場の管理職に、「工事は終了した」と言って帰った。後でその現場を確認したところ、ドリルで削ったゴミや、加工した時に出たプラスチックのゴミが散乱していた。一部は、壁側のロッカーの上にも堆積していた。

外部業者でも、日ごろの仕事環境によっても違いがあるので、依頼する場合は、良く説明、確認が必要です。そして立ち合いも必要です。片付けや掃除は当然だろうと思っても、環境の違う仕事の中で育ったので、おのずと違うのです。

3）たくさんの業者が入って、乱流式のクリーンルームの一部を工事するところがあり、業者にクリーンルームについて教育をして欲しいとの依頼があった。

その会社に出かけ、クリーンルームは、防塵衣を着用して作業をする奇麗な部屋だから、丁寧に作業をして欲しいという話をした。業者に色々聞いてみると、一部の方は、クリーンルームの中では、危険な薬品を扱うので、自分の身を守るために着るのが防塵衣だと信じていた人がいた。

また、過去に違うところの工事で、一服すると言って、クリーンルーム内で防塵衣のファスナーを下ろし、胸のポケットから煙草を出して吸おうとした人が、その現場の人に厳しく叱られた。それが理解できないというのです。それだけ知識、意識は違うのです。

このような機会があれば、「このくらいは知っているだろう」と省くことなく、初めからきちんと、確認、指導しておくことが大切です。クリーンルーム内できちんとした工事が必要な場合は、その専門業者にお願いしたい。工事後の片付けや、清浄度確認もしてくれるでしょう。

清掃について

クリーンルーム内の清掃についての説明ですが、クリーンルーム以外でも同

じ考え方ができる部分がある。クリーンルームは奇麗な部屋だと思いがちです。

そう思ってしまうと清掃の必要がないように思ってしまうかも知れません。

外から見ると奇麗に見えるが、実際にクリーンルームの中に入って良く観察すると、たくさんのゴミに気づく。

昔から、**"クリーンルームはクリーニングルーム"**と言われる。日々清掃し、奇麗な状態を維持する。つまり自分たちが奇麗にしているのです。放っておいて自然に奇麗にはならないのです。

製品製造をしていると、どうしても数量、納期に目が行ってしまい、人が忙しそうに動いていれば、安心してしまう。ところが、その**"人がクリーンルームを奇麗にしたり、汚したりする"**のです。

清掃の目的は、きれいな状態を維持、管理することですが、五感を働かせながら清掃すると、設備や環境の異常に気づくことがあるのです。

時には重大な問題の発見にも繋がることがあります。感性が高い人や、問題意識の高い人は沢山の異常に気が付くので、**"清掃は点検なり"**と言われる。

【事例】

設備のところでも説明した事例です。

保全メンバーが修理を終え、作業者にその設備を引き渡した。その作業者は、設備をクリーニングしてから作業を始めようとした。そのクリーニング中に、排気系の目盛りの針の位置が異常だと気づいた。

どうしてかと考えてみた。そういえば先ほどまでメンテナンスをやっていた。

その時バルブを閉めたが、修理後それを元に戻すのを忘れたのだろうと思った。

メンテナンス担当に確認したところ、やはりそうだった。この事例も多い。

これに気づかず作業を始めてしまうと、排気の引きが止まってしまう。

排気は、単に汚れた空気を外に排出するだけの目的のものもあれば、半導体製造などで写真技術を使う工程では、製品（ウエハー）に薬品を滴下、回転させ、表面を薄い膜で覆う工程もある。

排気が異常だと、その膜厚が規格外れになるとか、回転させて振り切った残液が排出されず、跳ね返り、再び製品に付着することで品質問題も発生する。

製品を設備にセットし、作業を開始すると、同じ異常のものがたくさんできてしまう。

24時間稼働では、大量生産ができるが、逆に大量不良生産になってしまうかも知れないのです。設備を修理したことが、ちょっとしたミスで不良品を作る切っ掛けになってしまうのです。

このようなミスを発生させないよう、前にも説明した、"メンテナンスはどこからどこまでやるのか"ということも標準化し、落ちがないようにしたい。

メンテナンス作業は、単に設備を動くようにすればよいのではなく、安全、品質、生産いずれも意識したい。

清掃手順

清掃手順は、"上から下へ、奥から手前へ"が基本です。クリーンルームの中だけに限ったことではなく、どの現場でも共通に使える考え方です。

写真：管理職の清掃例

この写真は、私が中国の工場を指導していた時のものです。

　クリーン化担当と一緒に工場を巡回した時、「この作業台はどのように清掃するのか」と聞いたところ、その担当が答えるのではなく、奥の方にいた現場の課長を呼んできて、「ここを清掃して見せてください」と言うのです。

　その課長は、ワイパーを持ってきて、"上から下へ、奥から手前へ"とやっていた。

　「ああ、基本はできているな」と思ったが、その動作を良く見ていると、清掃した後を懐中電灯で、斜光で観察しているのです。

　斜光でゴミを見ることは、元々習得していたが、自分のやった仕事の確認をしているのです。拭き残しはないか、やったことが良いのか、その出来栄えを自分で評価するということです。

　これは、自分の仕事を保証するということでもあるのです。

　私が入社した時、腕時計の組み立て部門にいた。

　職場の先輩から、この作業台を掃除しておきなさいと言われ、掃除したが、「ここに拭き残しがあるでしょ、やり直しなさい」と言われたことがあった。指摘箇所は確かに拭き残しがあった。とりあえずやっただけだった。そんな当時のことを思い出した。

　中国の、この拠点は当時1万人いたが、この課長は、「私の担当は1,500人」だと言っていた。

　その管理職がきちんと清掃できる。そして部下にやって見せられるのです。

　これは、人財育成の基本であり、強みです。

　今、管理、監督者でこのようにやって見せられる方はどのくらいいるでしょうか。

　この、"掃除は上から下へ"ですが、国内の監査で、こんなことがあった。

　遠くから監査に来たが、机上監査（書類監査）に時間がかかり、予約した電車や航空機の時間がない。従って、もう現場に入る時間があまりない。それでも、"現場が品質を作り込む"ので、短時間であっても現場に入りたいと言ってクリーンルームに入ったのです。

　その時、床だけ確認して帰った。その理由は、清掃は上から下、その最後が床だから、そこが奇麗なら、それ以前の部分もきちんと清掃されているだろうと推測できるわけです。

昔のお姑さん

昔のお姑さんは、お嫁さんに、掃除をする時は寝床（寝室）からやりなさいと言った。

その頃のお姑さんは怖かった。理由がわからなくても、その通りやったというのです。

昔は、綿の布団が殆どだった。これは、前にも触れたが、綿は短繊維です。

繊維が短いので、相互の絡まりが少なく、ボロボロ抜け落ちゴミになる。すると他の部屋を掃除して、最後に寝室を掃除すると埃がたくさん出て、またやり直しになる。発生源からやりなさいと言うことです。

クリーンルーム内でのゴミの処理の仕方は、発生源対策、飛散防止対策、清掃という順だと説明したが、この考えに合致するのです。その理由を理解できないと、怖いお姑さんだと言われるのですが、昔の人の知恵をショートカットで表現しているのです。ここにも、なぜを知る、考えることが重要だと感じる。

清掃に関連した事例の紹介

写真：二次更衣室の改善事例

この写真は乱流方式のクリーンルーム付属の二次更衣室です。

左側は、社服を吊るすハンガー上部です。元々は、ハンガーの上についている金具をそのままパイプにかけていた。一般的にはそうするでしょう。

自分の社服をハンガーにかける時や逆に取り出す時は、その場所を広くしたいという心理が働き、両側のハンガーを自分のハンガーから遠ざけてスペースを確保しようとする。

この時、ハンガーの上部とパイプが擦れ金属粉が発生する。また、パイプの上には埃がついていて、それもこの動作によって落ちてくる。

そのゴミが社服に落下、付着する。上部のパイプとの擦れでゴミを発生させ、下の社服で受けているわけです。

これは防塵衣を吊るしてあるハンガーパイプも同じです。防塵衣を汚してしまうわけです。

その対策として、結束バンドでハンガーを固定した例です。

もちろん安全のことも考え、結束バンドの尻尾も切り取った。パイプの上は埃が付着しやすいので、清掃ポイントとしたが、本当に清掃ができるかやってみた。

結束バンドの尻尾を切取った部分は滑らかではなく、ギザギザになっている。

そこにワイパーが引っ掛かり、清掃しにくいだけではなく、ワイパーの繊維が千切れて残ることもわかった。結束バンドの尻尾を切る時は、締め付けた後、上で切るのが作業しやすい。そこまでで終わってしまうことがあるが、実際にやってみて清掃し難いので、切り取った部分を側面に持って行った例です。

せっかく対策をしても、清掃し難いとやらなくなってしまう。パイプの上も清掃のポイントに加えたのだから、清掃ができるかどうかも確認したということです。

少し前に、メンテナンスはどこからどこまでやるのかということを説明した。

このハンガーの固定作業を、そのメンテナンスに当てはめてみると、結束バンドを切っただけでは、やりっ放しと同じです。やったことが良いかどうかを考え、何を評価するか、保証するかです。

先の中国の清掃事例や台紙の上にクリーンマットを貼った例にも触れたように、自分のやったことを自分で評価し、保証するところまでやっておきたい。

結束バンドの尻尾で目をつく事例があり、締め終わった後、尻尾を切るということを実践するところは多いですが、切ったままというところもある。切り取り部分が上になっているのです。

　そのようなところでは、指で触れてみると嫌な顔をされることもある。重箱の底をつつくように見えるのでしょう。恐らく、パイプの上の清掃は考えていないだろうと思う。

　更衣室内のゴミは、浮遊しているもの、落下しているもの、どちらも非常に多い。落下しているものでも、人の動作、行動で高く巻き上がり、それがパイプの上にも落下する。

　ゴミの内容やその堆積の量によっても違うが、指先で感じることができる場合がある。ざらざら感だと、粒子の大きなゴミです。また細かなものの場合は、指先に白く付いて来たとか、指先同士を擦り合わせると、違和感があるのでわかる。クリーンルームの中だけでなく、取り巻く環境に着目するのも感性が豊かになる。

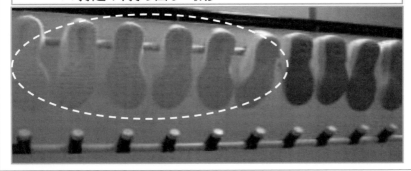

写真：防塵シューズの汚れの見える化

　クリーンルーム内で、保全メンバーが履く安全靴タイプのクリーンシューズです。

　左と右の底の色は、製品による違いです。このように、靴底が見えるように掛けておくと、汚れ具合がわかる。

　日ごろ、脱いだり、履いたりを繰り返しても、靴の裏を見ることは少ないでしょう。その靴の裏も、クリーンマットと同じように、クリーンルームの奇麗さのバロメータとして活用できる。

　靴の裏が汚れていていれば、

　・定期的なクリーニングに出していないかも知れない。

　・そのメンバーの担当する設備周辺が汚れているのかも知れない。

　　これらから、原因究明をしていけば良いのです。

　クリーニングに出していない場合は、何か理由があるのかも確認する。いきなり犯人扱いではなく、理由を聞くことです。

　自分の靴だけ汚れているのを見れば、次回からはきちんとルールを守ってくれるでしょう。

　その保全メンバーの作業の仕方が良くないのかも知れません。あるいは、保全作業後、その設備やエリアを清掃、クリーニングをしてないかも知れません。

　その場所を一般作業者も通行する場合は、広範囲に拡散してしまうのです。

　その先を考えると、

　・全員で清掃しなければいけない（時間、工数の損失）

　・全員のシューズをクリーニングに出さなければいけない（クリーニング費用 UP）

　・グリスなどの汚れ、それが多量なら、クリーニングもやりにくいかも知れません

　・最悪の場合は、品質にも影響するかも知れません

　このように、様々な影響が考えられる。

　この工夫は、早いうちに異常を発見し、問題になる前に芽を摘みたいということです。

　保全メンバーの発案ですが、予防保全の考え方を取り込んでいるのです。

　そしてクリーンマットと同様に、防塵シューズを奇麗さのバロメータとして

活用しているのです。

　多くのことは、その予兆を感知し、予防、未然防止に努めることが重要です。
早い段階でその芽を摘むということです。

　清掃用具の保管や事故事例などを紹介する。

安全について　　各種事例の紹介

二次更衣室内、掃除用具ロッカーの整理整頓

過去の事故事例
①ある工場で、ロッカーの3Sが悪く、扉を開けた時、モップの柄が倒れて来て、顔面直撃、怪我をした。

改善事例
①ロッカーの扉を除去。3Sの状況が見える。扉開閉時の発塵防止。

②3S向上のため、ロッカーを透明にし、お客様用通路に設置したところもある。

写真：清掃用具ロッカーの改善事例

　この写真は、クリーンルーム付属の二次更衣室に設置した清掃用具入れです。

　清掃用具は、色々な保管方法がある。この写真のものは、良くある、市販のロッカーで、元々は扉がある製品です。

　掃除の度にガチャガチャとレバーハンドルを回し、扉を開閉するので、金属同士が擦れ、金属粉や塗装粉が発生し、落下、飛散する。人の靴底に付着し、拡散してしまうものもある。

　その先を考えると、防塵衣に着替えた時に、クリーンシューズの底に付着し、エアシャワーや、クリーンルームに持ち込まれるものもあるかも知れません。

　その繰り返しで、ロッカー自体も変形し、扉が開かない、閉まらないという

ことが起きる。

　そして強引に引っ張ったり、蹴とばして閉めるようになってしまうのです。元々、頑丈に作ってあるわけではないので、変形しやすい。そして余計に劣化が進むのです。

　この件とは別な話ですが、あるところの一般の事務室での事故事例を紹介する。

　そこでも、同じようなロッカーに清掃用具を保管してあった。

　扉があったので、中の様子が見えない。扉を開けた瞬間、中のモップが倒れて来て、モップの柄で顔を打って怪我をしたという事例です。つまり微小災害が発生したということです。

　3Sが悪かったことに加え、中の様子が見えず、咄嗟に身構える、防御することができなかったのです。本人にしてみると、不意打ちを食らった、と言うことです。このようなことがあると、本人は1日嫌な思いを引きずりながら、仕事をすることになってしまう。

　そのような例を参考に、写真の現場では、ロッカーの扉を除去した。すると、扉の開閉がなくなるので、その動作や金属粉の発生もなくなるわけです。そして、中の状態が見えるので、きちんと整理、整頓をするようになるのです。

　新潟県のある会社では、廊下に電話ボックスのように、四方が透明のロッカーがあった。

　見学などのお客様にも通行中に見えるので、奇麗に保管してあった。狭い中に、如何に取り出しやすく、仕舞いやすいかをみんなで考え、工夫し、ルール化した。そこまでやっておかないと、個人の裁量で、いろいろな収納方法が出てしまうわけです。

　現場の責任者は、当然現場管理をしているでしょうが、その管理範囲の対象外との認識だと、たかが掃除用具と軽く考えてしまう。ひとたび事故、災害が発生すれば、被害者も出るかも知れません。会社に報告もしなければいけないのです。事故の内容、大きさによっては労働災害です。小さなこと、ちょっとしたことにも目配りが必要です。何を管理するか、どこまで管理するのかです。

人財育成について

　クリーン化と人財育成、安全は密接な関係にあると考えている。

現場では、クリーン化、人財育成、安全が３点セット、あるいは三位一体なのです。

　クリーン化の現場診断・指導で訪問した海外の工場の人財育成についていくつか紹介する。

【その場で指導する（シンガポールの例）】

　日本人赴任者と連絡を取って日時を決めてあったが、当日工場に入ったところ、「急な会議が入った。現地のマネージャーが対応するので、予定通り巡回して欲しい」と言うことだった。

　他にもいくつか工場があるので、予定が狂わないようにと言う配慮だった。

　その時の様子を紹介する。

　現地のマネージャーは、日本語もできるので、現場巡回には問題はなかった。現場で不具合を見つけた。それを指摘し、説明している時に異様な雰囲気を感じた。周囲の作業者が、こちらを見ているのです。

　どうしたのかと思いながら、そのマネージャーに、「次はどこを見ますか」と聞くと、「あの設備を見てください」と言うので、その設備のところに行って診断を始めた。

　ところがそう言ったマネージャーが来ない。どうしたのかと振り返ってみると、私が先ほど指摘したところに、こちらを見ていた周囲の作業者が集まっていた。その様子を見ると、「先ほど先生が指摘したところはここです」と言って不具合理由を説明していた。

　この時、その場で指導していることに気が付いた。これは非常に価値があるのです。

　良くあるのは、現場診断、指導が終了すると、「今日の現場診断は終了した。

　○○時から報告会があるので、関係者は○○会議室に集まってください」と言うようなアナウンスがあり、そこで指摘内容などが公開されるというケースです。

　その会議に出席した人で、指摘内容が気になる人は、会議終了後現場に入るでしょう。

　でも、時間が経過しているので、その不具合を誰かが取り除いているかも知

れません。発塵粉の堆積なら、その場を通った作業者が偶然気づいて、雑巾で拭き取ってしまうかも知れません。

クリーン化の最初のところで、"現場とはその場に現れる"と書いた。

つまり不具合を発見したその場です。でも"状態は変化する"とも書いた。

時間が経てば状態は変わってしまうので、後で見に行っても、証拠が消えているかも知れません。従って、状態が変化しないうちに、現場の人にその場を見せて指導することは非常に価値があるのです。

勤務の時間帯によって、全員揃うのではないが、その場にいた人たちだけにでも指導できるのです。

あるいは、その報告会の内容を翌日の朝会で連絡しても、勤務番が変わっているかも知れない。また証拠が消えているかも知れないので、言っただけ、聞いただけになってしまう。情報の価値が薄くなってしまうのです。

私も、違う現場では、周囲に作業者がいれば、見てもらいましょうと、担当者に言う時もある。もちろん直接話しかけると、作業が中断したり、作業ミスが起きるかも知れないので、必ず現場の責任者を通すが、やはり百聞は一見にしかず。その場を見ること、そして、なぜいけないのかを知ることの効果は大きいです。

このような教育、指導を誰がしたのか、小さなことかも知れないが、重要なことです。この程度のことはと軽く考え、評価には値しないという人もいるが、クリーン化では、このような積み重ねに価値があると考えている。

【背中で育てる（インドネシアの例）】

私がインドネシアのある工場を訪問した時のこと。ちょうど社長が交代した後だった。

その社長は、赴任直後から現場が奇麗かどうかを確認していた。彼の目で見ると、現場にはゴミが多いと映ったのです。ところが、その社長は、作業者に、「掃除しなさい」とは一切言わず、毎日自分がビニール袋を持ってゴミを拾って歩いたとのことです。

すると、現地の管理職が寄ってきて、「社長何しているんですか」と聞くのだそうです。

そこで、ビニール袋の中の、拾ったものを見せ、「これは製品でしょ。拾えば製品だけど、踏んだり、履いて捨てればゴミでしょう。例え小さくても、一つひとつは製品なのだから大切にしなさい。

　ゴミとして掃いて捨ててしまうと、売り上げ、利益が減るでしょう。前工程の人たちが一生懸命作ったものを大切にしなさい」と言って指導していたというのです。

　その様子を見ていた作業者が、今度の社長は怖い人ではないようだと、同じように寄ってくる。

　そして同じように、拾ったものを見せる。すると、社長がやっているんだからと、作業者も段々拾うようになった。その過程を、指導、育成の場にしていったのです。

　それを、最初に、「ゴミが多い、掃除しなさい！」と言ってしまうと、とりあえず清掃するでしょう。でもなぜ叱られているのかが理解できないと、その時だけで終わってしまうかも知れません。

　丁度、社長のところに寄ってきて、普通に会話ができる状態になっている時、つまり、聞く耳を持っている間に、なぜをしっかり教え、考えてもらうことや、コスト意識を持ってもらうよう指導したとのです。

　色々な企業の現場診断に行く時も、その現場がちょっと汚れているなと思っても、最初から厳しく言うよりも、まず先方の理由を確認しながら、どこから指導を始めるかを考えると良いです。相互に良い関係を作りながら進めることです。ここには、国民性、（国内なら県民性）風土、習慣、そしてその現場特有の風土なども把握して進めるのも良いでしょう。

　インドネシアのこの工場では、社長が背を見せて育てたという例です。同じインドネシアの工場でも、場所が変われば、指導方法も変わると思います。

　参考ですが、私が定年間近に訪問した時は、セミナーも実施した。その時は、現地メンバーでも、現場の人ではなく、技術者が対象だった。50名を超える聴講者でしたが、理工系の大学、大学院卒ばかり。その中には女性もいた。こうなると、かなりハイレベルの質問も出ます。

　この時答えられないものは、宿題として持ち帰り、後日回答した。いくら退職間際とはいえ、そのままにしてしまうと相互信頼が崩れるので、そこも大切

にしたかった。受講者を見ても、現場を見ても、どんどん良い工場になってき
ていた。常に成長しているのです。

　東南アジアを上から目線で見る時代は終わっている。そこに危機感を持ってい
る。

　海外の現場診断について紹介する。

海外の事例紹介OJT②
－中国の工場での診断風景－

危機感を
持ちましょう

着眼点指導風景　　　毎回真剣さを肌で感じた。負けないようにしたい。

通訳さん

・きちんとメモを取る。食い入るように確認。
・通訳さんも、より正確に伝えようと真剣。

通訳さんも、自分の使命とは何か、
しっかりとした考えを持っている。

海外では素直に指摘を受け入れ、改善活動に繋げようと言う姿が目立つ。
なぜを考え、自ら異常が見つけられるようになると、改善活動に繋がる。

写真：現場診断の風景

　中国の工場診断の写真です。

　左の写真は、清浄度が低いクリーンルーム内で、治具管理をしているエリア。

　私は中央下の方で、懐中電灯を持って説明している。このメンバーは、各職
場のクリーン化担当、写真の中央にいる人は、通訳さんです。

　私を取り囲み、指摘箇所を食い入るように覗き込み、私が話した内容を通訳
すると、その場所と突き合わせながら、真剣にメモするのです。

　国内の現場診断では、クリーン化担当他二、三人くらいは周りにいるが、か
なり遠くで、腕組みをしている人が目立つ。これでは確認はできない。とりあ

えず立ち会った、ということだろうと思ったりもする。せっかく防塵衣を着用して、現場に入ったのだから、その場を見てもらいたいと思う。つまり真剣さを感じないのです。

　診断終了後の報告会などで、かなりズレた質問をされる場合がある。先ほど現場で説明したのを見ていれば、このような質問は出ないと思うのです。現場で確認したクリーン化担当の顔を見ると、渋いような苦いような顔をする。ところが、中国だけでなく、東南アジアでは、このように真剣なところが多いのです。行く度に成長を実感するのです。

　右側の写真は、カバー内部の診断風景です。

　内部は製品を加工するところ、品質に影響するところです。こちらも、一生懸命な姿が目につく。懐中電灯では、ゴミの確認、劣化などの部分の確認だけでなく、指し棒の代わりに、不具合箇所を指すこともできる。遠くの場所も示すことができ、非常に便利です。

　そのゴミや場所を示せるので、画像として残りやすいのです。

　そんな風にしながら、現場診断の時間を多めに取ります。その場で不具合を確認し、納得、理解してもらいたいのです。その場は、勉強の場であり、質疑、応答の時間でもある。疑問に思ったことや、確認したいことを具体的に説明できるのです。

通訳さんの使命

　通訳さんも、一生懸命勉強をしていた。

　どうしてそんなに一生懸命勉強するのか聞いたところ、「私※は、通訳にも使命があると考えている。単に日本語と中国語をひっくり返すのではなく、聞いている人に如何に伝えるかを考えている。それには、先生の思いや考えを感じ取り、自分なりにそしゃくする。またクリーン化の専門用語も正しく伝えたい。だって先生はわざわざ遠くから来てくれているのですから。この時間を大切にしたいのです」と言うのです。

　これを聞いた時、通訳の仕事を真剣に考えていると思った。そして、その時々を大切にしているのだと理解した。このような人だから、自分でも、クリーン化教育ができるほどの人だった。効果的な指導の場にするため、水面下

298

で支えているんだなあとつくづく感じた。

※参考：この通訳さんは、西安（昔の長安）の日本語学校で学んだとのことです。

　この学校も、恐らく単に言葉を教えるだけでなく、人としての資質も教えているのだろうと思う。

　そう言えば、この工場では、会議室で勉強会の風景を時々見た。

　いくつも会議室があるが、すべてガラス張り、外からも良く見えるのです。

　そこで日本語の勉強をしているところもあった。

　日本の会社に入ったのだから、日本語も学びたいという人たちが集まる。講師は、その会社にいる二人の国際通訳だった。なんと、尊敬語、丁寧語、謙譲語など、私にもできない内容だった。

　学ぼうとする意欲は凄いと感じた。

　単に各国の言葉を学んだだけでなく、もっと深い教育があったのだろうかとも思う。

　私の海外での診断時、通訳が付く。

　これは、日本人が偉いのではなく、言葉がわからないので付いてくれるのです。

　日本でテレビを介して中国を見ると、その風景には首を傾げることが多いです。これだけでは、上から目線です。

　それも中国ですが、このように現場の人と接すると、また違うのです。テレビだけで判断してしまい、それが先入観になってしまう。つまり一面だけで判断してしまうと、誤った見方をしてしまうかも知れません。そして日本の方が……と油断してしまう。両方事実なのです。

　指導している時に、既に日本の現場は追い越されているとの危機感があった。

　退職後は、訪問していないので、実態はわからないが、恐らく、彼らは立ち止まらず、自社独自のクリーン化文化を構築しているのではないかと思う。そうなると、現場の基盤、体質は強くなっていくのです。**日々、見えない相手を想像し、危機感を持つことは大切です。**

安全について

　クリーン化は、地味なことを地道にやる活動ですが、その重要さが理解されていないと、仕事の一環と言う意識が薄くなる。ゆえに余りやりたがらない活動でもある。直ぐに成果が見えにくい活動であり、敬遠されてしまうのです。

　そして、成果主義を強調しすぎると、成果が見えやすい方になびき、クリーン化活動は軽視されてしまう。

　全体活動が好ましいが、ひとたび事故、災害が起きると、「クリーン化なんかやったので怪我をした」と言う被害者意識や、やりたくない理由が出てくる。

　昔から、"ケガと弁当は自分持ち"と言われた。結局自分が痛い思いをするので、それを避けたい気持ちもわかる。

　元々やりたくなかったのに、そこに理由付けができ、徐々に遠ざかってしまうのです。

　こうなると、やる人、やらない人、やりたくない人が出てきて、全員活動にならないのです。そうならないよう、安全に配慮をすることも必要です。安全の確保はすべてに優先させることです。

　事故、災害は労働災害になります。その当事者がつらい思いをするだけでなく、会社にとっても大きな損害です。

　安全は最優先です。安全を確保しないと、他の活動に影響するわけです。

　また、大きな事故、災害が起きるとか、再三指摘されても対応しないということであれば、その会社は従業員を大切にしていないとか、不安全な環境だということで、社会的に信頼を損ねるかも知れません。その先を考えると、企業イメージが低下し、経営にも波及するでしょう。

　まず、安全な職場、現場であることを前提とし、その上で各活動を推進していただきたい。

安全－事例の紹介①

結束バンドについて－本来の目的に合った使い方をする

1)結束バンドの尾を切る

・結束バンドの尾を切ってない
　ものが目立つ。
・結束バンドの尾で目を突いた
　事例がある。

2)重量物を固定しない

・結束バンドの耐用年数は、
　室内,最大5年、屋外,最大3年。
・結束バンドが劣化して、
　固定物が高いところから、
　落下した事例あり。

写真：結束バンドの不具合事例

　この写真は、あるところの現場診断を実施した時のものです。

　設備前面にあるチューブをカバー内壁に固定してある。この場合、結束バンドの尻尾は奥の方に向いているが、もし手前側に向いていたとしたら、目を突くかも知れません。

　また、固定した部分が剥がれると、向きが変わるかも知れません。たったこれだけのことと思うかも知れませんが、剥がれた場合は、安全の問題の他、作業がやり難いと言うことも起きるでしょう。

　作業内容や製造している製品にもよるが、剥がれたチューブに引っ掛かり、製品を落下させてしまうかも知れません。

　まず、現場を良く巡回し、異常に気付く力を養うことです。そして、このような不具合を発見したら、このままにしておいたらどうなるか、先を考え、対応しておくことです。

　結束バンドにも耐用年数がある。あるメーカーの話では、室内で最大5年、屋外では最大3年だそうです。自然に劣化するので、一度取り付けたら、そのままで良いのではないのです。

結束バンドも劣化するものだと認識し、現場のパトロールでもチェック項目に含めておきたい。

　もう一つの例です。

写真：結束バンドで機器類を固定した例（不具合事例）

　この写真は、元々クリーンルームではなかったところを、クリーンルームにした例です。

　天井には、以前使用していた配管類が残っていたので、それを活用し、色々なものを結束バンドで固定してある例です。

　結束バンドの尻尾はきちんと切り取ってあるので、そのことは意識されている。

　このように天井に固定していたものが、結束バンドが劣化、切れて事故が起きた例を紹介する。

　・結束バンドが切れ、固定物が落下、設備のカバーが破損した

　・小型のものが作業者の肩に落下して、怪我をした

・清掃する予定があり、洗剤をバケツに入れて準備しておいた。そのバケツ内に固定物が落下し、防塵衣に洗剤が跳ね返った

作業者は足元を気にしながら通行するので、天井に異常があっても、気が付くことはほとんどないと思った方が良い。

結束バンドは、高いところへの重量物の固定に使用しない（本来の目的以外に使用しない）ことを指導して下さい。そして定期的なパトロールのチェック項目の中に含めます。

このように、身の回りにはヒヤリ、ハットや微小災害の元がたくさんある。

あらゆる見方をして、一つずつ、確実に対応することが重要です。

何もしないで、問題が起きたら、「そこまで気が付かなかった、考えなかった、想定外です」と言って済ましてしまうのか、それとも、現場を良く見て、事前に事故、災害の芽を摘んでいくという予防ができるのかで、現場の力に差が出ます。ものづくりの基盤強化と言っても、このような地道な活動の積み重ねで強化される部分があるのです。

安全－事例の紹介③

イレクターパイプの切断部分に
キャップがしてないものが目立つ。

<u>事故・不具合事例</u>
①切断面は鋭角で,指,手袋が切れる。
②顔面を切った例もある。
③床側にキャップがない場合,床を削る。
④薬品の雰囲気、高湿度の場所では、
管内部が錆びる。→農業用資材であり、
内面は塗装、コーティングはしてない。
⑤錆が床に落ち、飛散、拡散し、品質低下に
繋がった例がある。
⑥治具,工具,筆記具置き場にしてある場合、
汚れや錆が付着、治具の劣化。
（治具、工具、筆記具は分けて管理する）

写真：イクレターパイプの事故事例

この写真のように、乱流方式のクリーンルーム内では、台車、作業台、棚などは既製品を購入するのではなく、パイプなどを購入し、自分たちで加工、製作している場合も多い。また、クリーンルーム以外でも多く見かける。

　既製品の多くはステンレス製で高価です。乱流方式のクリーンルームは、床面積で見ると、国内ではもっとも多いタイプです。ただし、投資対効果の面では、高額なものを購入したくないので、この例のように、資材を加工して、自分たちの現場に合ったものにするわけです。

　高額なものを、自分たちの要求する大きさに加工してもらうと、さらに高額になる。それよりも使い勝手が良いので多用されるわけです。この写真を用い、事故事例を紹介する。

　303ページの写真の上部はパイプを切断し、台車を作った例です。

　元々は農業用の資材として開発されたものです。気象を考慮し、外側はコーティングしてあるが、内側はコーティングされていない。このパイプの切断面1か所にキャップがない。

　切断面は鋭角であり素手で触れると簡単に切れる。また薄手の手袋をしていても指が切れる。

　軽く触れてみても、鋭角の部分の状態は確認でき、怪我をすることは容易に想像できる。

事故事例は2件聞いている

　切り口にキャップが無く、その前で屈んだとき、額をぶつけ、顔面を怪我したという事例を2件聞いている。

　下の写真は、作業台の床側のキャップが外れてしまった例です。

　その分、足が浮いていて、肘を突いたら、作業台が傾き、足が床に接触した衝撃で、パイプ内面の赤錆が落下した。乱流方式のクリーンルームであり、錆が飛散してしまった。その一部は床置きしてあった段取り調整用の治具に付着したなど、品質への影響も懸念される事例も起きた。

　赤錆が発生する理由は、パイプの内側はコーティングしてないことに加え、湿度が高いとか、薬品の雰囲気のある環境で錆びやすくなっていたということです。

またこの鋭角の部分が直接床に接触したことで、床も削れ、粉が出た。

作業者の改善

　パイプを切断した時に出る半端な部分を集め束ねた。そこに、治具、工具、筆記具などを収納していた事例。作業者の改善だというのです。

　ところが、金属ピンセットを入れる時、先端で内面を削り、金属粉が付いた。それで製品を扱い、金属粉が転写した。

　工具は、どこの修理に使ったのか不明だったが、グリスが付いていた。それがピンセットの先端に付着し、製品を汚していた。

　ボールペンも立ててあったが、先端のインクの塊が、ピンセットの先端に付着、それで製品を扱っていたという例です。

　このようなことは起きやすい反面、気が付きにくいです。治具、工具、筆記具は別々に保管することです。これらの汚れが製品に付着すると、製品の品質は明らかに低下する。

　余談ですが、中国のある工場の現場診断の時、水を扱う作業エリアに設置された作業台が、真っ赤に錆びているのを見た。この赤錆で作業用の手袋も赤く汚れていた。すぐに撤去した方が良いと言って、その場で室外に出してもらった。

　どうしてこのようなものを持ち込むのか聞いたところ、資材等は現地調達がある程度義務付けられている。そこで、日本国内で使用しているものと同じ材質のものを注文した。同じもの（SUS‐○○○）なのに、日本製は錆びず、中国で調達したものは真っ赤に錆びるということだった。恐らく、同じ形はしていても、鉄、クロム、ニッケルなどが正しく配合されていないのだと思う。

　現地調達も慎重に行いたいです。

掲示について

　KYトレーニングを紹介したが、これに関連して中国の工場の事例を紹介する。

　写真の掲示板ですが、この中には、人財育成や安全との関りもある。

写真：中国の工場の廊下の掲示

　この工場にはかなり頻繁に通っていた。

　左側の写真は、構内のメイン通路。お客様、見学者、社員など誰でも通行するところに、経営方針、品質方針、環境方針、クリーン化等の活動内容など、誰が見ても良い内容が掲示してある。

　右側の写真は、各職場の入り口。ここには、歩留まり、工数、作業ミスなどのデータが掲示してある。これは、直近の状況を把握したいので、半月毎に更新する。きちんと更新しないと、情報出しが遅れるので、データの価値が損なわれるのです。最上段に更新日、担当が記されている。

　各職場のデータ、数値は、現場の実力値なので、お客様や見学者はここまでは案内しない。

　初めて指導に入った時のこと。

　この掲示を見た時、非常に奇麗なことに感心、圧倒された。案内してくれた当時の社長（総経理）に、どうしてこんなに奇麗に掲示ができるのかと聞いた

ところ、「掲示はいい加減なものが多かった。日本もそうでしょう。紙の大きさが違う、古いデータや資料が貼ってある、テープが剥がれ、垂れている、破れている、丸まっている、変色している。これでは見る気がしないでしょう。掲示の目的って何ですか？

そこで、余計なことは一切言わず、紙の大きさを統一し、水平、垂直、直角だけを徹底的に指導した」と言っていた。

日本で言う徹底的とは、二、三度も言えば、徹底したということになってしまう。「あなたはくどいですね、しつこいですね」と言われそうな気がして、それ以上は言わなくなってしまうのです。

でも、この工場ではそれを半年くらい言い続けたところ、ほぼできるようになったと言っていた。

徹底するということは、こういうことなんだと思った。6Sを掲げた躾の難しさと同じだ。

この話には続きがある。

徹底的に言い続けたので、作業者の頭の中に、水平、垂直、直角が染み込んだ。その結果、現場に入ると、あの天井のコードは、昨日まで水平だったのに、今日は垂れている。

この作業台は定位置から少しずれて、斜めになっている、台車がぶつかったのかな、と言う風に、様々なことに気づくようになった。水平、垂直、直角からはみ出すものはすべて異常だと認識するようになったのです。

これを管理職に報告してくるようになった。

この時、いいことに気が付いたねとか、おかげで助かったよと言う風に、少しオーバーに褒めたそうです。そして不具合は、管理職が直していく。

褒められれば、また褒められたいとか、上司が私の話を聞いてくれたなど、様々な思いがあるのでしょう。もっとたくさんのことに気が付き、報告してくる。

それに対応する管理職も大変だったが、根競べのようにやり続けた。社員が見つけた不具合を放っておくと、段々言わなくなってしまうだろうと考えていたそうです。そして現場がどんどん良くなっていった。

暫くして、大変なことに気が付いたというのです。

それは、微小災害が右肩下がりにどんどん減っていたというのです。掲示の仕方を徹底的に指導、それが社員に浸透、それを褒めることで、社員が育ち、現場の環境が改善され、災害が減少したということに繋がった例です。

　社員も、ただ仕事をするだけでなく、会社のこと、現場のことにも目を向けるようになった。

　掲示がうまくできていないと、そこでその会社の質が判断される場合がある。

　でも、「奇麗に掲示しなさい」と言うだけでは指導のうちには入りません。それは、ただ指摘しただけです。

　上記のように本当の指導を追求すると、人も伸び、良い結果が出るでしょう。

局所排気と局所クリーンについて　　局所クリーン化二つの攻め方

　局所排気と局所クリーンを混同されている方がいます。局所クリーンについて解説する。

　ある乱流式のクリーンルームに入った時、局所排気の話をしたことがある。

　ところが、うちはそんなに高い清浄度はいらないというのです。色々話をしているうちに、話の食い違いに気が付いた。

　それは、局所排気と局所クリーンが混同しているのです。このまま話を終えてしまうと良くないので、両者のことを説明した。このようなことは、他にもいくつか経験した。従って、潜在的にはもっと多いと思う。

　クリーンルームの運転で最も費用が掛かるのは電気代です。層流方式のクリーンルームは、換気回数を多くし、高い清浄度を確保しているので、電気代は高額になる。そこで、換気回数を減らす。例えば $0.1\mu m$ でクラス 1,500 程度に落とす。そのうえで、製品はこのクリーンルーム内の大気に触れないよう、工夫された密閉容器に入れる。

　クリーンルーム内では、ロボットが搬送し、設備への給材、除材が行われる。

　この容器内の製品は、人を介さず、直接設備とやり取りをする。つまり、周囲の雰囲気に触れずに、製品を清浄な容器から直接清浄度の高い設備に取り込む。

　あるいはその逆に、設備から直接製品容器に戻す。

　簡単に言うと、宇宙船と宇宙ステーションをドッキングさせ、人がそこを往

来するイメージです。

　クリーンルームは換気回数を減らし、電気代を減らす。しかし製品だけは、高い清浄度の環境を流動させるということです。

　このようなクリーンルームには、作業者もほとんど目につかない。しかし良く観察すると、清浄度を落としている分、浮遊塵、落下塵は確認できる。また、ロボットなどの搬送設備によって気流が起きるので、床に堆積しているものも舞い上がる。特にロボットの後方に乱流が起き、それが飛散、浮遊するので、清浄度管理、現場の観察、定期的な清掃は欠かせない。そして発生源対策も継続していく。

　クリーンルーム管理の基本は同じです。

もう一つの局所クリーン化　製品の通り道をカバーで覆う

　先ほどの説明は、高いクリーンルームの清浄度を一旦下げ、製品だけを高い清浄度内で流動させる方法です。

　ただ、清浄度が高くないクリーンルーム内で、清浄度の高い環境を確保し、製品流動をしたい工程がある。

　この場合、高い清浄度が必要な部分、つまり製品の通り道にカバーを付け守ろうという考え方です。製品を奇麗な環境で作りたいという考えは同じだが、攻め方は二つ考えられるということ。

ノンクリーンルーム化について

　中小企業の場合、取引先からクリーンルーム化を要望されることがある。ところが、取引の都合でクリーンルーム化しても、その管理方法などのノウハウや指導は得られないこともある。そして、クリーンルームの中での仕事のやり方は旧態依然と言う場合もあるのです。

　クリーンルームは長期連休以外は停止することなく運転する。すると、運転費用（多くは電気代）は嵩むが、そのクリーンルームをきちんと管理しないと、品質、歩留まり向上は期待できない。

　費用が嵩むのに、品質、歩留まりが向上しないのなら、今までと同じだということで、クリーンルームをやめてしまおうと考えるところも多いです。当然

採算を考えてのことです。

　ところが、クリーンルームの運転を停止したところ、以前の、クリーンルームではない時よりも品質が低下してしまった。慌ててクリーンルームを運転したが、今度は、最初に運転した時よりも品質、歩留まりが低下したまま元に戻らなかったという例がある。

　これは、せっかくクリーンルームにしたが、その管理方法を知らず、運転を止めたら、タガが外れるように環境が悪くなった例です。こうなると、どこが、何が悪いのか皆目見当もつかないということになってしまう。

　一般の作業エリアでも、クリーン化の考え方を含めた作業者教育を実施し、急所を押え現場を奇麗にすれば、かなり良いレベルにすることができる。

　これまでの経験から、クリーンルームではないところでも、管理次第では、クラス100、000のクリーンルーム（Fed、Std）のレベルよりも良い環境にすることができると考えている。

　海外の工場で、ノンクリーンルーム化をしたところがあった。

　クリーン化教育も実施し、その上で、一つずつ、やめて良いか確認しながら、ノンクリーンルームにしたのです。それ以降もクリーン化教育は継続していた。

　クリーン化をやめたのではないのです。クリーン化の思想は残しながら、石橋を叩いたということです。もし何か不都合なことがあれば、何がいけないのかすぐに判断できるので、品質低下の影響を最小限に抑えながら元に戻すことができるのです。

　言われた通りにやってみたら、ダメだったのではなく、導入する時から自らが主役になって情報を集め、自分たちのクリーンルーム管理のノウハウを構築しましょう。そこが費用対効果の分かれ道でもあります。

地震対策について

　日本列島はどこで地震が起きてもおかしくありません。

　ここでクリーンルーム内の地震対策の一部を紹介する。

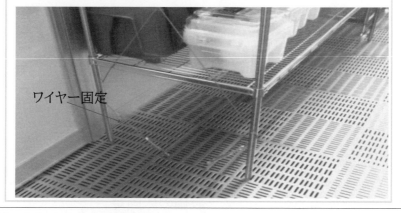

写真：クリーンルームの地震対策1

　これは、半導体の工場の中の地震対策の一つです。床は全面穴あき。つまり層流方式のクリーンルームの例です。床の開口面積はいくつかの種類がある。

　それと、この写真のように1枚の床を4分割し、開口の向きは隣同士変えて設置している。気流が平均して床下に落ちる工夫です。

　この地震対策の例は、製品棚をワイヤーで床に固定している。これでは大きな地震が来たときには破損してしまうかも知れません。でも、地震は頻繁にあるので、程度の小さなものはこれでも対応できる。少しでも被害を抑えようという考えです。

　この写真を見ると、床ごと持ち上がってしまうのではないか、と思われるかも知れません。

　床に固定しているが、床も建物本体にしっかり固定されている。

私が山形県の工場に赴任する前ですが、東北で大きな地震があった。東日本大震災よりも前のことです。岩手県が最も大きな被害が出たようです。半導体メーカーでも工場が大きな被害に遭い、操業できないところも出た。

　そこで山形県の工場の保全メンバーの一部も支援に行った。その人たちの話を聞くと、何トンと言う重量の設備が動いてしまい、固定していた太いボルトも引きちぎれていたと言っていた。

　私の赴任中は、中越地震があり、多くの自動車部品の工場も操業停止になったが、自動車メーカーからの応援で立ち直ったところもあった。

　こちらにも、ある半導体メーカーの工場があり、様々な支援があったと聞いている。同業者も相互に支援するのだ。

　そして、東日本大震災にも遭遇した。地震は忘れない頃にやってくるのです。

　日常的に少しでも対策していくことが重要です。

　起きてしまったら対応するという後手ではなく、過去から学び、先手を打ちたい。

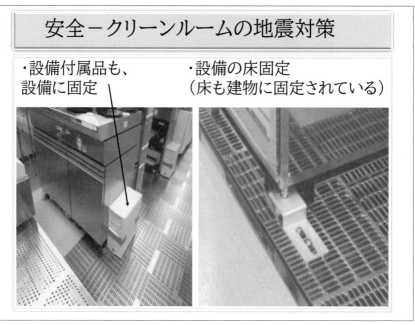

写真：クリーンルームの地震対策２

　写真の左を見て下さい。左の設備の付属品を設備に固定した例です。

　地震が発生し、この付属品が倒れたとする。

　もし地震が発生し、停電になった場合、逃げる時にこの付属品につまづくかも知れません。また後続の人もその上に折り重なるかも知れません。その通路を確保した例です。

　この床にはテープが貼ってある。これは安全通路で、ここを避難する。

　安全通路は、労働安全衛生法でルールが決まっている。それに沿った考え方です。

　ここはイエロータイプのクリーンルームですが、床に貼ってあるテープも薄い黄色のもの（蛍光テープ）を採用している。天井灯が消えてしまっても、しばらくは光っているので、それを頼りに避難する。暗くなってしまうと、どちらへ逃げれば良いのかわからなくなってしまい、パニックになってしまうのでそれを避けたいのです。

　次に、右の写真、台車を固定してある。台車の周囲がステンレスのため、周囲の風景が映ってしまっていて見難いですが、その車輪を固定した例です。

　地震があると、クリーンルームの中のもの、特に車輪があるものは激しく動く。ストッパーがあっても、余り効かないので床に固定してあるのです。

　色々なものが動いてしまうと、避難の障害になったり、作業者に衝突するなど、大きな事故に繋がるかも知れません。予防保全と同じで、予測して手を打つことです。

　余談ですが、地震が発生すると、テレビ局内の揺れ状況が映ることが多い。

　あの時、高いところに載せてあるものや、乱雑に積まれた書類が目に付く。

　また、大学の教授や専門家へのインタビューの画像を見ても、背後にうず高く積まれた書類を見かけることがある。あれらは落下しないのか、崩れないのかと心配になる。地震対策は、ものづくりの現場より遅れていると感じる。

　クリーンルームだけでなく、色々なところの問題に気づく人が増えれば良いと思っている。

クリーン資材について

　クリーンルームで使う資材（クリーン資材）を解説する。クリーン資材は、

防塵衣、防塵紙、筆記具、ワイパー、掃除用具、クリーンマットなどがある。選定のポイントを解説する。

1. 防塵衣、フード、クリーンシューズ

防塵衣、フード、クリーンシューズは、使用するクリーンルームや作業によって、要求されるものは違ってくる。白ければ何でも良いというものではないのです。

- 清浄度の高いクリーンルームでは、パーティクルの捕集効率の高いもの、クリーンルームの床が穴あきの場合、防塵衣内のゴミを床下まで落とすタイプにするか（クリーンルームの構造と、防塵衣の仕様をセットで考える）
- 静電気の対応（導電糸が縦に入るタイプか、格子状に入るタイプか）
- 手作業がある場合は、防塵衣の袖が二重袖の方が良いか
- 防塵衣とフードの一体型が良いか、分離タイプが良いか
- クリーンシューズとソックスが一体型か、分離タイプか
- 安全靴タイプのシューズは必要か
- 防塵衣の色は？　作業者用、管理職用、メーカー用、来客用、業者用など使い分けるかどうか。白、青、ピンク、黄色などがある
- 東南アジアなどでは、安価なものも出回っています。その場合は、生地を両側に引っ張ってみて、生地の縫い合わせがきちんとできているか確認したい
- 重ねがなく、針が通った穴が目視で確認できるものがある。つまり、針穴がゴミの通り道になっているのです。これでは、防塵衣の役目を果たせません。

2. 防塵紙

- 使用例は、製品流動表、設備などの点検表、個人のメモなど、持ち込みが必要なものは防塵紙に印刷して持ち込む
- 扱い方によっては発塵するので、清浄度の高いクリーンルームでは、電子化により、防塵紙の持ち込みは少ない

・メモが必要な場合、クリーンノートがある。数種類のタイプがあるので、それを活用しても良い

・防塵紙の色は、薄水色、ピンク、黄色、グレーなどがある。品質関係、保全関係、その他など色によって使い分けしているところもある

・防塵紙は発塵することを意識し、持ち込みの制限、扱い方、廃棄の仕方などルールが必要

3. 筆記具、事務用品

・クリーンルームペン

　ノック式のボールペン、シャープペンは発塵が多いので、持ち込みはしない。汚染等に敏感な製品加工工程では、持ち込まない方が良いが、持ち込みが必要な場合、インクの成分分析をしておきたい。余談だが、液漏れの可能性があるので、航空機の中には持ち込まない方が良い。製品の容器に、その旨記載してあるメーカーもある。

・プリンター用インク

　プリンター用のインクは、染料タイプ、顔料タイプがある。

　染料タイプは浸み込む。また顔料タイプは、紙に盛り上がるような印字になる。

　顔料タイプは、紙を擦り合わせたり、丸めるとインクが剥がれ落ちるので、繊細な製品製造では使用は避けたい。インクカートリッジの箱に記載がある。

　客先監査でも、どちらを使用しているかを聞かれることがある。

4. ワイパー

・ワイパーは、大きく分けて、化学繊維と不織布がある。どちらも長繊維です。

　不織布は繊維が千切れやすく、発塵しやすいので、治具や製品等への使用は避けたい。化学繊維、例えばポリエステルが代表例だが、その他の繊維を混ぜるような加工をしているものもある。評価し、目的に合わせ、使い分けをしたい。これも防塵紙と同じで、端面から発塵する。

・端面からの発塵を抑えるよう工夫されているが、切るとその部分が失われ発塵するので加工しないこと。
・製品品質に影響が懸念されるところ、例えば設備チャンバー内のクリーニング、真空ピンセットのクリーニング、製品容器などは、化学繊維を用いる。
・作業台や設備のカバーのクリーニングなど、品質への影響が少ないところでは、不織布にするなど使い分けたい。大きさは様々だが、同じサイズでもメーカーによって、若干大きさに違いがある。評価して採用することが好ましい。
・なお、化学繊維では、極細タイプがある。鏡面、例えば液晶のガラスを拭く時などは、拭き取りが奇麗にできる。
　普通のタイプでは、汚れを押しつぶして広げるようになるので、奇麗に除去できないが、極細タイプの繊維の方は、汚れを絡めて除去するようになるので、奇麗に除去できる。眼鏡拭きのイメージです。拭いても傷がつかないのです。

5. クリーンマット

・クリーンマットは、粘度、重ねの枚数、サイズ、色、台紙を使うかなどの項目を評価して採用したい。不具合事例は後で紹介する。

6. 掃除用具

・クリーン雑巾、クリーンモップ、細かいものでは、綿棒などがある。
　綿棒などは、クリーン資材メーカーから調達したい。市販品は、柔らかさ、肌触りなどを優先に作られているが、短繊維のものが多い。それらは繊維のゴミが出る。
・ハンディモップなど、静電気によってゴミ、埃を回収するタイプは、静電気の影響が考えられるところでは使用しないこと。
　半導体では、ウエハーが切断され、チップになる工程以降は、静電気による品質低下が考えられる。技術、品質などの許可をもらうことが必要。

1. クリーン資材の選定について

　クリーン資材の選定、導入はカタログだけを見て購入したり、営業マンの話だけで決めてしまうことは避ける。まず、サンプルをもらう。また防塵衣など高額で、もらうことができないものは、借用することです。そして、実際に自分たちで評価し、納得して採用する。営業マンの話も、参考になることが多いので、判断の参考にしたり、知識が増えるので良く聞いてみましょう。

【不具合事例】

例①：クリーンマットの不具合事例

・安価なものを購入したところ、逆にコストが上昇した（見えないコスト発生）

　生産管理や経理部門が、安価なクリーンマットを見つけた。それを現場に購入するよう指示したが、購入費用が逆に上がってしまった例。クリーンマットはビニールに粘着物が塗布されている。この問題の製品は、ビニールを極限まで薄くし、コスト低減を図ったものだった。

　剥ぐ時、ビニールが薄すぎてなかなか剥げない。手袋を脱いで、手で直に剥そうとしても、金属ピンセットを使ってみても剥せなかった。最後にはカッターナイフを隙間に入れ少しずつ剥そうとした。ところが、ビニールが薄すぎて、途中でちぎれてしまった。

　その様なことをしているうち、2枚一度に剥いでしまうなど、余計に剥いで捨てていた。

　また、作業者にしてみると、作業の合間に短時間に剥ぎたいのに、かなりの時間がとられ、作業、生産に影響が出てしまう。そしてこのように見えないところでコストが上昇していたのです。

　机上の計算だけで採用すると、このようなことになるかも知れません。自分たちで使って、評価して、納得してから購入するということはこういうことです。

・強粘度品を購入したところ、マットを踏まなくなった

　クリーンマットの粘度は、強粘度と弱粘度、または強粘度、中粘度、弱粘度

317

と言う風に、２種類か３種類がある。強粘度はすべてのゴミを取ってくれると思い、購入したところがあった。その外注さんにクリーン化の診断に行った時、クリーンマットが非常に奇麗だったので色々聞いてみた。

結果的には、粘着力が強すぎて、足を取られる、靴を取られる、そして転びそうになる。

また、エアシャワー前では、転倒しそうになり、エアシャワーのドアに激突した例もあった。

その上を台車が通った時、車輪に巻き付いて取れなくなった。荷物を下ろし、台車をひっくり返して、何人かでやっと取り除いたということもあった。そんな嫌な思いをしたので、クリーンマットを避けて通るようになったというのです。何のためのクリーンマットか、と言うことになってしまう。

・マットの粘着物が、靴底に付着、靴底、床を汚した

クリーンマットに塗布してある粘着物が、靴底に付着する。それで歩くと床の汚れが靴底に付着し真っ黒に汚れる。さらに床も汚れるという例があった。

この原因は、粘着物が均一に塗られていなかった。その厚い部分が靴底に付いてきたのです。

クリーンマットは、東南アジアでも作っているところは多い。しかし評価されていないものもあり、それを輸入している場合もある。

・マットが破れ、剥がせない、床が剥がれる

ビニールタイルの床に直に貼っているところがあった。そこでは、クリーン化活動を始めたばかりだった。

クリーンマットは、15枚〜60枚くらい重ねてある。これを積層と言う。

その現場では、15枚よりも60枚の方が交換の手間が少なくて済むと思い、60枚積層のものを購入した。

クリーン化活動を始めた頃は、午前、午後各１回ずつ剥していた。段々奇麗になってきて、１日１回、そして３日に１回剥せば良いレベルになった。最後の１枚は、ビニールの両面に粘着物が付いている。その上を歩く人の数は変わらないが、剥す回数が伸びたので、その上を歩く人の数は増えるわけだ。そし

318

て最後の１枚を剥す時、密着しすぎて剥せなくなった。それを強引に剥したところ、ビニールタイルも一緒に剥がれ、セメントの粉のようなものまで剥がれて来たというのです。

　色々なトラブル事例があるので、聞いただけ、カタログを見ただけで採用せず、あらゆる評価をしたい。

　新型コロナウイルスが日本に入って来た時、マスクが極端に不足した。私も仕方なく、海外のものを箱入りで購入した。マスクの形はそっくりだったが、実際に使おうとしたら、紐が本体にきちんと圧着されていなかった。その箱のものはほとんど未使用のまま捨てることになった経験がある。

　これは事前に評価ができないので、その１箱で済んだが、同じような経験のある方もいるのではないだろうか。

例②：営業マンの推奨品失敗例（クリーンワイパー）

　クリーン化担当になって、初めて営業の方と話をすることになった人の話です。

　営業の方の話では、当社のワイパーは、品質、価格ともに他社より優れていると説明があった。当時は、それを鵜呑みにして大量に購入してしまったというのです。

　ところがそのワイパーは、品質評価がされていなかった。しかも他社の２〜３倍の価格だった。

　後でわかったことですが、その会社は東南アジアから調達し、それをそのままカタログに載せていたというのです。

　この事例では品質はどのように良いのか。どのような評価をしたのか、そしてそれらの具体的なデータを見せてもらうなどの要求をすべきでした。また、価格も、他のメーカーのものを調べたり、他社の営業の方の話も聞くなどして納得してから購入すべきでした。

　購入の決定は、時間をかけて、サンプルを使用してみたり、品質、価格を確認してから採用することです。

例③：クリーンワイパーの価格

あるメーカーにワイパーを注文した。

メーカーから直送なので安価と判断したが、同じ製品を代理店経由で購入した方が、直接購入するよりも安価だった。

その理由は、自分たちのところで使う量は少ないので大量に購入はしない。

僅かな量を製造元に注文しても、発送のための手配に手間がかかりすぎて、安価にはできない。でも、代理店では同じものをたくさん購入して、それを注文が来たA社、B社へと振り分ける。つまり薄利多売ができるので、購入側も安価に手に入れることができるのです。

このように購入ルートも確認して、購入費用の節約に繋げましょう。それは、最終的には、自社製品の価格や利益にも影響してくるので、僅かなことでも配慮が必要です。SDGsと言う観点でも、色々な着眼点が出てきます。

第三章　品質について

　"はじめに"のところで、日本のものづくりの品質問題、および私の危機意識を記した。

　クリーン化は品質に直結する。

　この場では、私の品質についての考え方や思いを現場目線、現場視点で綴ってみる。

　理論、理屈ではなく、実際にものづくりに関わって感じたことが殆どです。

日本のものづくりは、いったいどうしてしまったんだろう……

〈企業の不祥事が後を絶たない〉

◆大企業の不祥事

　その事例をいくつか拾ってみよう。

- ・エアバックの品質問題：品質問題もだが、気になったのは、こんなに重大なことなのに、都度の会見にトップは不在だった
- ・新幹線の台車の品質問題：それが判明しても、他の部門、工場では不正が続いていた
- ・飲む水虫薬に睡眠薬が混入されていた
- ・製品の品質データが改ざんされていた、しかも一社だけではない
- ・大手自動車メーカーの系列で、車の点検整備をせずに車検を通していた
- ・標準はあるが、その通りやっていなかった
- ・建築物の耐震工事の手抜き、データ改ざん
- ・コンクリートの混入

　その他にも多々報告されている。まだまだ出てくるだろう。

◆大企業は中小企業のお手本ではないのか

これらの不祥事は、日本を代表する、そして世界的にも有名な企業によるものだ。

その内容は、人命に影響する重大な問題である。

大企業は、中小企業のお手本になるべき立場だとの認識はあるのだろうか。

対応の仕方では、例え大企業と言えども、信頼を損ね、存続すら危ぶまれる。その例もいくつか出て来ている。

◆経営トップの姿勢

トップの会見を見ていても、

・これは現場がやったこと

・でも品質には問題はない

と言う弁解の場面をいくつか見た。反省が感じられないのだ。それで良いのだろうか。一時しのぎ、思い付きの発言としか思えない。

あるいは、いつ公開するのか、社内や他社の様子をうかがっているところもある。公開しないで済むなら、そうしたいという雰囲気もうかがえる。

悪い情報の公開は後回しにしたい気持ちもわかるが、企業の姿勢としては真っ先に行動すべきである。

現場で作ったものを売る、つまり現場の稼ぎが全部門に配賦されるのに、問題があれば現場のせい、でもその分け前は自分たちももらうのだ。これでは、現場とは乖離してしまうだけだ。

◆内部通報者の良心

ただ、救われることは、内部からの指摘である。

内部通報は、犯人捜しの対象になる場合が多く、自身の安全を考慮すると、行動を起こしにくい。そのことをわかっていながら、通報するのだ。

犯人捜しをするのは、会社が被害者だという意識が強いからだろう。

"黙っていればわからなかったのに"と言うことだろう。ここには心、良心は存在しない。

組織の硬直化もその一端だと感じる。

◆心が伴う行動

　"人は心に痛みを感じて行動する動物"だと言われる。その行動をした人は、これではいけないと心に痛みを感じたのだと思う。

　でも、行動を起こすために、どれだけの勇気と覚悟があったのだろうか。計り知れない。

　放ってはおけない良心や、正義感があったと思う。"心が伴う行動"である。

　自らの身の安全を冒してまでも、消費者のため、会社のため、そして正しいものづくりのため、と言うことを優先させた勇気ある行動である。犯人捜しをするようなところでは、そのことが認識されているだろうか。

◆魂の抜けたものづくり

　このような不祥事を見ていると、"何のために、誰のために、作るのか"と言う部分が抜け落ちてしまっていると感じる。

　"安全、安心を届ける"と言うが、実際には作ることが目的になって、それに伴う"心"が失われている。魂の抜けたものづくりである。

　安心、安全という言葉が一人歩きし、軽い言葉になっている。言葉の重さを感じない。言葉と言葉の重さが乖離しているように思う。

　ものづくりも、使う相手のことを考えて作っていたはずだ。

　食品メーカーでも、過去、賞味期限切れで返品された牛乳を製品に混ぜ、再出荷していたとか、精肉も、他の製品を混ぜ、販売していた例もある。

　最近では、菓子製造会社でも、繰り返し小規模の火災が発生し、監査や指導がされていたが、工場が全焼する大火災になってしまった。そして多くの尊い命も失われた。

　行政の指導回数も多かったわけだから、指摘だけでなく、早い段階で対策が講じられ、それが確認できるまで工場停止の措置が取られれば、被害は軽減されていたのではないだろうか。

　このような例は、先ごろの北海道の観光船が沈没し、大勢の方が犠牲になった事故も同じようだと感じる。両方に甘さが感じられる。第三者から見ていても、心が痛む。

　同じような不祥事は、政治の世界や、公務員の中でも起きているのだから、

日本全体として捉えても良いかも知れない。

◆日本のものづくりの心はどこへ行ってしまった？

　日本のものづくりの心をどこかに置き忘れてしまった。その危機感を共有していただきたい。

　最近の日本のものづくりは世界に胸を張れるだろうか。

　昔は、日本品質、メイドインジャパンなどと、良い評価がされていた。

　良い品質のものをつくり、送り出してきたからだ。ここには、ものづくりの心が存在していた。

　そしてノウハウが蓄積され、継承され、それが日本の経済を支えて来た。

　それを今、手放そうとしているように見える。

　日本は資源に乏しい国である。海外から資源を購入し、それを加工、輸出する、加工貿易型の国だと認識している。

　つまり、製品加工技術が必然的に高くなった。さらにその技術は日々蓄積、向上され、磨き上げられてきたのだろうと考える。

　でも最近はどうだろう。

　それらの言葉はどこかで消えてしまった、あるいは置き忘れてしまったような気がする。そして油断、慢心しているのではないか。

　分起点を考えると、団塊の世代の人たちが築いてきた。その世代の人たちが現役を退いた時に、一緒に無くなってしまったのだろうかとも考える。

　大手メーカーで人命にかかわる品質問題が多発している。どうしてあのようなことが頻繁に起きるのか疑問だ。

　標準、ルールはあっても、それとは無関係に作業がされているようにも感じる。それを守る仕組みがないのだろうか。

　殆どの企業で、ISOなどの取得や順守がされているはずだが、チェック機能がないのだろうか。

　長い間それを掻い潜って来たのにも違和感を覚える。

　報酬に対して満足のできる仕事をしてきたのだろうか。

　このあたりに、日本品質はどこへ行ったのだろうと思うとともに、心に痛みを感じる。

　日本の品質レベルが高かったのは、元々心の品質レベルが高かっただろうと推測する。

　その日本製品の品質レベルは、先人のお陰で長い間高められてきたのに、その上に胡坐をかいて、多少のことなら手を抜いても大丈夫だろう、という意識もあったのではないだろうか。そしてそれが増幅していると感じる。

　これが日常的になってしまったのでしょう。その胡坐の下の土台が徐々に腐食してきてしまった。そんな気がしてならない。

　腐ってしまった土台は、復元には時間と手間がかかるだろう。つまり存続できない企業も出てくるのだ。このことをもう一度考えてみたい。

　"ローマは一日にしてならず"と言うが、日々の努力、積み重ねで得られてきたことが、あっと言う間に崩れてしまうかも知れない。

　私が今回執筆、出版に至ったのも、今の日本のものづくりに"心"が失われている。そこに警鐘を鳴らそうという思いを込めている。

　この"心"については、次の人財育成のところで再度触れる。

〈私の考える品質〉

◆品質って何だろう

　経歴のところでも触れたが、私が入社した時、高級腕時計の組み立て部門の課長が、時間外に定期的に品質管理の勉強会を開いてくれていた。

　最初の話で、いまだに印象深く残っているのが、「FMカーは買うな」という言葉です。

　もう50年以上前の話です。

　米国では、金曜日になると、明日はもう休暇だとソワソワする。また月曜日には、遊び疲れている。

　F（金曜日）とM（月曜日）に作った車はネジがしっかり締めてないとか、部品がきちんと取り付けてないかも知れない。つまり品質が確保されていないかもしれない、という例え話です。

　課長がこれを最初の話題に選んだのは、**ものづくりでは品質の作り込みが如何に重要なことかを言おうとしたのでしょう。**インパクトがあった。

いきなりQC七つ道具から入るのではなく、恐らく最初に印象深い話をして、聞く耳を持ってもらうとか、品質のことを考えたり、興味を持ってもらいたいという思いがあったのだと思う。

この頃の朝礼では、お客様から届いた手紙が紹介されたこともあった。

会社の担当部門だけで処理せず、顧客の生の声が現場に届くのだ。

この時は、顧客からの声の紹介ではあるが、自分も高校入学時、初めて腕時計を買ってもらい、嬉しかった時のことを思い出す場であった。その両方の立場になる機会でもあった。

日々済々と製品を作り送り出すだけではなく、顧客の顔が見えるような気がする。

すると、今組み立てている製品は、どんなお客様が購入してくれるのか。満足してくれるのかも考えるようになる。

お客様の喜ぶ顔が見たいと思いながら、心を込めて品質の作り込みをする。

この双方向の時代だった。

私が実際に遭遇した事例を紹介しながら、品質に対する私の考えを記す。

〈時計時代に学んだ品質意識〉

◆規格に入っていればそれで良いのか

私が入社した時配属されたのは、高級腕時計の組み立てラインだった。そのラインの作業者の話です。

十人ほどの作業者で一つのラインを構成し、順次後送りしながら組み立てを行っていた。

腕時計は地板と呼ばれる、基になる部品に、歯車など様々な部品を組込んでいく。

それらの部品には赤い石（人工ルビー）がはめ込んである。

ルビーはダイヤモンドの次に硬い（ピッカース硬さ）ので摩耗しにくいと言う理由で使われるが、その次に硬いサファイヤ（透明）が使われる場合もある。

この石の数が25個あれば、25石と呼んでいる。

この丸い石の中心に穴が開けてあり、歯車の真を差し込む。摩耗低減させる

ため、その穴の周りに油を付けている。この場所のことを油溜まりと言い、その作業を注油と言う。

　この作業者は、前工程から流動されて来たものに、いくつかの部品を組み込む工程を担当していた。

　作業中に油の位置が中心から少しずれているものを発見した。

　上司はそれを見て、「これは規格内だから流動して良い」と言ったところ、その作業者は、「**規格に入っていればそれでいいのですか。私は満足しません。私ならこれは買いません**」と言ってその油を丁寧に拭き取り、自分でやり直した。

　これでは自分は満足しないと思ったのでしょう。少しでも品質を上げようとした、心が伴う行動です。心の品質レベルが高かったと感じる。

　この女性は、「細かな部品を使い、精度の高い製品を作るのだから、繊細な心も必要ではないか」とも言っていた。

　私が入社した頃のことだが、この言葉は、今でも私の心に鮮明に残っている。

　規格や標準は品質を確保する最低限のことである。この作業者は、妥協せず、良い品質のものを作りたい。それを市場に送り出したい。そこに思いを込めたのです。

◆心の品質

　当時は、“心を込めて品質を作り込む”ことが合言葉になっていた。

　買っていただくお客さまの喜ぶ顔を想像しながら、製品にその思いを込めることです。

　そしてそれに相応しい作業を心がけ、自分の仕事に自信と愛着を持っていたのです。

　プロ意識を持ち、妥協せず、絶えず高い技術、技能を追求し、磨き、そして成長していく、自己を高める努力の継続です。

　これは標準書に書かれていない、“心の品質”です。

◆品質問題やクレームをなくすには

　最近、クリーン化のセミナー、講演会などで、“品質問題やクレームをなく

すにはどうすればいいのか”と、質問されたり話題になることがある。

　私は、“ものづくりの根底には、自社製品に愛着を持ち、自分の仕事に誇りを持って品質の作り込みをする。そして満足できる製品を市場に送り出していくことが、大切なことではないか”と考えている。

　もちろん、その製造環境も奇麗でなくては、良い品質の製品は作れない。

　ゴミだらけの中で、良い品質の製品を作り込むことには無理がある。

　標準通りの作業をするだけでなく、心を込め、自分が満足できる品質の作り込みをしているか自問したり、考えてみませんか。

◆品質は人の質、人の質は心の質

　いい加減にやった仕事には気まずさが残る。

　そしてこの程度で良いと思えば、その程度の品質になってしまう。

　そうして作ったものを自信を持って市場に送り出していけるでしょうか。それを自分が買うのかも知れません。

　相手の立場、お客様を思う気持ちを大切にし、満足のいく品質の作り込みをしたい。

　私は、“品質は人の質、人の質は心の質”だと考えている。

　日本のものづくり品質の良さ、強さは……

　①工程で品質を作り込む　②作業者の品質意識が高い　ことだと言われてきた。

　ここが他国との違いだと考えている。

◆心の品質レベルを高めることは、見えない付加価値をつけること

　プロ意識、誇りを持って仕事をする。つまり“心の品質レベルを高める”ことで品質問題やクレームは減るのではないでしょうか。

　“心の品質レベルを高める”とは、“見えない付加価値をつける”と言い換えても良いでしょう。

◆国内空洞化と心の空洞化

　最近は国内空洞化に伴い、様々な技術も海外に出て行っている。

いろいろなものが出て行くと、あとは何が残るのだろうか。

もうコストメリットも薄れているので、残る強みは何かと時々考えてしまう。

国内のものづくりには、このような"心で品質を作り込む"ことしか残らないのではないかというところに辿り着く。それで品質を高め、維持していくということでしょう。

あるいは、これが海外と比較しての唯一の差別化の部分のようにも思う。

そういうものが失われ、**心の空洞化**が拡大、浸透してきて、やがて置き換わってしまうのかも知れないとさえ思う。

そして日本のものづくり基盤が軟弱になって行くのではないだろうか。

先ほどの大手メーカーの不祥事、胡坐をかく部分です。

会社に行って標準通りに仕事をして、給料をもらっての繰り返しではなく、**心の付加価値**を考えることも大切です。

刀鍛冶は、刀を作る時、魂を入れると言います。

私たちも、心を込めたものづくりを探求し、品質向上、クレーム撲滅に貢献したいものです。そしてものづくり基盤の体質を強くしたい。

クリーン化のところで説明したが、クリーン化の四つの目的の一つに、**品質向上**がある。これは、"**ゴミによる品質問題やクレームを出さない**"ということです。

もし、このようなことが起きてしまったらどうなるのか。

◆品質問題の発生、発見

社内で対応できた場合　〈生産者危険〉

品質に問題のある製品が、社内にあるうちに発見された時は、対象となる製品の流動を止め、やり直しや手直しをして、再流動をすることができる場合がある。

ただし、その前に原因究明と改善対策ができないまま流動しても、繰り返しになってしまう。

原因究明と対策が講じられるまで、生産活動が長時間停止するという損失も出る。

これには、単に該当品の引き揚げ工数だけでなく、やり直し、手直しの工数、

設備稼働のための費用や原材料については二重の費用が掛かる。そして納期にも影響が出る。単にやり直せばよいというものではない。

ましてや、やり直しができない場合は、その時点で廃棄され、原料（補填）投入から始めるので、費用の損失は大きい。また、納期や数量の確保にも大きな影響が出る。

だからと言ってそのままにしておくことはできない。お客様がいるのだから。

この影響を考えると、社内にあるものを廃棄することは、自社が損失を被るのである。

これを品質管理では、第一種の誤り、あるいは生産者危険（生産者が損すること）という。

社外に流出してしまった場合　〈消費者危険〉

問題が発見された時、すでに市場に出てしまったものがあれば、それを購入した消費者が損害を被るのである。

これを品質管理では、第二種の誤り、または消費者危険（消費者が不良品を買わされる、損をする）という。

◆会社が潰れるという危機感

かなり前に大手メーカーで発生した事例だ。

洗濯機のヒット商品で売り上げが急増している矢先、ストーブの死亡事故が発生した。

この時、ヒット商品の儲けなど吹っ飛んでしまい、会社が潰れるのではないかという危機感を抱き、多くの社員が街頭でチラシを配ったという話がある。

しかし広範囲に渡るので、すべての回収は不可能に近い。

この例のように該当製品の回収を途中でやめるわけにはいかず、十数年以上経過した今でも、テレビやチラシで回収をしようとしている。人命に関わることだからだ。

この活動には相当な費用が掛かり、加えて、その企業の対応のし方によっては信頼性も低下する。企業の存続をも左右するかも知れない。

◆品質は一番確かなセールスマン

団塊の世代中心の世の中は、大量生産の時代でもあった。

ところが、大量ゆえ品質問題が発生した場合、回収が間に合わないこともある。

それを購入した顧客が嫌な思いをする。その数が多いのだ。しかも生命に関わる問題もある。

品質が不安定なものを営業の力で売っても、その営業マンの信頼も損ね、ひいては会社の信頼も損ねる。

"品質を追求したものづくり"に徹することが重要であり、品質の確かな製品は、評価される。"品質は一番確かなセールスマン"である。

◆グッドマンの法則

グッドマンの法則は第三法則まである。

いずれも企業経営者や営業の方などはご存じだと思う。

この中の第二法則は、"苦情処理に不満を抱いた顧客の非好意的な口コミは、満足した顧客の好意的な口コミに比較して、二倍も強く影響を与える"である。

端的に言うと、悪い情報ほど速く、広く拡散するということだ。

いやな思いをした人は、そのメーカーの商品を買わないようになるばかりか、その不満をあちこちにぶつける。

それを聞いた人たちの先入観になってしまう。やはり品質第一だ。

◆ QCD　なぜQが最初なの？

ものづくり企業では、QCDという言葉が良く使われる。

Q（品質）、C（コスト）、D（納期）のことだが、なぜこの順番なのか。

なぜQが最初に来るのかを考えてみると、消費者は品質が良いかどうかを最優先に考える。

つまり購入者の心理では、まず品質優先なのだ。

安かろう、悪かろう、という言葉は、品質には期待していないということだ。

内容にもよるが、品質の悪いものを販売し、顧客が何らかの被害を被った場合は、PL法（製造物責任）に触れることもある。従って企業側も、品質を優先したものづくりを意識していると思う。

◆社内完結品は品質の作り込みが甘い？

製造している製品を他社に収める場合は、相手の会社から品質の監査があるだろう。

客先監査（Audit）と言われるが、書類監査と現場監査がある。

どちらも厳しく確認されることが多い。ここで指摘されたことは、改善、対策を取り、報告する。

内容によっては、エビデンス（証拠、根拠）を求められることもある。

監査後の回答も重要な仕事だが、取引先が多いと、監査も多く大変な仕事だ。

そこで、常に良い状態を維持しているか確認するため、内部品質監査を導入しているところも多い。日ごろから良い状態にしておきたいのだ。

そして、その指摘内容を改善していく。その積み重ねで成長していくのだ。

ところが、他社との取引がなく、自社内で完結する製品製造の場合、厳しく現場を見る機会は少ないようだ。

作業ミスや工程中での製品廃棄なども内部で処理できるからだ。自然に甘くなる部分である。

コスト的な損失があっても、利益が出ているうちは、危機意識は薄い。

それでは、製造中の QCD いずれにも影響し、利益も薄くなる。様々なロスが発生するからだ。

ただ、そこに危機意識を持っているライバルがいれば、当然価格競争では勝ち目はない。

様々なロスは今でいう、SDGs に関わる部分もある。

その様なところも、内部品質監査の仕組みを作り、日常的に品質改善につとめてもらいたい。

◆車のリコールを使用者側から考える

車のリコールが時々ある。1件で対象が数万から数十万台ということも珍しくはない。

これを購入した立場で考えてみよう。

リコールの通知が来ると、販売店や修理工場に連絡する。

部品の調達上の問題から直ぐには対応できない場合がある。

　自分の仕事の都合や休暇が取得できない場合もあり、なかなか思うようには進まない。

　これに割かれる費用や時間は大変なものだ。

　私なら、被害者意識の表れかも知れないが、時給計算をしたくなってしまう。ロスの見える化である。

　しかも大勢の顧客が自ら行動しなければいけない。余計な気遣いをしなければいけないのだ。そして日常生活にも影響が出る。

　これは、国内全体で見ると大きな経済損失ではないだろうか。

　まず未然防止、その次は、限りなく影響を抑える。それでもやむをえないのなら、もっと良い対応の仕方はないのかと考えて欲しい。顧客は国内だけではないのだ。

　リコールが出ない車づくり、それが当たり前になって欲しい。

　新車の開発だけではなく、問題が起きない仕組みを作って欲しい。そして、問題が起きにくい製品を求めたい。

　設計品質は製造品質（作り込み品質）では補えない。だから設計品質が確かなものでなければならない。つまり、上流から品質を作り込むということだ。

　その辺はどのように取り組まれているのだろうか。素人の私でも知りたいところです。

〈作業ミスを防ぐには〉

◆傘の置き方、車の止め方から品質を考える

　作業ミスが発生すると品質に影響する場合がある。

　ある企業では、こんな対策を実施していた。

　社員は車で通勤する。駐車場では停止線の前後10cm以内に止める。

　傘立てには、右上から順次詰めて入れる。このほかにもルールがあるようだ。

　仕事が始まると、一部の管理職が、このルールが守られているかチェックする。

　日頃きちんとできているのに、今日に限ってできていないのであれば、その人の心理状態は普段と違う。こういう人は作業ミスをするかもしれないと言っ

て、その作業者を監視する。

　気持ちが集中できない理由があるだろうという考えだ。

　それにより、市場に出回ったものを回収する費用と比べれば、わずかな努力で予防ができる。問題の芽を早い段階で摘む、上流から抑えるということだ。

　この会社は、様々な製品を製造しているが、その中に自動車部品もある。

　米国では、メーカー側に責任があると認められれば、その企業は莫大な費用が請求される場合がある。市場で問題を起こすと、その企業が吹っ飛ぶくらいの損失になる。

　米国では、車庫から道路に出て、右折や左折ができないまま直進し、他の車と衝突するという、パワーステアリングの故障だとか、大雨の時にワイパーが駆動せず、視界不良になる。

　あるいは、方向指示器の故障により、表示が出ないため、大事故に繋がった例もあるようだ。

　自動車メーカーの品質問題は即、命にかかわるから厳しいのだ。

　そして桁外れの賠償請求がされ、企業の存続にも繋がるかも知れないのだ。

　従って、エアバックのトラブルも重大な事故だとの認識が必要なのだ。

　それから比べれば、作業ミスを未然に防ぐ労力の方がはるかに影響は少ないとの考えだ。

　製品製造は、現場の力で成し得る。その中心である人に着眼した例である。

　もちろん現場でも生産活動の中で、品質の作り込みはきちんとしているだろうが、それだけに終始せず様々なことを考えていた。固まった考えでは、このようなアイデアは出てこないだろう。

◆赤ちゃん忘れ症候群

　最近、通園バス内に残された幼い子供が亡くなる事故が何例かあり、心が痛む。

　これは、世界的にも多々あるとのことで、赤ちゃん忘れ症候群とも言うようだ。

　これらの多くは、その直前までに、いつもと違うことがあったという。

　例えば、いつもは母親が幼稚園に子供を預けに行く。しかし、その日に限っ

334

て父親が送っていった。それはめったにないことだった。父親はハンドルを握ったときから、子供を乗せていることを忘れてしまい、いつものルートで出勤し、会社の駐車場に置いたままだった。そしてその子供が熱中症で亡くなってしまった例だ。

　先に紹介した、人の意識に着目した作業ミスも、その日に限って何か変化がある。それを捉える仕組みである。

◆ミスが重なった例（事故事例）

　ある現場で、保全担当が設備を修理したときの例です。

　保全担当は、該当設備のプラグを抜いて、その下に置いた。安全を確保した例です。

　しかしそのことは誰にも言わずに修理を始めた。

　その場を通った、現場の管理職が、プラグが抜けているのに気づき、理由を確認せず、プラグを差してしまった。そして保全担当が感電してしまった。

　これは、保全担当の周知ミス。加えて管理職の確認ミスである。双方に落ちがあるのです。

◆ミスした時の指導例（子供の野球の事例）

　私の田舎の野球少年団は、静岡のある少年団との交流があり、夏に、相互に行き来して交流試合をしている。

　静岡で試合をした時、1塁ランナーが走塁ミスをした。この時そのチームの監督は、ランナーとコーチを呼んで指導しているのを見た。

　ランナーもいけなかったが、コーチも適切な判断をしなかったというのだ。

　怒るのではなく、小さな子にもわかりやすく説明している。ミスを認識し、同じことを繰り返さないようにと言うことだ。

　コーチも少年団のメンバーだ。次には試合に出るかも知れない。たとえ交流の場といえ、貴重な練習の場だ。こうして伸びていくのだと思った（子供の野球から見る人財育成）。

　話を戻すと、片方にだけ責任があるのではなく、このような複合ミスもあることを伝えたい。

品質で言う 4M 変動と似ている。そのどれか、または複数の要因でミスは起きるのです。

　ミスにもいろいろあるので、それに置き換えて、広く、深く考えることが重要です。

　単に、確認ミス、連携ミス、周知ミス……というのは表面的な見方です。背景も含め多面的に考えましょう。

　仕組み作りと言うハード面だけでなく、ソフト面も組み合わせた工夫が必要ではないかと感じている。

　4M：Man（人）、Machine（機械、設備）、Material（材料）、Method（方法）

　なお、品質に限定すると、最近はクリーンルームの普及もあるので、4M だけでなく、E（エネルギー）も含めて着眼したい。

第四章　人財育成について

〈日本の心〉

◆心は日本人の核　人は心で生きている

　日本には昔から心の文化があった。それは今でも引き継がれている（はずである）。

　これが人財育成の核と言って良いだろう。

　クリーン化本文中でも、人財育成についての事例を簡単に紹介した。

　人財育成はクリーン化に限らず、より幅広い分野で共通の課題だ。

　ここでは、"人を育てる"をキーワードに、これまでの経験、体験、そこから得た私の考えを紹介する。クリーン化本文と重なる部分もあるが、ご了承ください。

　私個人の考えであり、少々レベルが低いのかもしれない。また異論もあるでしょう。

　皆さんはどうお考えでしょうか。感想をいただけたら嬉しいです。

　私は、人財育成には正解はないと考えている。

　その場その場はすべて違うと考えた方が良いかも知れない。

　様々なテキストもあるが、そのまま使えることはどれほどあるだろうか。

　それらを基本に持ちながら、その場、その人に最適と思われる指導をしたい。

　つまり、画一的な育成、あるいは JIS 規格の人づくり（私が勝手につけた名称）にはしないことだと考えている。

　机を並べ、同じ教育をし、点数で優劣をつけることが教育ではないですね。

　OFF-JT（集合教育）だけではそうなってしまい、これを会社がやる人財育成だと思ってしまうかも知れません。

　経験が豊富な人は、長い人生の中で学び、多面な部分に柔軟に対応できるノウハウを身につけて来た人だと感じる。

　それでも本人にしてみれば、満足せず一生学び、磨いていくことを自分に求

めていくのだろう。

◆法事について　お互いを思いやる心

　法事は日本だけの習慣だそうだ。一周忌、三回忌、七回忌という風に何回か
ある。

　これは故人を偲ぶ機会であるが、その時、何年振りかで集まった人たちは、
お互いに、「体調はどう？　膝は痛くない？」などと会話する。

　それは、"相手を思いやる心"だと言われる。海外でもあまりない風習のよ
うだ。

　私の経験から得られたものは、皆さんには当たり前のことかも知れないが、
ここで紹介する。

　所々に見え隠れする"心"に着目していただきたい。

　ものづくり企業の方だけでなく、教育、指導に関わる方や部下を持つ方など、
幅広い分野の方にお読みいただきたい。

　そして少しでもお役に立てることがあれば嬉しいことです。

　心の知能指数（EQ）という言葉が出て来てから久しい。でもこの言葉は浸
透したのだろうか。

　この機会に心が伴う人財育成について掘り下げてみませんか。

　心の文化について少し拾ってみよう。

◆大相撲の土俵の掃き方　心の文化の伝承

　大相撲が始まると、職業病だろうか、土俵を掃く様子に目が行ってしまう。

　土俵は神聖な場所だ。一番ごとに掃き清める。

　前の取り組みの跡が残っていると、勝敗を誤ることがあるので、奇麗に掃く。

　その箒の使い方、返し方を見ていると、合理的、効率的だが、意識せず自然
な流れに見える。

　二人並んで掃く時もあるが、息が合って見事なものだ。力士も気持ちよく相
撲が取れるだろう。

　最高位の立行司は脇差（本物のようだ）を差している。差し違えたら腹を切
る、との習わしから来ているようだ。

　相撲が始まるたびに弓取り式をはじめ、古い文化の伝承の確認ができる。神聖な場を都度清め、それを継承していく場である。

◆城を明け渡す時の城主の思い

　武士の世、戦で負け、城を明け渡す時、徹底的に奇麗に掃除したという話がある。

　愛着を持ち、大切にしてきたものを人に渡す時の心境、それを受け取る側の敗者に対しての敬意など、様々な思いや心を感じる。新しい城主にも心があれば、敗者を粗末には扱わないだろう。

◆サッカーの試合でのゴミ拾い　掃除の文化

　サッカーの試合後、日本の選手たちは勝敗に関係なく、ロッカールームを奇麗に清掃する。

　また、サポーターも、持参したゴミ袋を持ち、スタンドのゴミ拾いをする。

　これらの行動は海外でも時々話題になる。"立つ鳥跡を濁さず"の典型的な例である。

◆自分たちの教室は自分たちで清掃する　学校での掃除の習慣

　小中学校や高校などでは、放課後自分たちで教室の掃除をする。

　日本なら当たり前のことであり、文化なのだが、海外の人が見ると不思議な光景のようだ。

　以前中東の教育関係者が来日した時、ずいぶん感心し、自国でも導入したとの話がある。

　心を打たれるのだろう。

◆横断歩道での子供のお辞儀　感謝の心

　中国の観光客を乗せていた車が、横断歩道の手前で信号停止した。

　横断歩道を渡り終えた小学生が、運転手に向かってお辞儀したのを見てマナーの良さに感心したという話もある。

　茶道や華道、武士道をはじめ、様々な日本の文化があるが、これらの中心に

は礼儀や心が存在する。

　つまり日本人の核である。その核は DNA として引き継がれている（はずだが）。

〈心を磨く〉

◆永平寺の雑巾がけ

　永平寺の僧侶たちが、雑巾がけをしている風景をテレビで見た。

　廊下はピカピカだった。毎日一生懸命やっているのだ。

　それを見た英国のテレビ局の取材陣が、「こんなに奇麗に磨かれているのにどうして毎日やるのか」と聞いたところ、僧侶の一人が、「これは心を磨いているのです」と返事をした。それが英国人には理解できないというのだ。

◆ある会社のトイレ掃除

　新潟県のある企業をしばらく指導したことがある。そこでも同じような経験をした。

　社員は現場だけでなく会社全体を奇麗にしているのだが、トイレ掃除も徹底している。

　私が訪問した頃、"トイレでおにぎりを食べられるくらい奇麗にしよう"と言って、休日に会社に集まり、徹底的に奇麗にしていた。もちろんそこで本当におにぎりを食べるのではないが。

　3時間ほどして、リーダーが終わりにしようと言うと、若い人たちが、「これでは気が済まない。もっとやらせてくれ」と言ってなかなかやめないのだそうだ。

　それまでの生活の中で、徹底的にやった経験がない。ところがその活動で、何かを感じるのだろう。やっても、やっても満足しないと言うのだそうだ。

　いつ訪問してもトイレの床はピカピカで、自分の顔が映るくらいだ。

　ここでも永平寺の例と同じで、**"掃除に正面から向き合うことは、自分の心を磨くこと"**なのだ。

◆見えない努力を知る

　目の前のことだけ（一面、表面）だけを見るのではなく、その裏面や背景を知ることが大切である。深く、広く、多面的にということだ。そしてその努力を評価することも重要だ。

　成果主義はここに日が当たらない場合が多い。

◆掃除もまともにできないやつに、日本の政治を任せられるか！〔松下幸之助の掃除の話〕

　山形県酒田市の工場に赴任中、松下政経塾の当時の塾長、上甲　晃氏の講演を聴講する機会があった。

　松下政経塾に入門するには、厳しいハードルを越えなければならない。

　そして塾生になると、しばらくは毎日、朝から晩まで掃除、掃除だそうだ。

　入門後すぐに政治や経済のことを学べると思っていた塾生には、予想外のことだったのだろう。

　中には気の短い人もいた。「私は掃除をしに来たんじゃない。政治や経済の勉強に来たんだ。早く教えてくれ！」と松下幸之助に噛みついた人もいたという。不満が鬱積していたのだろう。

　上甲さんの話では、その時の松下幸之助の対応が凄かったそうだ。

　「掃除もまともにできないやつに、日本の政治を任せられるか。早く掃除しなさい！」と厳しく一蹴したとのこと。

　水面下の苦労を知ってもらいたい。そのうえで政治を行ってほしい。表面だけを見て政治をするような政治家になって欲しくない、という思いがあったのだという。そしてその指導には心があったのだろう。

　これは、永平寺の"心を磨く"と言う部分にも通じる。

　でも、心を鬼にして指導してくれたことを本当に理解したのだろうか、と疑問に思うことがある。

　酒田に赴任したのは、クリーン化の普及、浸透が目的だった。そこにこの言葉だ。

　私が言うより遥かに効果がある。クリーン化担当としては、大感激、大感動だった。

その時のことは今でも鮮明に思い出す。水面下の努力に日を当ててくれたからだ。

〈現場に足を運ぶ〉

◆水戸黄門から学ぶ　誰のための政（まつりごと）

定年退職後は、テレビで水戸黄門を見る時間もできた。

この筋書きは大体同じだが、その中に、地方の文化（食文化を含む）や風土、習慣、そして、昔のことわざのいわれなども紹介されている。

それを知ることも良いのだが、最後には、その地の藩主や悪代官などを叱る場面が出てくる。

この時、必ずと言って良いほど、"政は、民のため、領民のためにある"と言う場面がある。

"現場に足を運び、事実を確認" してからの発言である。

藩主には領民の苦労を知ってもらいたい。つまり、直に現場を見ることの大切さを説き、また悪代官などには、民の血の出るような苦労で得られたものを、私利、私欲のために横暴に吸い取ってしまう。それを戒めているのだ。

"どこを向いて、誰のために政をするのか" と言うことだ。

これは、"誰のために、**何のためにものを作るのか**"と言う、ものづくりの部分と同じだ。

これを、今の政治やものづくりと重ねてしまうのです。

日本の政治は進歩しているのだろうかといつも思う。

そして、松下幸之助の掃除の話に繋がってくるのです。

余談だが、国会議員の選挙でも、「国会に地元の声を届ける」と言うが、私の住む田舎では、その時だけお願いしますという車が足早やに通過しても、選挙が終わると全く地元には来ない。

国民には地方の活性化のため移住を呼び掛けても、肝心の国会議員は一極集中になってしまう。恐らく実情は把握していないのだと推測する。一方通行なのだ。

せっかく無料パスなるものがあるのだから、地元に足を運び、直に見、声を

342

聞くことが国民、庶民のためになると思う。まず地元と言う現場を歩いて、実情を確認して欲しいと思う（「おわりに」、を参照ください）。

◆農家の水面下の苦労を知る

　私は、クリーン化本文の "米作りに例えたクリーン化" のところで、田んぼの絵を描いて、その水面下の部分も説明した。見えない努力を評価したいのだ。

　美味しいお米も、農家の日々の努力の賜物であることを、忘れてはいけないのだ。

　この人財育成の中でも、"基本を大切に" と言うところで触れる。

　クリーン化の表面の都合の良いところ、美味しいところだけをペロッと舐めて、手を汚さずに理解したつもり、やったつもりになってはいけないことを伝えたい。

　これも、松下幸之助の掃除の話にも通じることだ。

　農家の多くは、最初から最後まで自分でやる、完結型の仕事だ。自分でやったことを自分で確認できるのだからやりがいもあるのだろう。自分の努力を自分で評価するのだから。

　これは、中国の管理職の掃除の話にも通じるところがある。

◆お店の前にゴミを捨てる

　中国出張中に気になることがあった。

　長い出張の場合、現地で休日が入る場合がある。その時は市内を散歩したり、世界遺産を見学していた。

　あるレストランの前の公道を歩いていると、開店前の準備で、歩道で野菜を刻んでいた。そして余分な部分は、そのまま歩道や車道に捨てているのだ。

　歩道を堂々と通行して良いはずの人たちが、その場を避けて通るのだ。

　つまり通行中に車道に出てしまうのだから、交通事故に遭遇するかも知れない。

　日本でこのようなところがあれば、そのレストランに客は入らないだろう。

　料理を作ることが目的になってしまい、お客様をお迎えする、あるいは、将来お客様になるかも知れないすべての人への配慮がされないということだ。こ

れは、掃除と言うより、マナーの問題だが。

◆営業マンの指導　服装も

　札幌赴任中に小売店をたくさん訪問した。この訪問前に営業マンからいくつか指導があった。

　冬は雪が降っていたり積もっているところも多い。

　靴の雪を落とさず店内に入る、店内でコートの雪を払う、脱ぐという失礼なことはしないこと。

　お客様を気持ちよくお迎えするために奇麗に掃除してある。

　それを営業マンが汚してはいけない。営業マンはお客ではないのだから。

　店に入る前にコートや手袋を脱ぎ、靴の雪も落とすということ。それも玄関の正面ではなく端の方でという指導だった。

　店頭支援の経験からも、自分もたぶんそのような配慮をするだろうが、先に釘を刺されると、思っていたことと合致する常識なのだ。心に残り、うっかりということも少なくなる。店に入る時意識するのだ。

　また服装も、お客様に失礼のないよう、派手な服装は避けることなど様々な指導を貰った。

　ワイシャツやネクタイだけでなく、見えないと思われる靴下などにも配慮をしなさいと言うことだった。

　営業が売り上げだけに注視してしまうと、その売り上げに貢献してくれるであろう、お客様（小売店）に迷惑をかけてしまうということです。

　それを指導してくれたのだ。

　最近の成果主義とか、即戦力と言う考え方の中に、そのことが含まれているのだろうか。そして指導されているのか気になるのです。

　目先の利益に注視し、売り上げに繋げ、成果を出したというより、様々な配慮をしたことが、巡り巡って自社の売り上げに繋がってくるのだと考える。

　店頭支援でも、今日は幾つ売ったという目先の成果ではなく、如何にこのお店の役に立てたか、お手伝いができたかを考えていた。そしてそれに向かい、一生懸命奉仕することで、やがて巡り巡って売り上げに貢献できるのだ。

　しかし、ともすると、その心を忘れてしまうことがある。

その幾つかを拾ってみる。

〈崩れて来たマナーやモラル〉

◆ゴミがゴミを呼ぶ

少しぐらいは、自分だけなら良いだろうと言ってゴミを捨てる。

するとそこには次から次へとゴミが捨てられ、やがてゴミの山になる。

ゴミがなく奇麗な状態なら、そこには捨てづらい。

お国柄かも知れないが、清掃する文化があり、逆にあたり構わずゴミを捨てる文化もある。

日本では、1964年の東京オリンピック開催前の数年間が、ゴミを捨てる意識から片づける意識の変換点だったと思う。

国際社会の一員になることを目指していた時期でもある。せっかく大変換したのだから、そのDNAを大切に継承したい。

コロナ禍という環境変化でストレスが増幅するのはわかるが、そのことで今まで繋いできたDNAは簡単に途切れてしまうものなのだろうか。立ち飲みやゴミは捨て放題で、心は痛まないのだろうか。

◆クリーン化との共通点

これは、クリーン化でも同じだ。

クリーン化4原則は、クリーンルームの中で、人をどう管理していくかを明確にしたものだ。

私だけなら、少しなら良いかと、ゴミが出るものを持ち込んだり、ゴミを発生させる行為をする。そして清掃をきちんとしないと、クリーンルームの汚れは増加する。

クリーンルームも設備である。お金をかけて稼働しているのに、その目的が忘れられ、効果が得られず、"クリーンルームという形をした単なる箱"になってしまうのだ。

本来"クリーンルームにする理由がある"のだが、"クリーンルームにすることが目的"になってしまい、そして利益が薄くなってしまうのだ。

〈私の経験・体験から人財育成を考える〉

◆なぜ人財育成と書くのか

　私は人材ではなく、人財という字を使う。"人を材料扱いしているうちは伸びない。財産として育てること"が重要だと考えている。企業は人なり、その"人"は財産である。

　その財産はうまく育てれば、増えたり育ったりするが、いい加減に扱えば減ってしまう。従って育成は真剣にやることが重要だと考えている。

　それで育った人たちは、必ず会社、企業の成長に貢献してくれると考えている。

　この文字はもう数十年も前から使っている私の思いである。

　ものづくりの現場では、工数、人足などと言う言葉を使うことがあるが、冷たい感じがする。

　機械的な表現であり、心が伴っていないように思う。

　言葉選びにもTPO（時間、場所、場面）があり、その場に相応しい柔軟な使い分けをしたい。人を育てる時は温かみのある接し方をしたいものだ。

　"現場の連中は"とか、"現場の奴らは"という言葉を聞くことがあるが、論外である。

　その現場が稼いだものが、間接部門にも配賦されるのだ。それを忘れてもらっては困るのだ。

　"社員を大切にしない会社、部下を大切にしない上司から、人は離れていく"のです。

◆人財育成とは何だろう

　社員は、トップの背を見て育つという面もある。

　私は在社中、トップから直接国内、海外拠点の指導依頼が来たことが多かった。

　実施して報告した後は、私のような平社員に対しても深々と頭を下げ、お礼を言われたことも度々あった。"実るほど頭を垂れる稲穂かな"と言うことわざのように、人としての在り方を考える機会でもあった。

　その時は、もっと多くの成果を期待していたのかも知れないのに、やったことに対して労ってくれるのだ。ずいぶん引け目を感じた。そして、次にはもっと良い活動をしたいと思うのです。

　自分が役員になることはあり得ないが、トップの姿勢を見て育ててもらった、という有難さをつくづく感じた。このような人ほど人格を感じる。

　人間関係が良い会社、職場には人は集まる。そして何とか期待に応えようとする。

　逆に経営者は社員を、そして上司は部下を大切にしないと、人は離れていく。この違いを意識して欲しい。

◆人財育成は誰がやる

　さて、"人財育成とは会社がやること、やってくれること"というイメージが多いのではないだろうか。

　"人財育成とは、会社がやること、自ら学ぶことの両面"で成し得ることだと考えている。

　私は、上司の紹介で研修や各種セミナーも受講した。

　また部下を持っている時は、これらを受講してもらう機会を作ってきた。

　両面の立場で考えることで、いろいろな問題に気づいた。

　企業の中には、即戦力という言葉を用いながら、実はきちんと教育をしない。

　あるいはその人の持ちうる知識や能力を把握しないまま仕事に就かせる場合もある。これは人材扱いである。

　人財育成には、会社がやることだけでなく、自分を磨く、自ら育つというもう一つの面がある。自分の問題として引き寄せ考えることが重要だ。

　どのように自分を磨くか。それは、自分で磨く、人に磨いてもらう、の両面がある。

　自分で磨く努力をしても、自分の殻は自分ではなかなか破れない。

　多くの人との関りから形成していく部分が多いからだ。

　人は背中に籠を背負って生きている。この籠の中身は自分の長所や短所である。

　この背中の籠の中を自分で覗くことは容易ではない。しかし、他人からは良

く見えるのである。

　人に指摘されることは良い気持ちはしない。

　でも、他人は自分をこのように見ているのかとか、自分の欠点だと思っていたことが、他人からはそれが短所に見えない場合もある。それが自分自身を見直すきっかけにもなる。

　多くの人との交流の場は自分の成長の糧だ。

　自分にとって都合の悪いことにも素直に耳を傾け、徐々に補正、修正していく、その積み重ね、継続が自分の成長の過程である。つまり偏りがなくバランスの取れた人間を目指すということだ。

　このことは、“60面カットのダイヤモンド”のところで解説しよう。

　人財育成に関連した例を紹介する。

〈基本を大切に〉

◆人を育てるには基本から

　これまで育ってきた環境はみな違う。だからその人が持っている知識、技術、技能もみな違う。どこまで身に着けていて、どこから始めるのか、個人個人違うことを理解し指導する。

　基本から指導するとは、そういうことだと思う。

　様々な現場でクリーン化に接しても、先ほど松下幸之助の掃除のところでも触れたが、表面だけをサラッと舐めて、都合の良いところだけを拾っている感じを受けるところもある。

　成果主義のところでも触れるが、基本ができていないのだ。

　何しろ、クリーン化4原則と非核三原則を混同している人もいるくらいだ。

　履歴のところでも紹介したが、“基本がないのに応用問題を解いてみよう。四則計算がきちんとできないのに方程式を解いてみよう”。そして不確かな結果が出る。基本を大切にしていただきたい。

　この基本の大切さは、学問の世界でも最近よく言われる。基礎研究の大切さである。

　基礎研究が十分できない環境になって来た。これから先、ノーベル賞の受賞

者も少なくなるだろうと言われている。

◆上司は部下を正しく評価できるか　それが部下の将来にも影響するのだ

　最近は成果主義を取り入れる企業も多くなった。

　数字やデータでの報告を求められ、評価されるのだ。

　これはクリーン化では、なかなかそうはいかない。

　日々地道な活動を続け、やがて効果、成果が出る。その過程の努力を評価してもらいたいのだ。

　しかし、日々の活動の継続を訴えても評価しにくい。そしてクリーン化担当はあまり評価されない。努力を認めてもらえないのでやり手がいないという連鎖になる。

　そして、数字やデータで成果を表現しやすい仕事になびくのだ。

　私が若い時、後継者を早めに養成しておく必要を感じ、色々と声をかけてみたことがある。

　ところが、クリーン化担当は昇格、昇進はないでしょう。現場で職制として昇格していく方が良いと言って断られることが多々あった。

　私が現場を這いずり回っていた時も、"クリーン化なんか"という管理職も少なくはなかった。

　開発や設計部門は現場とに距離を感じているのだろう、興味を示さない。

　ところが微細な製品ほど、ゴミによる品質問題が起きるのだ。そこで、「現場はしっかりせい！」ということになる。

　水面下のことはあまり評価されないのだ。

　私は、損得ではなく、クリーン化の重要性を真剣に考えていた。そしてやりがいを感じ、ずっと続けたいという思いがあった。この水面下のことに何とか光を当てたい。大切にしたい。

　そういう人を育てたいのだ。

　成果主義は数字やデータ、他者との比較という機械的な評価ではなく、成果を出しやすいように導くためのツールにしてもらいたいものだ。これが人財育成だと思う。ここが抜けてしまうと、ただの圧力になってしまう。

　これは翻って、その上司の資質が評価される場でもある。

こんな例がある。

今期は一生懸命頑張り成果も出した。良い評価がされるだろうと思っていた。

ところが期末の面談で、「あなたは頑張ったようだ。でもあなたより頑張った人がいる」と言ってあまり良い評価をしてもらえなかった。

しかも自分より頑張ったという人を見ると、そうは思えない。そしてやる気を失ったという例だ。

他の人と比較し、優劣をつけ、そして順番を付けるのではなく、その本人を良く見、そこで指導をし、納得してもらうのも上司の役目だ。

評価する側と、評価される側のレベルが逆転している、という不満を聞くこともある。

"上司と仕事は選べない"という言葉があるが、だからこそ上司の資質は重要なのだ。

人は心で生きている。だから社員を大切にしない会社、部下を大切にしない上司から人は離れていくのです。

【技術発表会の例】

◆水面下の努力を評価した技術課長のひとこと

技術発表会はクリーン化活動のためのイベントではないですが、良い事例なので紹介します。

ある事業所訪問時、現場のクリーン化担当から聞いた話だ。

技術発表会で、課長が自ら発表した。現場メンバーも大勢聴講した。

その技術課長は、「私たちはこのようなテーマに取り組み、品質改善ができた。そして歩留まりがこのように改善した」と発表した。

普通はこんな風に自分たちの活動の成果だけを発表する例が多い。

ところがこの課長は違った。先ほどの言葉に続けて、「この成果は私たちだけで得られたものではありません。現場の人たちの地道なクリーン化活動のお陰でゴミが減少し、原因究明がしやすかった。現場を良い状態にし、そして維持向上させて来たおかげで得られた成果です」と大勢の前で感謝の意を現したのです。

　現場が汚れていると、何が問題なのか、そして真因にたどり着くまでが大変です。その露払いをしてくれたので、効率良い取り組みができたと現場のクリーン化活動も評価してくれたのです。

　それが技術課長の発言だったため、現場の人たちは大変感動したとのことです。

　大勢の聴講者の前で、"**この成果は自分たちでは到底成しえなかった。現場の皆さんのお陰だ**"と言われ、それを直に聞いた現場の人たちは舞い上がってしまったと言う。

　自分たちの**水面下の努力を評価**してくれたことで、ますます活動が活発になった例である。

　クリーン化活動は、地味に地道にコツコツと取り組む活動です。その水面下の活動が如何に重要かを認識しての発言であり、現場の努力に光を当て苦労を労ったということです。

　以前紹介した米作りの絵を思い出してください。あの水面下の部分に日を当てたのです。それが定着に繋がり、全体の品質も向上していったようです。

　一般的に発表会の場でありがちなのは、まるで自分たちだけで得た成果だと言わんばかりに成果を強調し、協力者がいたり、それを支えていた人たちの努力や評価には触れないことです。

　この技術課長のひと言の影響について考えてみると、

・褒めることや、日頃の活動に対してのお礼、感謝を述べたことで、現場の士気が向上したこと。

・現場ではクリーン化活動が活発になり、技術部門もそのクリーン化活動の価値を認めている。

・今後の技術の活動にも協力的であり、技術部門としても成果が出しやすい。

・現場との距離、垣根がなくなり、現場にいくつものアンテナができる。

・このアンテナを経由し、相互の情報共有ができ、情報が集まる。

　つまり、相互の信頼関係が構築でき、お互いに支え合う。

　良く、ウインウインというが、こういうことだと考える。その先には、強いものづくり基盤、体質強化が実現されるのだろう。

　大企業の不祥事の記者会見で、「あれは現場がやったこと」という発言が

あったが、これでは現場と経営者が対峙する構図になってしまう。

　このような企業に貢献しようとする社員がいるのだろうか。そして現場体質はますます弱くなってしまうと推測される。

◆褒めることの大切さ　褒める順番がある

　部下の管理、育成の中で褒めることも重要だ。

　日本人は褒めることが苦手だ。どうしても先に叱ってしまう。そのあとに褒めても効果はない。褒めるには順番があるのだ。

　私は、大勢の前で叱責されたことがある。一度や二度ではなかった。その上司と二人きりになると逆に褒められることがあった。

　後で、誰もいないところで褒められても気持ちは沈んだままだ。精神的に辛い時期が続いた。それは今でも心に残っている。消えないのだ。

　大阪の心療科の医院が放火され、多くの患者が亡くなったという報道があった。

　この人たちは、心のよりどころを求めていた。その気持ちがわかるだけに心は痛んだ。

　"褒めると叱る"、の順番やタイミングを損ねてはいけないと心を戒めている。

　経験者の私がやってはいけないからだ。

　もう一つ、営業マンの言葉を紹介する。

　私が札幌に赴任して、時計店向け講習会をやっていた時のことです。

　営業から帰ってきて、「君の講習会は評判がいいよ。おかげで営業もやりやすいよ」というのです。

　当時北海道では、二つの時計商組合があった。片方に所属するお店もあれば、両方の組合に所属するところもあった。

　そこで講習会のことが話題になるそうだ。両方に話が出るのだから、その評判を聞いて受講者も増えた。

　少しして、他の時計メーカーの講習会も始まったが、君の話は理路整然としているというのだ。

　この話を聞くと、自分がやっていることが間違っていないということであり、

評価でもあるのだ。

それを忘れずに伝えてくれる営業マンの誉め言葉でもある。

それは私の励みになり、気持ちが高揚し、また頑張ろうという気になる。ひとことかも知れないが、その言葉に育てられてきたようにも感じる。意識的に、意図的に大げさに褒めることよりも心に響くのかも知れない。褒める価値を高めることを考えたい。

◆**怒ると叱るについて**

怒るというのは、単に感情をあらわにし、それを相手にぶつける。

これに対し、叱るとは相手に良くなって欲しいという気持ちを込めた行動の表れである。

怒鳴る、怒るという場を目にすることがあるが、その時点で、相互の会話は終わる。叱るのは、相手に成長してもらいたいという教育、育成の機会であることを意識したい。

◆ **OFF-JT と OJT**

会社の教育の多くは集合教育（OFF-JT）であり、一律に人を育てる場合が多い。

これは、ある意味その会社の色に染めるということでもある。

新入社員の場合は、余り疑問を持たないだろうが、転職、中途採用者の場合は、前の会社とのギャップを感じる場合がある。比較する対象があるからだ。

自分のいた会社とは常識が違う。会社の色が違うというのだ。

そのような該当者の教育を担当した時、意見、感想を聞くと良くわかる。

この OFF‐JT に対し、現場で仕事を通じた指導は OJT である。

人を育てるにはどちらも必要だ。

自動車教習所では、まずテキストで教育（OFF‐JT）し、そのあと、所内のコースで教官が指導（OJT）、路上へと進む。

この OFF‐JT と OJT をセットにすることが、早く育てるコツでもある。

これは、知識教育と体験学習、理論と実際という言葉にも言い換えられる。

知識教育の裏付けが体験学習である。やった人にしかわからないのだ。

◆ "だってそうでしょう" は管理職の共通語？

　社内の上司や管理職が、人を説得する時に、「だってそうでしょう」という言葉をよく耳にした。

　"回答は一つ" とか、"それが常識だ" とも受け取れる。ちょっと威圧的な感じの時もある。この言葉で抑え込もうと感じる時もある。理解を得るとか説明をするという部分を省くために都合の良い言葉だとも感じる。すると、受け手側は、理解したわけではないが、黙ってしまう。

　この言葉は、管理職特有のことばにも受け取れる。

　時々耳にするということは、何らかの教育の過程で触れる、共通のことばなのだろうか。

　別な考えもあるとか、それだけではないのに、と思う時もあった。管理職は会社の色にすっかり染まってしまったのだろうか。

◆ 話すこと、聞くこと

　話をする時は相手の目を見ることが大切だという。"目は口ほどにものを言う" ともいわれる。

　目の力は凄いのだが、それは使い方にもよる。

　小さな子供と話をする時は、たいてい腰を屈めるか、膝をついて話しかける。相手と目線を合わせる、対等になるということだ。

　顔を見なければ反応はわからない。聞いてやろうという姿勢や思いやり、そしてなだめる。この過程を略してはいけないのだ。

　相互に対等になった時、話しやすくなるのだ。

　上から言うと威圧的な雰囲気になる。子供の素直な気持ちは出てこない。

　仕事の教え方も、最初に、やりたい気持ちにさせるという部分があるが、これと同じだ。

　ただし、親という字は木の上に立って見ると書くように、もっと広く物事をみて、子供にアドバイスしていくことも重要だ。この字のようになりたいものだ。

　私は、相槌を打つ動作も言葉の一つのように感じることがある。

　例えば、セミナーや講習会、講演会など大勢を前にして話をする時は、最初

から最後まで立って進める。そして全員を見渡す。

相槌を打ってくれる人が多ければ、自分の話や思いが伝わった。理解してくれた。そして次に進んでも良いという判断ができる。そんな言葉だ。

コロナ禍では、授業もリモートで行われることが多かった。この場合、話し手の感情、情熱などが伝わり難く、記憶にも残り難いので、授業の効果は薄いと言われている。

また新人の営業マンも、電話やパソコンを通じた会話ばかりで、お客様に直接会うことがない。その機会があると、逆にその場が怖いという人も出て来た。コロナの副産物だ。

◆**海軍大将　山本五十六元帥**

私は入社した頃、出来の悪い奴だと良く言われた。

先輩の中には、3シグマから外れた奴だという人もいた。つまり規格外れだというのだ。

そう言いながらも、その場で上司や先輩が指導、支援してくれた。

これはOJTだが、自分はここから学んだことが多い。

やらされるのではなく、やって見せてくれ、うまくできれば、「できたね、すごいね」と褒めてくれる。それが嬉しいのだ。仕事が楽しくなるのだ。そして仕事への向かい方が変わるのだ。

今日は褒められたと気持ちよく帰宅できるのだ。

これは、山本五十六元帥（海軍大将）の、「やってみせ、言って聞かせて、させてみせ、褒めてやらねば人は動かじ」という言葉の通りだが、それを意識せず、自然にやってくれた。

この言葉は、旧労働省の"仕事の教え方"の基である。

そこから何かに向かう気持ちが出てきたのは確かだ。そして言われてやるのではなく、自ら学ぶことに繋がってきた。褒めることは人を動かすのだ。

今思うと、良い上司や先輩に恵まれたものだと思う。

先ほど、即戦力と言うことに触れたが、若い人への上司の対応はどうだろうか。やって見せられると、共感を得ると思う。

この仕事の教え方は経営者や管理職などすべての人に学んで欲しいと感じて

いる。

◆トヨタから学ぶトップダウン　現場へ足を運ぶ①

　トヨタの危機管理、対応についての記事を目にした。

　問題が発生した時はいちいち報告書を作成して、役員に上げたりはしない。

　理由は、"危機対応は一刻一秒を争う"ので、迅速な対応が必要だからだ。

　そして担当者は問題解決に集中する。

　社長はもちろん全役員は、危機対応の内容や進捗を知りたい時は、自らその場に出向き、わからないところは担当者に聞くという原則がある。

　「役員が担当に報告をさせるのではなく、役員から担当のところに行け。トップが現場に降りていくのが、本当のトップダウンだ。経営者にリーダーシップがあり、かつ、会社が若くなければこの原則を徹底させることはできない」という記事だ。

　私も品質保証部門に在籍していた時、多くはなかったが、似たような経験をしたことがある。

　品質問題等が発生すると、まず報告書の作成を求められる。

　その報告のために、様々な資料を作成する。それを上司が確認し、整合性の取れない、説明がつかない部分は修正、やり直しになる。

　上層部への報告が必要になれば、この段階が増える。その現場を知らない人への報告には苦慮するのである。

　自分の能力不足が招いたことだが、そのことに終始し、多くの時間を費やした。

　いつまでかかるのかと催促されることもある。

　書類の完成度を高めるために時間を使うより、早く本題に取り組みたいと思うこともある。それだけでエネルギーを失ってしまうのだ。

　豊田社長が言うトップダウンの解釈は、なるほどと思った。

◆もう一つのトップダウン、現場に足を運ぶ②

　これも豊田社長のこんな言葉があるので、ここで紹介しておこう。

　2009年頃だったと思う。豊田社長がアメリカで演説をした時の言葉の中に、

「どんなに優れたレポートよりも事実は現場にあり」ということばがあった。

　レポートは、報告する人や読み手、上層部などを意識しながら記すことがある。その過程で、ニュアンスが少しずつ変化する。事実が歪められたり、弱められたりする。

　結果的に本当に伝えるべきことが、伝わらないということだ。

　ところが、その**現場に足を運ぶ**ことで、**事実を確認**できる。報告の途中の経路を省き、事実を確認できるということを言っている。

◆米国の例

　相反する例を紹介する。「紙とタイプライター、足と目」という言葉だ。

　昔、米国では、現場からの報告は、タイプライターで紙に打ち、上層部に報告していた。

　この報告書の中に、会社や上層部に都合が悪いことが記されていれば、報告者はクビになってしまうことがあった。そこで、不都合なことは省き、都合の良いことだけを報告していた。

　これはオブラートに包んだ報告ともいわれた。

　その頃の日本の管理監督者は、自ら現場に足を運び、自らの目で現場を見ていた。

　このことが当時日本の現場が強かった理由だろうと言われている。

　今の管理、監督者はどうだろうか。

　私も長い間現場を這いずり回った。それから得たことは、"現場は生きている。現場とはその場に現れると書くように、絶えず変化をしている"ということだ。現場に良く足を運びたいものだ。

◆組織の硬直化

　昔、ある会合に参加した時のこと。

　関西の企業の現場リーダーから組織の話を聞いたことがある。

　報告することを、報告を上げると表現していた。それは、現場のリーダーから組長、職長、係長代理、係長補佐、係長という風に部長まで届くには10個以上の押印がいるのだそうだ。

それらの管理職は、現場に足を運ぶことはほとんどない。ましてや、現場の人は部長と話をすることなどありえない。

　中には不在の管理職もいるので、相当の期間が必要だというのだ。

　これでは情報の鮮度が落ち、ともすると価値を失った情報になってしまうかも知れない。

　逆に、上層部からの指示も、かなりの時間を経て現場に降りてくるのだろう。

　現場と上層部との距離を感じる。

　これでは意思決定が遅れ、対応したとしてもその価値は失われるかも知れない。

　組織の硬直化の例である。

◆印鑑廃止のお触れ

　少し前、突然印鑑廃止という話が出た。

　山梨県にはハンコの町がある。それで生計を立てているのだ。寝耳に水とはこのことだろう。

　私には思い付きのように思えてならない。

　本来は、先ほどの例のように押印が多すぎる。その見直し、簡素化が必要だということではなかっただろうか。

　いきなり廃止ではなく、まずこのような事例を改善して欲しいということではなかったかと思う。

　物事を進めるには、**折衝、調整、根回し**が大切だ。いきなり大ナタを振るうのではなく、段階を踏んで進めて欲しい。今、官庁の中を往来する書類はどのように改善されているのだろうか。

　影響力の大きな立場の人は、慎重に発言してもらいたい。その発言で多くの人が振り回され、生活にも影響するのだ。

　環境影響評価（環境アセスメント）という言葉がある。この言葉を調べると、"環境に影響を及ぼすおそれのある活動、製品又はサービスについて、組織があらかじめ、環境に与える影響について調査・予測・評価を行い、環境保全対策を検討すること"と説明されている。

　2022年夏の参議院選挙の争点の一つに、経済対策があった。

　野党は消費税の軽減を訴えていた。ところが政権の中枢のある方から、「消費税を減らすなら、年金３割カット」と言う発言が出てしまった。

　本当は違うことを意味していたというが、安易な言葉が、胸に深く刺さったままだ。

　余裕がないのに、通知が来るたびに、年金支給額が少しずつ減っていく。そこに、いきなりこのような発言では、弱者は切り捨てられるという気がしてならない。

　印鑑廃止の問題では、山梨県知事が上京し、陳情することにも繋がった。地元の生活を守るためだ。

　最近、神社の賽銭の盗難、コンビニでも、パンやおにぎりの万引きが増えている。

　テレビでも報道されているので、ご存じの方も多いだろう。

　賽銭箱をひっくり返し、百円玉や十円玉を一生懸命拾っている様子を見ると、複雑な気持になる。

　その百円が、今日の食事代なのではないかと思ったりする。悪いことではあるが、その人たちも、退職するまでは税金もきちんと払っていた人たちかも知れない。

　それが、退職後生活を守れないのではないかと思う。

　私のもらえる年金額も減少し続けている。ひとごととは思えないのだ。

　そのようなところにも着眼し、フォローをしてもらいたいものだ。

◆自ら学び育つこと　人財育成のもう一つの面

　少し逸れたが、人財育成のもう一つの面、自ら学び、育つことに戻そう。

　自ら学ぶということは、自分に引き寄せる、自分の問題として考えることに繋がり、自己成長に繋がる。

　同じことであっても、やらされるという被害者意識があるうちは、なかなか気が進まないものだ。ひとごとのうちは、自ら学ぶことには繋がらない。受け身ではなく、自ら積極的に取り組むことで、自己の成長に繋がるのだ。

◆薩摩藩の強さ　先輩が後輩を育てる①

　昔、鹿児島に旅行した時、歴史、史跡を見て歩いた。お城の石垣には砲弾の跡が残っていた。ここは薩摩藩が納めていた。

　旅の目的地を鹿児島に選んだのには理由がある。

　赴任先の山形県酒田市には南洲神社がある。庄内平野の中心に飯森山という小さな山がある。これが庄内平野の測量の起点ともいわれるが、その麓にある。

　南洲翁とは西郷隆盛のことだ。

　庄内藩が薩摩藩に留学生を派遣したことから深い繋がりがある。

　のちに庄内藩は新政府側についたため、薩摩藩とはねじれの関係になったが、相互に思いやる立場は続いたようだ。ここでは省く。

　鹿児島で見聞きしたことの中に、薩摩藩には人を育てる仕組みがあったという。

　西郷隆盛という優秀なトップもいたが、藩士そのものが、後輩を指導育成する仕組みがあり、結束力が強かったそうだ。武士として単に強いだけでなく、内面的な強さもあったのだろう。

　指導する側も教えることができる、という資質が伴っていなければできないので、自らを高めるために学び、後輩たちに指導していた。武術だけでなく、教える相手に如何に伝えるかということにも心血を注いだとのこと。人としても卓越していたのだろう。

　庄内藩の留学生の派遣の目的は、単に戦の仕方だけでなく、この〝人の育成〟について学ばせようとしたのではないだろうかと推測する。

　市内の丘にある薩摩藩の墓地には、西南戦争で新政府に対し、共に戦った庄内藩士も手厚く葬られている。

　西南戦争が始まった時、薩摩藩から、庄内藩士は関係ないので帰るよう言われたが、その説得に応じず、一緒に戦ったとのこと。恩を返したいとのことだった。心の結びつきが強かったのだろう。

◆部下を持つ練習　先輩が後輩を育てる②

　クリーン化で現場診断、指導に行ったある会社の事例。

　経営者の方と話をしたところ、「どんなに経営が厳しい時でも必ず採用する」

と言っていた。

　その理由は、採用に穴を開けないということだ。

　現場では、新入社員が入ってくると、先輩たちが面倒を見ようとする。先輩ぶってみたい部分もある。

　ところが、自分が教えたことが伝わっていない。理解されていないという場合がある。

　どうして伝わらないのか、何がいけないのかわからない。そして接し方や教え方を考える。

　監督者になるための準備の場でもあるのだ。知らず知らずのうちに部下を持った時の訓練をしているのだ。

　これは、私が水晶腕時計の増産のための拠点、工場からのメンバーの受け入れ教育の時に直面したことと同じだ。

　部下を育てるのは、翻って、自分が育つということでもある。

　一人も採用しないと、その部署では、何年たっても自分が最年少ということになる。

　つまり、甘えが出たり、大人になれない部分もある。

　その人が他の職場に配置換えがあり、部下を持つ立場になった。それが急では困るのだ。

　後輩を教える機会は、管理、監督者の練習の場だ。人を繋げることが、企業が繋がることとの考えなのだ。それで採用活動は継続しているのだ。だから景気が悪くても必ず採用というのだ。

　ここで、2015年2月にNHKで放映された、"プロフェッショナル　仕事の流儀"を紹介しよう。

　タイトルは、羽田空港は世界一奇麗な空港ターミナル、と言うよう表現だった。

　この主人公は、JATEC所属の新津春子さん（中国、瀋陽出身）。

　共感する内容だったので、慌ててメモした。従って文脈はないのでここでは、箇条書きにする。

　この方は、中国にいた時は、日本人だと言って、いじめられてばかりだった。

　そして日本に来た時は、今度は中国人だと言ってやはりいじめられた。自分

361

の居場所がなかったという。

　ところが、この清掃に出会ってから、自分の居場所が見つかったと言うのだ。

　この話を聞いて、私が心を病んでいた時の思いもそうだったことを思い出し、引き寄せられるように見た記憶がある。その時のメモである。

・羽田空港、日本一の清掃員

・清掃はきりが無い。最後はハート

・日本ビルクリーニング選手権　優勝

・うがい場所、使わなくても汚れる。空気中の埃、うがいの汚れ、人の脂

・奇麗になればそれで良いのか。傷がついていたら仕方ない

・清掃の職人であれ

・目に見えない部分こそ清掃を

・ただやれば良いのではなく、心配り

・優しさで清掃、心を込めれば色々なことに気が付く

・世界一奇麗な空港ターミナル。清掃を極める。もっと心を込めなさい。指導してくれた鈴木さん（上司）から一度も誉めてもらったことはない。認められたことはない。日本ビル選手権で優勝した時に、「優勝することはわかっていたよ」と言うのがたった一度誉められたこと。

・指導者の言葉　心に余裕が無いと良い仕事（清掃）は出来ない。技術だけでなく、その場を思いやるやり方。

・心を込めて清掃すると、利用者からも、喜んでもらえる。清掃こそ私の居場所。

・現場は自分の家と思って清掃する。

・誰がやったかではなく、自分が誇りを持ってやる。それでいい。

・プロフェッショナルとは、目標を持って、日々行動し、評価する。

　私が羽田空港を利用するたびに、新津さんのことを、フロアーの案内係に聞いてみるが、なかなか会えなかった。

　多くの人が訪ねてくると言うので、やはり興味を持っているのだろう。

　私が新潟県の会社に呼ばれ、講演会をしたことがある。

　その前年の講演会で、私と、新津さんがテーブルにのったが、社長の判断で、新津さんが決まった。偶然だが、その翌年から２年続けて私が担当させていた

だいたと言う経緯もある。

〈会社、企業がやること〉

　会社、企業はその人を良く理解し、その人に合った育成をする。そして、その人の力を引き出すことが重要だ。

　指導者が圧力をかけるだけでは育たない。言われた通りにやるだけの人は育たない。言葉や態度で厳しくするよりも、相手の心を開くこと。そしてその機会を作ることが大切だ。

　最近、部活などで体罰の例がいくつも紹介されているが、それで育つのだろうかと気になるのです。

◆新入社員の扱い方の失敗例　ある記事から

　ある職場に新入社員が入ってきた。

　４月は何かと忙しい。その時期が過ぎるまではいちいち指導はできない。

　その職場の管理職が、「君、この書類をコピーしてくれ」と間に合わせの仕事を与えた。

　ところがなかなか報告がない。おかしいと思って聞いてみると、「はい、きちんとシュレッダーにかけておきました」というのだ。その管理職は、真っ青になったと言うのだ。

　書類のコピーは簡単なことだが、それは重要書類だった。だから複写をしておきたかったのだが、想定外の事故が起きてしまったのだ。

　現場でも、設備の修理に新入社員を立ち合わせた時、先輩がラジペン（ラジオペンチ）を持ってきなさいと指示したところ、ニッパを持ってきたという例がある。

　依頼する時、どこまで知っているのかを確認しておくべきだった。そのくらいは知っているだろうという先入観が邪魔したのだ。

　先輩たちにしてみると、日常の当たり前のことであっても、立場が変わると当たり前ではないこともあるのだ。人それぞれ出発点が違うのだ。

◆少年野球の指導不足の例

私の子供三人も少年野球をやっていた。試合を観戦することもあった。

小学校低学年の試合の例だ。

監督が、"外野にフライが上がったらタッチアップだ" というサインを出した。

3塁ランナーはヘルメットのひさしに手を当て、わかったと反応した。

ところが実際に外野フライが上がっても、タッチアップをしなかった。

あとで理由を聞いたところ、「タッチアップのサインはわかったが、タッチアップとは何かを知らなかった」というのだ。

本来教えるべき基本に触れず、このくらいは知っているだろうと先入観を持っていたのだ。

教える過程の途中から入ってしまったのだ。

〈自ら育つこと〉

◆自己啓発の勧め、夢を持つこと

"自ら育つ" という中に、重要なことがある。夢を持つということだ。

近年世の中暗くなってきた気がする。

毎日をどう生きるか、繋いでいくかに心血注いでしまう。

このような方も多いのではないだろうか。心に余裕が持てないのだ。

そんな中にあっても、必ず日が昇ることを信じ、夢を持ち、少しでも歩を進めていただきたい。

人財育成は会社がやるものだけでなく、自ら育つという面もある。そして会社は、それを支援していく側に回ることだ。

こんな例がある。会社、職場で各種教育を受講させる場合がある。今度は君の番だから行ってきなさいと。

本人は、時期をずらしてもらいたいと言うが、その上司は、「あいつはやる気がない」と思ってしまった。それが周囲に拡がってしまい、共通認識になってしまう。

これは、グッドマンの第二法則と同じである。悪い情報ほど早く、拡く伝

わってしまうのだ。

　ところがその本人は、自己啓発として通信教育や資格取得の勉強をしていた。

　それがもう少しで区切りがつく。それまで待って欲しいということだった。

　でもそのことを言える雰囲気ではなかった。言葉足らずだったのを、上司が勝手に判断してしまった。

　この時理由を良く確認し、本当に嫌なら、説得するなど話し合ってみる。またそのような背景があるのなら順番を変え、しばらくはその目標達成のために支援することがあっても良いわけだ。

　表面だけで判断してしまったことが、その人の成長の分岐点になってしまうかも知れない。

　私にもチャレンジ旺盛な時期があった。そしていろいろなことに挑戦してきた。

　今思うとそれは正しかったようだ。

　年々気力、体力が落ち、やることのスピードも鈍り、１日で出来たことが３日もかかるということは日常だ。

　また、やったことをやり直すことも時々ある。人間みな時間の長さは同じなのに、年齢が増すごとにその速さは違ってくる。そのことを若いうちは意識できなかった。

　今はその渦中で体感しているからわかるのだ。

　予定を立てる時も、余裕時間を多くしないと消化できない。

　仕事では、余裕時間を考慮する考えがあったのに、それを忘れているのだ。

　もちろん、当時よりもたくさんの余裕時間が必要だ。

　またその過程で健康上の問題が出てくる。通院の回数や介護などに割く時間も年々増加するので、自由な時間が削られてしまうのだ。

　若いうちの方が、気力、体力があるから、チャレンジできる。また短時間にいろいろできる、時間の使い方がうまくできるのだ。

　私がやっていた陸上競技も、定年退職後は時間がたくさんあるのだから、その時もっと充実できると思っていた。ところが退職直前に偶然大動脈瘤が発見され、その夢は潰えた。

手術後から多くの制限に囲まれ、体力や気力が衰えたとつくづく感じる。

病院の回数券やマイレージが欲しいくらいだ。

色々なことに取り組んでおくと、やりたいことが一つ消えても別なことに取り組めば良い。

将来の長い時間をうまく使えるよう、趣味も含めいくつか引き出しを用意しておきたい。

そして、タイミングを損ねず、思い立ったら始めて見ることをお勧めしたい。

◆ちょっとしたことに気づく　普段の会話に重要なことが潜んでいる

イチローの言葉もしかり、相田みつをの言葉もしかりだ。

何気ない会話、その言葉の中に、重要なことが潜んでいると気づくことがある。

特別な言葉や飾ったことばを使わないから、気づきにくいのだ。借り物ではなくその人の生きざまから出た言葉だ。

この気づきは会話だけではない。こんな例がある。

◆自動販売機のボンベ

私が部下を持っていた頃、ある女性が半導体製造の国家検定を受験しようと、一生懸命勉強していた。

ある時、休憩室に行ったところ、業者が来て自動販売機の扉を開けていた。

普通なら、今は使えないと言って終わってしまうところだが、その女性は中を覗き込んで、緑色のボンベがあるのに気づいた。業者に、「これは炭酸ガスですね」と確認した。

ちょうどガスの種類とボンベの色を学んでいた時だった。

炭酸ガスは緑色であることは知っていたが、それをきちんと確認していたのだ。

ちょっとしたことに気づき、その事実を確認することは大事だ。一歩進んで、**情報を取りに行く姿勢**だ。

テキストで学んだことを体験学習したのだから、自信を持って回答できるだろう。

◆自動販売機への補充　先入れ先出し

自動販売機では、缶、瓶、ペットボトルはその商品の後ろから補充する。これもその場を見ていると良くわかる。

つまり最前列には、良く冷えたもの、あるいは良く温まったものが来ている。

客はそれを購入するのだ。客のニーズに合わせて、その商品価値のあるものを販売する仕組みである。

もう一つ、生産管理などで言う、先入れ先出しにも繋がっている。

古いものを先に取り出す効率的な仕組みだ。

一般のスーパーや商店では、商品の賞味期限を客が確認し選択する。

残るものは期限がまちまちだから、店員が時々確認したり、並べ直す作業が必要になる。

それでも古いものが残ってしまう。自動販売機ではその作業も無駄なく自動的にできるのだ。

製造現場でも、原材料に使用期限があるものは、同じような管理をしているところもある。

ちょっとしたことにも気づき、少し深く考えてみると良い。

◆自ら引き寄せ、自分のものにする　ある電力会社の女性営業マン

東京でのセミナー時、受講者の中に若い女性がいた。

予め知らされていた受講者名簿の中にはなかった。間際に申し込みをしたのだろう。

始めてから、もしかするとセミナー会場を間違えたのではないかと心配になった。

最初の休憩時、その方に色々聞いてみた。大手電力会社の営業マンだった。

受講の動機はこうだった。「私は電力会社で営業をしている。電力会社のお客様でクリーンルームを持っているところは多いのに、その"クリーンルームやクリーン化とは何か"を知らずして営業はできません」と言って上司を説得して受講したというのだ。

知らない、わからないのにわかったふりをして営業はできないと言うのです。

会社や上司が受講させるのとは違い、自ら引き寄せた知識は、その人にとっ

ての宝になるだろう。

　その方とは、セミナー以降も、清掃の仕方、ワイパーの使い方などで、何回かメールのやり取りをした。恐らく、企業訪問時、話題にしやすいと思う。

　このようなことは、難しい理論、理屈ではないので訪問先では話題にできるのだ。

　話題が多いと、客先も対応の時間を割いてくれたり、情報を提供してくれたりするでしょう。

　そこにその営業マンの価値や深みが出てくると考える。営業活動そのものが価値ある時間にかえられるのだ。

◆ QCDSM について

　あるものづくり企業からの依頼で講演会に行った時のこと。

　会社の方針など、その企業の考え方や取り組み内容を事前に把握してから訪問した。

　その中にクリーン化の推進とか、QCDSM という部分があった。

　クリーン化は品質に直結する。しかも全員参加の活動でなければ、効果は少ない。

　単に品質向上と記してあるところは多いが、"クリーン化への取り組み"と具体的に記るされている企業はあまり見たことがない。

　その企業には実際にクリーン化の組織があり、クリーン化の担当係長がいた。

　こうなると私も嬉しくなってしまう。どんな会社なのだろうかと楽しみに訪問した。

　Q（品質）、C（コスト）、D（納期）、S（安全）を掲げているところは多いが、これはものづくり企業としては当然のことだ。

　最後のMはモチベーションの向上だった。これは会社だけでなく、社員自らの努力も非常に重要になる。

　ちょっとしたことのようだが、それには広い裾があるはずだ。それを知りたいと思った。

　幸運なことに、2年連続で講演の依頼があった。聴講者の姿勢も真剣であり、熱意を感じた。

　企業風土など他社とは違うと感じるとともに、このような企業は成長するだろうとも感じた。

　2022年夏、ある企業から講演会の依頼があった。

　秋の実施に合わせ、事前打ち合わせの時会ったメンバーは、分析、解析、そしてクリーン化の担当だった。瞬時に、三菱電機のCATSを思い出した。

　クリーン化も奥が深い。当然多くの悩みもあるだろう。

　恐らく共通する話題や苦労が共有できると思った。組織がきちんとあるが、こういうところは非常に少ない。

〈人生に節を刻もう〉

　私の家の近くに堰がある。八ヶ岳の伏流水を田んぼに供給するために作られたものだ。名水百選にも選ばれている。

　京都の哲学の道には程遠いが、この小川に沿った散歩道を時々歩いている。

　ふと、何か思いつくこともある。

　土手の所々に竹林がある。竹の根元は節の間隔は狭いが、上に行くと節の間隔は広くなっている。何だか数学で見た指数関数のグラフのようでもあり、人生のようにも見える。

　人生を振り返ってみると、幼稚園の頃のことをおぼろげながらも思い出せる。

　そして小学校の入学式、卒業式、中学校の……その間に運動会や遠足、修学旅行、学園祭も、という風に短期間にイベントがある。環境が変わるので思い出しやすい。この変化、つまり成長過程の節は今でも記憶に残っている。

　ところがどうだろう。

　社会人になると、去年の今頃、あるいは3年前の今は何していた？と聞かれてもなかなか思い出せない。会社生活には節が少ないからだ。

　裏返すと惰性の人生になっているとか、流されているのかも知れない。

　そして貴重な時間を失っているのかも知れない。

　私が今振り返ってみると、人生は短いものだとも感じる。恐らく若い方も歳を重ねるとそう感じるに違いない。振り返りの人生とは良く言ったものだ。

　その節の長い間隔の中に、自ら節を刻むことをお勧めしたい。

具体的に何かは示せないが、何かに挑戦し残したい。それが記憶に残ると考える。

何となく生きてしまっていないだろうか。イチローの言葉にあるように、その時々のチャンスを逃さないようにしたい。

定年退職後、昔のことを振り返ってみても、何もないのでは寂しいものだ。

年寄りは、昔の話をよくすると言うが、話したことを忘れてしまったと言う、認知症なのかと言うこともあるが、その年を経て、なお印象深く思い出される部分かもしれない。これも振り返りの人生だからこそかもしれない。

◆自分の振り返り　10年日誌の活用

私は30代の頃から10年日誌をつけ始めた。

1ページが10段、つまり10年分だ。そのひとつ一つが5行ある。それが両面あるので、それを毎日眺めてから記入している。

去年の今日はこんなことをしたんだ。こんな急な支出があったんだ、などと振り返ることができる。

そろそろこの支出の準備をしておかないと、という風に。それが両面あるので、10年の2日分を短時間で確認できるのだ。もちろん以降の部分は未記入だが、前のページを見直せばよいのだ。

さて本日のことを記入しようとして、今日何があった、何をした、と思い出そうとしても何も書けない日がたまにある。1日無駄にしてしまったのだろうかと思ったりもする。

また10年前の今日の記録を見返しても、今の自分は進歩、成長していないと思うこともある。

その時、一歩でも半歩でも成長しなければと思う。

◆本物には感動がある　本物に接する大切さ

私がマスターズ陸上を始めたのは30代半ばだ。

その年の全日本選手権は国際大会も兼ね和歌山で開催された。

この頃の会長は織田幹雄（オリンピック、三段跳び、日本で最初の金メダリスト）、副会長は西田修平（ベルリンオリンピック棒高跳び、銀メダル、大江、

西田の友情のメダルは有名）だった。

　小学校の教科書に載っている人たちだ。実際に会って、会話をする時の緊張感、教科書と現在を一瞬にして繋ぐ、自分でも理解できない複雑な瞬間だった。

　でもこんな大先輩が気軽に話をしてくれて、逆に人としての凄さを感じた。

　織田幹雄さんの隣にいた奥様もニコニコと笑顔で対応してくれた。嬉しい時間だった。

　その大会には、アメリカのウィリー・バンクスも参加した。現役の時、三段跳びで世界記録を作った人だ。一緒に写真を撮ったが、小柄な人だった。

　それが、宮城県仙台市で開催の全日本選手権で偶然会った。長く続けているのだろうが、競技中の目は鋭い。10数年ぶりだったが目は輝き、気迫を感じた。気持ちは衰えていないようだ。

◆先入観とは

　私の子供が幼稚園や小学校に入った頃、色々な先生と話をする機会があった。

　本物に接する機会が少ないので、間違ったイメージを持ってしまう。それが先入観になってしまうと言っていた。

　例えば、蛍を描くと、頭が光っている絵になる。象は人と同じ大きさに描いてしまう。

　あるいは、車社会になって、日常的に車で出かけるようになった。一人で切符を買って、電車に乗ることもできないというのだ。

　このようなことは知識教育よりも、体験して得られることが多い。

　子供たちが小学生の頃、真冬の網走に流氷を見に連れて行ったことがある。

　普段炬燵を囲み、テレビで見るだけでは、どのくらい寒いのか、どんな生活をしているのか実感がない、その本物に触れる機会とした。

　ちょうど流氷が接岸したので、砕氷船で氷を砕きながら進む感触、アザラシやオジロワシなどが氷の上にいる様子も間近に見ることができた。

　流氷同士がぶつかり、キーキーと音がする。この音を流氷が鳴くと言うが、それも初めてのこと。砕氷船内の売店から流氷を宅急便で送った。その中には流氷の音を録音したテープも入っていたので、一緒に小学校に教材として届けた。子供たちは代わる代わる流氷に触れてみたとのことだった。

これらの体験は忘れない。今でも家族では話題になることがある。

現代はテレビ、携帯などで様々な情報が得られるが、体験することで感動が得られ、価値ある時間が創出できる。自ら創る、引き寄せるのだ。

私の習慣だが、会社では終業時、今日の反省と、明日やることを拾い出し、優先順位をつけておく。翌朝突発の業務が入ることがある。それを含め優先順位を見直し、可能な限りその日のうちに完結できるようにしていた。

反省の部分は、その時のことも蘇る。思い起こすことができるのだ。

作成したシートは、後で参考になるものもある。自己満足だが、今日の自分に点数を付けたりしていた。それが翌日の原動力になっていた。やり残すと積もってしまう。自分に対してのノルマだ。

在社中は確かに忙しかった。単に忙しかったという理由は通らない。どう工夫するかだ。

若い頃、上司から、「**できない理由を考えるより、やるためにどうするかを考えなさい**」という指導を受けた記憶がある。その体現である。

色々並べてきたが、もちろん完全無欠のような考え方だと息が詰まる。

現場診断、指導では、緊張し、重苦しい場になってしまう。相手も固まってしまう。

そんな時、ユーモアやジョークが必要なのだ。これはその場の雰囲気を和らげるだけでなく、双方の心や脳が和らぐのだ。そして考え方が柔軟になる。

多くの話題、ユーモアやジョーク、こんなところに隠れているヒントがあり、それに気が付くかもしれない。

私の履歴で紹介した、ユーモア発明クラブに参加して思ったことは、その場の雰囲気を変える、和ませるということは心に余裕を持つということだ。

後に、これは現場診断、指導のツールでもあると気づいた。

指導する人の中に怒ってばかりいる人もいるようだ。

恐らく前回来た時と変わっていない、進んでいない。自分の思うように育っていないという表れだと思うが、これでは、ますます閉口してしまう。気軽に会話できる雰囲気作りも指導の重要なポイントだ。

〈60面カットのダイヤモンドを目指そう〉－多面的に見る、考えること

◆ 1面から2面、そして60面へ

　私の経歴のところで、60面カットのダイヤモンドについては、人財育成のところで説明すると書いた。先ほども、人は物事を1面、2面で見てしまうことが多いと記した。

　ここではもっと多くの面でものを見たり考えたりしようということを話したい。

　つまり"多面的に見たり考えたりする"ということ。

　ダイヤモンドの原石は、掘り出された時はただの石だが、磨けば光ることがわかっている石だ。でも磨かなければ、ただの石のままだ。

　それをどう磨くかだ。

　宝石のダイヤモンドの磨き方は、基本的には44面カットと60面カットがあるそうだ。どちらが良いかは人それぞれ。

　安価な方なら44面カット、輝きで選ぶなら60面カット。面が多い分乱反射が多く、輝きを増して見えるので、この輝きに惹かれる。手をかけてある分高価なのだ。

　表と裏だけ、つまり2面だけの人生では寂しいものだ。

　ダイヤモンドの輝きは、自分を磨くか磨かないのか、44面カットで満足するのか、60面カットに至るまで、或いはそれ以上に磨き続けるのかという問いかけだと考えている。

　これは私たちに当てはめると、物事を見たり考えたりすることに幅や深さが増せば、より輝いた人になるということだと考えている。

　多面的に物事が見られるようになると、人に説明する時も画一的にならず、その人に合った説明ができる。事例や引用を多用することで、説得力も増すと思う。

　改善案の提示でも一例だけでなく、いくつかの代替案も提示できる。

　このように人に説明、説得する場面では、相手に合わせ色々な面からアプローチできるようになる。その時に発した言葉にも説得力があり、重みを感じてもらえるだろう。

相手にも多様な人がいるからだ。限られた人だけが理解するのではなく、少しでも多くの人に理解してもらい、そして関わってもらいたい。

これが人を動かすきっかけになると考えている。

言っただけ、聞いただけで終わらず、相互の信頼や繋がりができる。

こういう人が周囲に増えるほど、自分の能力も高めることができる。

クリーン化担当としては、このように日々面を増やし、輝きのある日常を送りたいものだ。

これは、大阪へ店頭支援に行った21歳の時、陳列されているダイヤモンドの指輪を見て漠然と、"自分もこんな風に輝きたいものだ"と思ったことを、具体的に整理してみたことだ。

このためには、仕事を離れた場面でも、色々なことや色々な方面（ネットワークの構築）のことに挑戦、勉強して、多面的に輝く自分作りに努力したい。

私は、"ネットワークの多さと、それが作り出す面積の広さが人を育てる"と考えている。

◆ 60面は通過点　究極はシリカゲル

60面は通過点であって、目指すはシリカゲルであろう。

シリカゲルは多孔性であり、その表面積は1gあたり畳400枚分にもなるという。信じられない数字だ。つまり無限大を目指そうということを言いたい。

ここで自分の面はどのくらいあるか拾い出してみましょう。

まず、関係ある人を拾い出す。これは点。それを共通する項で繋ぐ、つまり点を線にすると面になる。グループ化するということです。

分類するとすれば、経験と交流である。

羅列だが、私の経験や人との交流などを大まかに紹介する。

これらは、もっと世間を知りたいと言うのが原動力だった。

〔経験〕

❖高校時代、陸上部所属　❖生徒会役員　❖高級腕時計の組み立て部門配属
❖社内技術技能研修所時計科専門コースで学ぶ　❖高級腕時計組み立てのモデルライン担当　❖大阪での店頭支援（2回）　❖札幌赴任　❖水晶時計の修理

技能講座講師（2年）　❖札幌マラソン挑戦　❖北海道選手権挑戦　❖礼文島での偶然の出会い（東芝、日立のエンジニアと枕を並べて）　❖北海道一周旅行　❖旭川大型小売店（1店舗で55名）での水晶時計講習会開催　❖技能検定（国家検定）試験及び職業訓練指導員（計六つ）　❖国家検定1位合格（北海道）　❖資格取得のため、白馬村合宿（民宿にて）　❖技能認定競技会時計組み立て部門優勝　❖本州一周旅行の経験　❖特許管理士会　❖日本生産士会　❖ユーモア発明クラブ会員登録、参加　❖マスターズ陸上世界大会、アジア大会、全日本選手権、東日本選手権、関東大会、東京選手権他、各県の大会参加　　❖監督者研修会委員長　❖小集団活動実行委員長　❖高校総体、関東高校総体の陸上審判　❖少年野球の保護者会　❖大学公開講座受講（7回 / 年 ×3年）　労働組合事業所、職場委員通算13年　❖労働組合の経験（海外拠点の視察・2回）　❖単身赴任10年　❖半導体の工場、立ち上げ（うち一つは立ち上げから終息まで）　❖エッセイ寄稿、掲載（朝日新聞山形版、庄内地元紙他）　❖全国設備管理協調月間作文入選（2回）　❖クリーン化教育立ち上げ（富士見、酒田、社外）　❖現場診断指導の経験（国内、海外の拠点、取引先等）　❖電子版寺子屋クリーン化塾立ち上げなど

〔退職後〕

❖クリーン化セミナー（海外も含む）講師　❖クリーン化講演会　❖現場診断指導　❖出版、DVD発行　❖専門書、雑誌等執筆、新聞掲載など　❖ものづくり.Com クリーン化記事寄稿、掲載

❖❖

〔交流・支援〕

❖学生時代の友人　❖時計時代のメンバー　❖監督者全国大会　❖監督士全国フォーラム　❖監督士長野大会　❖テクニカルヘルパー全国赴任メンバー　❖札幌時代の営業マン　❖札幌市時計台の皆さん　❖ウオッチ修理センターメンバー　❖マスターズ陸上の仲間（海外、国内、県内メンバー）　❖品質保証部門（本社、酒田・富士見）　❖各拠点、工場のクリーン化メンバー　❖日本酒を楽しむ会（東京銀座）、その庄内版（酒田）　❖諏訪賢人会（飲み仲間）など

札幌赴任時は若い頃だったので、元職場の上司のフォロー、役員のフォロー、職場メンバーから、クリスマスの時の寄せ書きが届くなど、その時々に人との繋がりを感じる。

　一人ではないのだ。そして一人で成しえたことはないのだ。こんな時、自分のことを忘れないでいてくれるという、感動と嬉しさが混じり、気持ちが高揚する。人との繋がりは大切なものだ。

◆社内のメール便について

　社内では、封書等の書類を送付する仕組みがあった。その拠点だけでなく、国内の拠点すべてに送付できた。

　労働組合ともやり取りできた。その組合の事務の女性の一人は、資料や書類の送付を依頼すると、必ずちょっとしたメモを付けてくれた。

　例えば、「寒くなりました。風邪をひかないよう気を付けて下さいね」などと。

　単に必要なものだけをドンと送られるよりも、顔が見えない中にも、心の温かみを感じる。

　この一言だけで、気持ちが全く変わるのだ。人との繋がりを感じるのです。

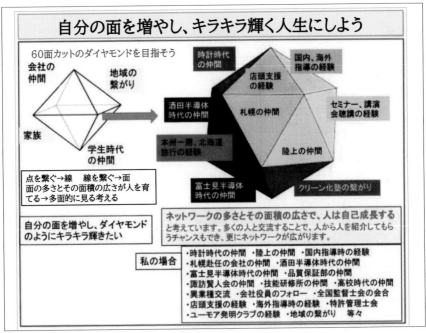

図-27　60面カットのダイヤモンドを目指そう

　人との繋がり、この中には親友と呼べる人たちが幾人かできた。

　退職後の今でも年賀の交換は続いている人が多い。そして助けてもらったことも幾つかある。

　定年後の友人は大切なものだ。孤独や孤立が避けられるのだ。

　ものづくり.com では、私の記事を紹介してもらっているが、逆に質問、問い合わせがある。

　つまり双方向の中継の場としてお世話になっている。

◆なぜを考える　子供はなぜの宝庫

　子供を育てるのではなく、子供から学ぶ、一緒に育つということではないかと思う。

　クリーン化のところで、なぜを考えることが重要だと記した。

　人は1面、または2面で物事を見てしまうことが多い。

例えば、"昔からそう言う"とか、"それが常識だ"などと言われるとそのまま理解したような気になってしまう。1面である。

　2面では、物事の対照的な見方だ。

　熱いと寒い、光と影、表と裏、大きいと小さい、右と左、国内と海外という風に拾い上げれば無限に出てくる。

　それらで留まらず、なぜ？という風に深く掘り下げてみることは、自らの発想力を高められる。

　私が子供と一緒にお風呂に入った時のこと。まだ幼稚園にも入る前だった。

　「ねえ、パパ　カエルはどうして跳ねるの？」と聞かれずいぶん困った記憶がある。

　自分でも考えたことがないのに、それを子供にわかり易く説明するのは難しいことだ。

　毎日、今日は何を聞かれるのかと思いながら一緒に入った。

　その時が、子供の成長を実感する時でもある。

　また、こんなこともあった。「種無しスイカの種がどうして売っているのか」と。

　ないはずのものがどうして売っているのかという疑問だ。これまた困った。

　この時は幼稚園に入っていた。習ったばかりのひらがなでNHKの趣味の園芸に手紙を書いた。宛名は大人が書いた。待てども連絡はなかった。

　本人は植物には特別興味があり、自分で野草を採ってきて植えてみたり、生けていた。そして植物図鑑を良く見ていた。

　まだ字は読めなかったが、聞かれたものを読んでやると、すぐに覚えた。子供の吸収する力は凄い。

　それからというもの、こんな小さな子供から教わることが多くなった。

　時間はかかったが、中学生の頃、種無しスイカの種については、解明できたようだ。小さい頃の夢は、水色のチューリップを作ることだった。

　幼稚園の頃、大阪で開催の花の万博で、ヒマラヤの青いケシをぜひ見たいというので連れて行った。

　遠くから様子を見ていると、草花と会話しているのだろうと思うことが時々あった。

　お陰で、自宅の庭は今でもたくさんの花が咲いている。長い冬が明けると、その花々を見て気が休まる。

　子供はなぜの宝庫だ。その子供の問いに答えられるだろうか。

◆クリーン化担当のみなさまへ　多面的にものを見よう

　クリーン化という仕事は、強い思い入れと感性が必要な特異な仕事だ。

　このことはクリーン化担当であれば、少なからず意識しているでしょう。

　でも仕事というと、やらなければいけないという義務感、あるいは与えられたこと、やらされることという意識になりがちだ。

　受動的では自分の幅が狭く、また深みもないので良い活動には繋がらない。

　常に能動的な意識を持つことが必要だ。

　現場を良く巡回し、不具合はないか、いつもと違ったことはないかと注意深く観察する、あるいは品質を改善したり、利益に繋げるにはどうするかを考える。

　そして、こうあるべきだ、ここが問題だと自分なりに分析し、対策を考え、人を動かそうとする。

　しかし、なかなか人は動いてくれない。どう説明すれば理解してもらえるのかと日々悩むこともあるだろう。

　これには感動を与える話し方も必要だ。

　担当者は強い思い入れを持っている。その思いで現場を良くしようと、日々注意深く観察しながら巡回すると、様々なものが見えて来る。その継続で感性が育つと考えている。

　言い換えると"強い思い入れが感性を育てる"という表現が正しいように思う。

　良く、クリーン化は感性だと言われるが、いきなり感性に直結するわけではなく、このような努力の結果感性が育つ、身に着くということだ。

　こういう領域に入ると仕事という意識や義務感からは離れる。

　仕事という意識のままでは、先の受動的な領域から出られず、心で見たり考えたりするまでには至らない。

　やらされるという受け身ではなく、自分を磨く、自分を高めるという能動的

な意識に変えると、色々なことを興味を持って見るようになり、また沢山の発見もあるので話題も増えるのだ。

感性の鋭い人はそれなりに色々なことに長けている。

幅のある人間だと思う。裏返すと、"だから感性が鋭くなる"のだろう。

こういう人たちは理論理屈ではなく、前述のような意識で自分を高めて来たと思う。

クリーン化担当として日常的、継続的に感性を磨き、自己を高めていこうと考えて、多くの人、特に同業種だけでなく、異業種の方とも交流すると、ものの見方が変わることや、新たな見方、考え方を知ることができる。

そして多面的に考えることができ、自分の幅を広げることや深さが出て来ると思う。

自分が正論だと思っていることが通用しなかったり、別な考え方や逆な発想を学ぶこともあるのだ。

この積み重ねから自分の考えが全てではなく、沢山の見方考え方があるのだと気づく。

異業種交流の価値である。

このように、自分が輝きを増していくと、どのような立場の方、どのような仕事の方とも会話が可能になる。話題が増えたからだ。

その人たちを通じて違った分野の情報が入手でき、それから学ぶことで自分の幅や深さ作りに役立つと考える。

自分の話題のポケットが多くなる。それを相手に合わせて引き出せば良いのです。

私はこの分野の方とは話ができないということでは、周囲に集まる人も限られてしまう。

"自分が輝きを増す"ということは、"人と情報が集まってくる"ということです。

多面的にものを見たり考えたりすることは、このような地道な積み重ねがあってからこそ。

そういう輝きのあるクリーン化担当を目指して欲しい。

◆他の分野を学ぶ　自分の常識は他分野の非常識かも

赴任先の工場のある部門のクリーン化担当を育成していた時のこと。

私が同じことを繰り返し言うより、外を見せた方が良いと感じていた。

その部門は半導体の後工程だが、東南アジアにも同様の工場がいくつかある。

同業他社との交流は、技術情報の流失など相互の懸念事項が多く、実現は難しい。

そこで、自分たちと繋がっている海外の工場を交流の対象として、またライバルとする仮想の異業種として選んだ。

当時の工場長に依頼し、各職場のクリーン化担当を、シンガポールとインドネシアの工場に連れて行くことにした。

五人のメンバーは、外の工場を見るのは初めてだった。

現場でクリーン化活動を見、また現地のクリーン化担当と交流して、数々のことを学んだ。

帰国直後、その部門で帰国報告会が開かれ、彼らが感じたことをまとめて報告した。

これまで自分たちの現場しか知らなかった。東南アジアの方がこんなに進んでいる。

「私たちに足りないのは、パワーとスピードだ。このままでは仕事がなくなってしまう」と危機感を訴えた発表だった。井の中の蛙が外を見た時のような新鮮な刺激、衝撃の機会だったようだ。

それ以来クリーン化活動は活発になった。

クリーン化活動の成功の条件のところで、活動が停滞した時は、イベントなどを計画し、低下した士気を向上させるということを説明した。この件もその一環である。

"人は心に痛みを感じて行動する動物"と書いたが、他の現場を見て、このままではいけないと危機感を持った。そして行動した事例です。

◆今度は日本に指導に行く番です　シンガポールで

退職間際にシンガポールに行った。「これが最後になります」と挨拶したところ、現地のメンバーが、「先生、もう大丈夫です。私たちは日本を追い越し

ました。今度は先生の代わりに、日本に指導に行く番です」と言うのです。相当自信を持っている。育っている嬉しさと、日本のレベルが下がっているという指摘であり、心は複雑だった。

◆**日本で学ぶものがない　マレーシアで**

　マレーシアで開催されたマスターズ陸上アジア大会に参加した時のこと。

　競技中は体調を考慮し、ホテルで日本から持参した食事をしていた。

　参加予定の競技が終わり、外食をしても良いだろうと、ホテルに隣接の大きな商業施設に出てみた。日本の大手スーパーにも繋がっていた。

　日本語の看板のすし屋があった。入店すると、店員が私を見て、日本人だと気が付いた。そして奥から責任者を呼んで来た。

　その方の話では、日本からの出店ではなく、マレーシアなどにある日本の異業種の企業が参加し、経営しているとのこと。約200店舗と聞いた。ほとんど食に関係する企業ではない。

　この各企業の中堅、若手社員が一人でおよそ7〜8店舗を受け持っているとのこと。

　その責任者から、昔だったら職場を代表して日本に修行に行く。これは名誉なことであり、その人には箔が付く。

　しかし、現在ではもう日本で学ぶものがない。どうしてここまで変わってしまったのかと言われた。

　海外から見ていると危機的な状態だと感じているのだ。

　国内で感じるより、他国から見る方が良くわかるのだ。

　東南アジアを上から見る時代は終わったと言いたかった。そして、ものづくりの分野だけにでも警鐘を鳴らして欲しいと言う話だった。もう12年くらい前のことだ。

◆**日本の工場は汚れている　中国の工場から来た作業者に言われたこと**

　国内のある会社の指導の時のこと。その会社は、中国にも工場を持っていた。

　その中国の工場から日本の工場に作業者を派遣した。つまり本社に来たということだ。

　その作業者が口を揃えて、「なんだ日本の工場より私たちの工場の方が奇麗です」と言った。それを聞いてがっかりしたとのこと。

　これらを訴えたいと思い、退職後に間に合うように出版したのが、"日本の製造業、厳しい時代をクリーン化で生き残れ！"である。

　ただ退職間際で、忙しい時期だったので、その危機感を伝えられるようなものではなかった。

　それを今回再び訴えたいと思い執筆した。

◆**にんげんだもの　心のよりどころを用意しておく**

　相田みつをの"にんげんだもの"という名言集がある。

　これは、ある上司が私の面談の時紹介してくれたものだ。

　自分を慰めたり、心を落ち着かせたい時に時々読み返している。そして、明日は今日より進歩したいと思う。

　その上司は様々な経験があり、欠点が見当たらないように見えたが、実は悩むことがあるというのだ。悩みから救ってくれたのが、相田みつをの言葉だったという。

◆**素の自分に戻る**

　私も実際に東京有楽町の、相田みつを美術館に足を運んだ。

　一つひとつは何気ない言葉だが、心に沁みるのだ。

　本当にそうだと思うが、同時に一旦雑念をリセットする、取り除く機会であり、原点に戻る、素の自分に戻るということかも知れない。

　企業の不祥事も、そこだけ、その時だけ修正したり、繕うのではなく、原点に戻って欲しい。

◆**言葉について考える　雑感**

　在社中、ある会社訪問でのこと。

　集合教育などで自分の考えを発表する場で、「私はこうしたいと思う。やってみたいと思う」などと発言をすると、言ってみただけ、思っただけだ。「こうする」という風に断言することで、目標に向かう気持ちになる。例えそこに

届かなくても目標に近づく、という指導をしていた。この時はなるほどと思った。言い切ることは、決意表明と同じだ。

　仕事をしている時は、それが必要だろうが、定年退職し、しばらくすると言葉にはもっといろいろなことが潜んでいると思うようになった。

　定年後やることに納期や期限がないことが多い。後に送っても良い。そのうちやらなくても良いことだとなってしまう。

　だから断言する必要もなくなる。それで自分を縛らなくても良いのだ。

　これが、今では自分の成長を止めているとも考えられる。そして若い人たちの模範にはならないとも感じる。

　あまり偉そうなことは言える立場ではないが、自らは学び続け、その姿を若い人たちに見せる。背を見せて育てるということかも知れない。

　断言しないのは、気持ちが弱いとも考えられるが、したい、やりたい、思う、などは、その言葉を発する時の強弱によっても違うが、ほのかな思いや、やさしさ、控えめなど、その人らしさを表現しているようにも思う。

　その人と向き合ってみた時、その人柄を感じた時に理解できるようになった。

　言葉だけで判断しないほうが良いのだと考えるようになった。

　今、このように変わってきたのは、老人になったということかも知れない。

◆**言葉の使い方、表し方**

　部下を持っていた頃、「有給下さい」と言う人が時々いた。

　「休むけど給料下さい」と言う風に聞こえてしまうのだ。

　この場合、「……なので休みます」とか、「お休みをください」と言う風に指導していた。

　この理由は、同じ上司がずっといるわけではない。

　対象者が変わるので、どう取られるか、皮肉を言われるのかも知れないからだ。

　これは言葉の部分だが、書き言葉でもいくつかある。

　私が言う、"人材ではなく、人財"と言うのもそうだ。この財を使う企業も増えて来た。

　ある会社では、人財育成課と言う風に、名称を変えたと言っていた。

◆毎日が日曜日　将来を考える

　札幌赴任中、独身寮の先輩から城山三郎著、"毎日が日曜日"という本を紹介してもらった。

　23歳の時のことだ。

　日々一生懸命、そして日々楽しくという時期であり、それだけでも人生を過ごすこともできると思っていた青春まっただ中の頃だ。

　このあらすじはこうだ。

　二人の新入社員が同じ部署に入った。一人は優秀なA氏で、もう一人のB氏は、うだつが上がらない人だと言われていた。

　A氏は、どんどん出世し、ある時、大阪支店へ赴任した。

　職場のメンバーが、新幹線のホームで万歳しながら見送った。B氏は肩身が狭く、隅の方にいた。（中略）

　定年退職の日、この二人が偶然本社で会った。

　何年ぶりだろうか、という会話で始まり、その晩飲みに行った。B氏の紹介する店だった。

　はしごして3軒目に、B氏が、今日回った3軒は私の店だと言った。

　うだつが上がらない奴だと言われ、余り人に相手にされなかったので、その間にコツコツと将来に向け準備してきた。"明日から毎日が日曜日"だという。

　それを聞いたA氏は、出世街道をまっしぐら、忙しいまま退職する。将来のことを何も考えていなかった。明日から俺はどうすればよいのかと途方に暮れた、と言う話だった。

　これをきっかけに、サラリーマンはどう生きればよいのかと、将来のことを考えるようになった。

　もちろん生き方に正解はないが、自分らしさを考えてみることも良いでしょう。

　若いうちは将来のことはあまり考えないが、その頃から3年先、5年先、10年先の自分をイメージしながら、時々絵を描いてみていた。

　まだ先のことを具体的に考えることはできず、うっすらと、こうしたい、こうなりたいという思いや夢であった。

　ただ、"夢を形にしたい"という思いが自然と出てくる。今で言うロード

マップとか、将来設計という格好の良いものではないが。

　会社や労働組合でも、財産形成に関わる各種年金等の紹介があった。

　将来設計のこと、退職後に必要になる蓄財についてなど、将来のことを考える様々な刺激の場を紹介してくれ、それらも徐々に取り込みながら、有意義な時間を過ごすことを考えて来た。

　定年退職後は、収入は減少し、逆に支出は増加する。状況によっては赤字になるということを認識させてくれた。それをどう対応するかは自分次第だ。

　60歳定年の頃の話だが、58歳になると、会社主催の年金セミナーを受講する機会がある。

　日常生活から離れてじっくり考える機会にするため、京都の保養所で、夫婦揃っての受講である。

　そこで自分が貰える年金額、必要となる支出額、またその他の経済情勢から、将来は経済的に苦しくなることを、ある程度想定させるようなセミナーだった。

　例えば、少子化の時代に備えることだ。大学は広き門になり、多くは大学へ進学する時代が来る。それに対しての貯えの準備などのアドバイスもあった。

　つまり先を考えるということだ。

　自分でも、先のことを色々イメージして準備してきたが、定年退職してみて、予想以上の経済情勢だと感じる。

　物価は上昇するが、年金は少しずつ減少している。これを肌で感じている。

　先を見て手を打つ、先手とは何に対して行うのか、自分を見直してみても良いかも知れない。

　もちろん58歳になってからでは遅いので、労働組合では、早くから様々な提案をしてくれていた。それを自分のこととして捉えるかどうかで、その後が違ってくる。

◆夢を持つと夢を形にしようとする心理がはたらく

　最近は世の中暗い感じがする。日々目の前のことに対応するだけ、という気がしないでもない。

　そんな中でも、気持ちの中では夢を持ちたい。

　子供の頃の、飛行機のパイロットになりたいという夢が、実際には新幹線の

運転士になるかもしれない。またローカル線の運転士になるかも知れない。そ
れだっていいじゃないかと思う。

　私の地元では、子供たちが少年野球に入る時、入団式がある。そこで、イチ
ローが小学校5年生の時に書いた作文が紹介される。生の作文のコピーである。

　ここには、「僕は将来プロ野球の選手になる。そして1億円プレーヤーにな
る」と書いている。

　それがどうでしょう。大リーグに入り、そこでも超一流のプレーヤーで、桁
外れの収入だろう。

　そこまで辿り着くには、想像できないくらいの努力があったことが推測され
る。

　でも夢はかなったのだ。夢を形にしたいという思いがあれば、まったく同じ
ではないかも知れないが、その夢に向かうという心理が自然に働くのだ。

　私の夢は……

　高校生の時、陸上部に入った（と言うより入れさせられたという方が正しい
が）。被害者意識があり途中でやめてしまった。

　ただ、小学校の時（1964年）東京オリンピックをテレビで見た記憶が残っ
ていた。走るのは好きだった。あんなグランドで走ってみたいというほのかな
夢はあった。

　高校では、県大会の出場が精いっぱいだった。それが、かなり経ってからだ
が、マスターズ陸上に登録し、海外や国内の多くの大会にもたくさん出場でき
た。思いが叶ったのだ。

　学校の先生になって、教壇に立ってみたいというほのかな夢もあった。それ
が、実際には札幌に赴任して、時計屋さんの講習会で、合計300名を超える人
たちを前に教壇に立った。

　そして、山形県酒田市の工場に赴任した時に、クリーン化教育を立ち上げ、
社内だけでなく、取引先や海外拠点などでも実施した。実に150回実施、受講
者は国内、海外で4500名を超えた。

　その後退職してから、セミナー、講演会などで講師をする機会があった。

　何かの思いがあれば、それに向かい、実現しようとする力が働くような気が
する。

夢を形にしたいという思いがそうさせるのだろう。

最後に、

SDGs に繋げて考える。

最近記事を執筆していて、時々地球温暖化のことが頭をよぎる。

かなり前、アメリカのゴア元副大統領（2007 年ノーベル賞受賞）が強烈に訴えていたことです。

その時の画像（ドキュメンタリー映画、不都合な真実）を見て衝撃を受けた記憶を、今でも鮮明に覚えている。目に見えて変化していく地球です。地球の劣化といっても良いでしょう。

地球の環境は急激に変化しているが、われわれ人の意識はどれだけ変わったでしょうか。

ものづくりの過程で発生する廃棄、やり直し、手直しは、企業としては大きなロスです。

工数だけでなく原材料を必要以上に投入することや、納期、数量の確保のためのエネルギー、薬品、ガス、電気などすべてが余計なもの、ロスです。大量生産は裏返すと大量不良生産にも繋がってしまう。

大量生産は会社、企業の利益や存続に結びつけて考えてしまいがちです。

当然のことですが、自社の都合です。これらが地球温暖化を加速させている一因という意識も持ちたいものです。SDGs にも繋がってくるのです。

山形県に赴任した時、休日は陸上競技場で走っていた。

雨上がりの水溜まりにアオスジアゲハ（暖地性アゲハ）が集まっていることがあり、気になって調べてみると、当時、分布の上限は岐阜県あたりとなっていた。それが山形県で普通に見られるほど温暖化が加速しているのだと感じた。

これは一例だが、良く観察すると私たちの周りにはたくさん見つけることができる。傍観的に見ているのではなく、ものづくり企業にとっても、私たち個人にとっても、自社の、そして自分の問題として捉え、小さなことでも、できることは改善や継続していくことが大切だと感じる。

その積み重ね、結集が地球の延命化に貢献していくと考えたい。

私たちはどんな形で未来に引き継いでいけるのでしょうか。

　日本のものづくりの現場と比較すると、東南アジアの方が、はるかに現場環境は奇麗だ。

　昔の先入観は排除し、現状をしっかり見直して欲しい。このことを真剣に訴えておきたい。

おわりに（雑感）

　本書の出版は、"はじめに"のところで記したように、"日本のものづくりに危機感を伝えたい"という目的だった。

　その中心にある"心"もなくしてしまったと感じる。

　執筆中にも、国内、海外の情勢がめまぐるしく変わっている。

　コロナ禍の時代が長い。厚いどんよりとしたベールに覆われ、気持ちは沈み、その日々を暗い気持ちだけで流してしまってはいないだろうか。

　振り返って見た時、現在のこの時期が空白になっていたのではもったいない。

　執筆中に、様々なものに目を転じて見ると、ものづくりの分野だけでなく、政治、公務員の不祥事など他の分野でも同じことが言えることに気づいた。

　混乱している世の中だからこそ、整理してみることが必要だと考えた。

　私の愚痴も多分に含んでいるが、お読みください。

世の中みんな繋がっている

<u>少子化について</u>

　例えば、少子化や地方の過疎化である。

　私の子供の頃から、将来は年代別の分布がこうなるということが示されていた。それから長い年月が経過した。

　しかしそれは何もしない場合である。過去は変えられないが、未来は変えられるという言葉のように、早くから、そして真剣に対応していれば、もう少し良い方に向かったのではないかと思う。

　都会への一極集中によって、田舎は過疎化してきた。

　その都会では、物価高により、結婚できない、また結婚できたとしても共稼ぎになってしまう。

　子供ができても、預けるところがない。従って母親が退職する例は未だに多いのではないだろうか。

　そこに、少子化担当、女性活躍担当、一億総活躍担当の大臣ポストができた。

　上記への対応は、すべて繋がっているのだが、どのように連携し、向かう方

向を明確にしてきたのだろうか。

　いわゆる "木を見て森を見ず" と言うことになってはいないか。

　近年になって、少子化の話題がクローズアップされ、担当大臣もできたが、看板は変わっても実際どれだけ変わったのだろうか。

　田舎では、子供の声を聞くことも少なくなった。さみしいことだ。これだけの大きなことであっても、子供への予算や投資は減る一方のようだ。

　<u>過疎化について</u>（現場に足を運ぶ）

　新型コロナウイルスが、国内に入って来る前は、病院は多すぎる。統廃合するという話が突然噴き出した。私には思いつきで、地方の現場も見ずに、机上で考えたことのようにしか見えない。

　印鑑廃止のお触れも突然だった。

　文中にも書いたが、はんこの町があり、それで生計を立てている人が大勢いるのだ。

　そして、2022年は日本の鉄道開通から150年という節目の時に、地方のローカル線は廃止という話が出た。

　私は田舎に住んでいる。ローカル線への乗換駅であり、特急列車も停車している。

　もし、そのローカル線が廃止になれば、停車する理由がなくなり、通過駅になるだろうことは推測できる。それも狙いの一つだろうとさえ思う。

　時刻改正のたびに、始発から終点までの時間短縮ができ、利便性が向上すると言うが、これでは益々田舎は置いてきぼりだ。

　少し前、駅の窓口での切符の販売も突然終了した。近くの駅も廃止検討中との報道があった。そこに行ってみたらもう販売窓口はなかった。検討中というのは、実施したと言うことだろうか。

　切符の販売機もあるが、限られた範囲しか購入できない。

　インターネットで購入しても、変更や払い戻しは最寄りの窓口へとなっている。そこまで行かなければならないのだ。

　お近くのとか、最寄りのというが、そこまで電車で移動すれば、片道40分、往復では大きな金額になる。

年寄りは、切符の購入すらできないので、遠出はしなくなっているようだ。

　それまでは窓口で相談、アドバイスを受けながら購入するのが普通だったからだ。

　都会の日常は田舎の非日常なのです。

　それを急に持ち込まれては困るのです。

　都会と田舎の変化のスピードには大きな差があるのです。

　田舎という現場に足を運んで現実を見て欲しい。

　特急電車は乗るものではなく、見るものになりつつある。

　なんだか、手足をもぎ取られていく気がする。

　ローカル線の赤字が強調されるが、利益はどうなっているのか話題にはならない。

　それらを相殺し、さらに赤字ならその分補填をするなどの策はないのだろうか。

　単に利益が出ている路線だけで、後はトカゲの尻尾切りのようにも思える。

　これは、地方の切り捨てのようにも見える。

　公共交通機関の役割、使命は何だろうか。

　大正から昭和にかけ、国民の煮えたぎる情熱によって、全国に網羅された鉄道です。

　これはテレビドラマでもしばらく放映されたので、良く思い出す。

　この苦労を知るものとして、またその恩恵にあずかってきたものとして、簡単に廃線にして良いのだろうかと疑問を感じる。

高齢者の車の運転は悪なのか

　一極集中を緩和するため、地方への移住の呼びかけもある。しかし不便だと言って、都会へ戻る人もいるようだ。

　食料品の買い出しや病院への通院も、遠くまで行かなければならない。

　年寄りでも車が運転できないと、何もできない。そこに免許返納では困るのです。

　高齢者の運転による交通事故も多いが、田舎では過疎化が進み、若い人たちは少なくなった。

そして高齢の家庭が増えた。でも、行動するときは車がないと不便なのです。

農業の跡継ぎがいなければ、老人が車を運転するしかない。

一方で日本の食料自給率は30数％だと言われ久しい。

それも後継者が少ないため、耕作放棄地が増え、野生動物が増えている。

年寄りが運転する理由、背景をきちんと把握しただろうか。そしてそれに手を打っただろうか。

地方を代表する議員さん

さて、私の住む小さな県であっても、国会議員は大勢いる。何人いるのか、名前もわからない。

選挙の時だけ、TVで見るだけだ。本当に必要なのだろうか。

数年に一度、その時だけ、お願いしますという車が足早に通過する。今のは何だろう、という間に元の静けさに戻ってしまう。

地方の声を国会へとか、寄り添うというが、我々の声を聞いただろうか。

文中でも、**ものづくり企業の経営者や管理職に対して、現場に足を運ぶことの重要さを訴えてきた。**

でも、そのことは、**政治家は地元へ足を運び、実態を把握することと同じことだ。**

元々無料のパスなるものはそのためにあるのではないか。

黒塗りの車が高速道路を走り回るのでは、地方のことは理解できないだろう。

選挙が終われば、国会議員も東京へ一極集中では、地元とは乖離してしまう。

私たちとは、住んでいる世界が違うとつくづく感じる。それに対し、投票率の低さも話題になるが、低いのも当然である。それだけを問題にするより、その根の深さも考えてもらいたいものだ。

国会議員も地元の代表なのだから、病院の削減、ローカル線の廃止などの話題が出た時に地元はどうなのか。こういう時に聞き流すのではなく、敏感に反応してもらいたいものだ。

もちろん県会議員も同じだが。

地元のために行動してくれたなら、食い止められなかったとしても、理解されるでしょう。

ものづくりの話題の中で、大企業の不祥事の多さについて記した。

　"誰のために、何のために、ものを作るのか"という部分。

　またテレビで見る水戸黄門のところで、地方という現場を歩き、事実を把握したうえで、悪代官などを捕まえ、"政は民のため、領民のためにある"といっている。

　どこを向いて仕事をしているのかということだ。

　もしかすると、江戸時代と現代の政治の本質は変わっていないのかも知れないとさえ思う。

　過疎化するというが、過疎化させているように思えて仕方ない。

　ものづくりでは三現主義（現場へ行って、現物はどうか、現実はどうか）が重要だ。

　政治も事実をよく確認してもらいたいものです。

　いろいろ書いたが、現在の政治も場当たり的、その場しのぎのように感じている。

　数人で政治が動いているように感じることさえあった。

　例えば、新型コロナウイルスの最初の対策は、マスクの配布だった。その費用や保管は大変な額だった。

　また、学術会議メンバー削減も突然だった。未だにその理由は不明である。

　議論されたり、多くの人の意見を聞きながら進めれば、このようなことにはならなかったと思う。

　国内外の情勢や時間もどんどん動いている。これらも地道に国会で議論し、日々改善していかなくてはいけないことだと思うが、その時のトップによって、議論することはないから、国会は開かないという時期も長かった。それらが積もっていて、いつも、問題が山積しているという。

　国会を開かないのなら、地方と言う現場を歩く時間はたくさんあったろうに。

　本当は、やっても、やっても減らないのだ。だからコツコツ進めることが必要なのだと思う。

　私は、クリーン化活動は、地味だが地道にコツコツやることが大切だと考えている。これと同じだ。

　手を抜けば、クリーンルームにはゴミや汚れが堆積し、品質は低下する。そ

して収拾がつかなくなる。それは政治も同じではないか。皆繋がっていると感じる。

ものづくりで言うサプライチェーンと、ある意味同じだと思う。

ただし、そのチェーンは所々で切れ、錆びつき末端の毛細血管にまでは届かないのだろう。

ものづくりの分野では、問題解決に様々な手法を用いている。

例えばブレインストーミング、特性要因図、なぜなぜ分析など技術的、専門的に難しい手法でなくても、始められる手法はたくさんある。

それらを活用すれば、様々なことがみな繋がっていることが見えてくる。見えない問題を可視化することで、課題が見えてくる。

これを政治に使えないものか。民間を活用するとはこういうことではないのだろうか。

心を失ってしまったことは、このように、ものづくりの分野の問題だけでなく、すべてに共通することだと感じる。

私のイメージでは、嵐の海に漕ぎ出した船が、心という羅針盤を海に落としてしまったかのようだ。

企業のロードマップのようにではなくても、日本の未来に希望が持てるようになってほしい。

今は、夢や希望を持てと言っても、その日、その日を過ごしていくのに精一杯なのです。

今後はさらに人口が減ると推測されるが、現在の生活環境から考えると、税収も年金の払い込みも予想以上に減少することが推測できる。将来は暗いとさえ思う。

AIなどが進み、人が関わることが希薄になる。

心はどのように持てばよいのだろうか。これからの世の中、心の管理が重要なテーマになると思っている。

入院して思うこと

この執筆の終わり頃、体調を崩し、救急車で運ばれ、そのまま入院した。県境を越えた病院だった。

救急隊員の対応から、病院の受け入れ、医師、看護師、理学療法士、作業療法士など書き切れないくらい多くの方の心温まる看護のおかげで、安心して過ごし、回復した。

　障害なく社会復帰ができたのです。

　人は心で生き、その心で繋がっていると再認識した。

　医療関係の皆様には感謝したい。

　ただ、不安もよぎった。

　私の子供や孫たちが高齢化した時、このように対応してもらえるのだろうか。

　少子化が進み、ブザーで呼んでも、ロボットが様子を見に来ると言う時代になってしまわないかと言うことです。

　医療関係者は、入院患者の心のよりどころであり、介護や看護に心が通うことがないと、治癒、回復にも影響が出るのではないだろうか。これは人間だからできることだろう。

　病院は、心が休まるオアシスのようなところであって欲しい。

　様々な形で介護医療費を支払っているが、実際には人手不足で介護医療を受けることができないのではないかと心配している。

　このようなところにも、少子化の影響は出て来る。みんな繋がっているのだ。

　環境問題もそうだが、人ごとか、自分の問題として引き寄せて考えることができるのかで大きな違いが出てくる。

会社の中心に心を置いた企業

　2021年、静岡県のものづくり企業からクリーン化指導の依頼があった。

　はじめてクリーンルームを設置する。その初期段階からクリーン化のことをまず勉強したいということだった。

　クリーンルームに大きな投資をしても、基本的な管理、運用ができずにその価値が見いだせない。あるいはクリーンルームを設置しただけで安心してしまう企業は多い。

　本来の目的は、それによって、良い品質のものを安価に作ることだ。ところがその手前で止まってしまうのだ。

　しかしこの企業は、トップから社員に至るまで全員がクリーン化を基本から

学び、効果的な活用を目指していると考えての依頼であった。

　クリーンルームができる前から知識と心構えを身に着け、全員で良い管理方法を考え、作り上げていく。これは理想的な考え方だと感心した。

　QCDSM（品質、コスト、納期、安全、モチベーション）いずれも改善されるからだ。

　何度か訪問するうちに、他社との違いに気づいた。

　それは、会社の中心に“心”を置いていることだった。

　人の心、ものづくりの心である。心を込めて作り込み、自信と誇りを持って市場に送り出す。

　その製品は他社と同じ形をしていても、そこには作り手の思いや心が込められている。心の付加価値である。

　品質のところで、“心を失ったものづくり”と記したが、この会社ではすべての中心に心を置いていた。感激、感動の連続であり、心が動かされ、洗われるようで、私自身学ぶことが多かった。

　クリーン化の現場診断・指導という立場では、恐らく初めての経験だったと感じる。

　殺伐とした世の中だが、このような企業に遭遇したことで心が和んだ。

　このような機会をいただき感謝している。

　文中でも心の話題を取り上げてきた。人は心で動き、痛みも感じる。すべての原点であると考えたからだ。

　これからクリーン化を学び、そして取り組むことをお考えの企業がありましたら、お声がけいただきたい。

　自社の現場をどのようにしたいのか、皆さんの声を聞きたい。

　そして日本のものづくりの体質改善、基盤強化にお役に立てることがあれば、微力ながらお手伝いをさせていただきたい。

　私も歳を重ねて来た。

　日本のものづくりが蘇るのを、この目で確認できないかも知れないが、可能な限りお手伝いをしたい。この気持ちを大切にしたい。

　初版でも書いたが、“私のたった一つの思いは、ものづくり企業の体質を強

くしたい。そしてその活動に関わっていたい”です。

2023 年 4 月
クリーン化技術アドバイザー
清水英範

【参考文献】

『三菱電機には CATS がいる―ウルトラ・クリーン化技術 PART2』　赤堀正幸［著］ダイヤモンド社

生き残りをかけ、
　強い体質のものづくり現場を作ろう

私のたった一つの思い
"日本のものづくり企業の体質を強くしたい
　　そしてその活動に関わっていたい"

お気軽にお声がけ下さい。

著者紹介

クリーン化技術アドバイザー

清水英範

筆者の経歴（在社中、退職後）および、その実績

定年退職後の三つの柱

その中心はクリーン化であった。自分が学んできたり、考えてきたことで社会貢献したいというという思いだった。

おそらく25年というこの長い時間、現場を這いずり回った人はいないのではないかと思う。従って、理論、理屈ではなく現場目線、現場視点でのアドバイスができると考えている。

現場での活動の進め方など生きた提案をしたい

ゴミによる品質問題への対応（クリーン化活動）を中心に、安全、人財育成等も含め多面的、総合的なアドバイス。クリーンルームの有無に限らず現場中心に体質改善、強化のお手伝いをしたい。

業務履歴、および実績

〈在社中〉

- 1971年　諏訪精工舎（現セイコーエプソン株）入社　高級腕時計組み立て部門配属
- 1973年　人事部管轄の技術技能研修所で時計科専門教育を受ける。
- 1974年　店頭支援（大阪、大規模小売店）
- 1975年　セイコークォーツ修理技能講座講師として札幌赴任（北海道全域担当）
　　　　　講習会の傍ら、道内を巡回し、現場（小売店）の声を聞く。
- 1978年　帰任後、半導体事業部門に異動。長野県内に建設の半導体工場の立ち上げに関わる。のちにクリーン化に関わる。
- TPM推進部門に異動。生産設備のクリーン化の重要性に着目。
- 1996年　社内クリーン化教育立ち上げ
- 2001年　山形県酒田市、セイコーエプソン酒田事業所へ赴任。半導体品質保証部在籍　クリーン化専任
- 2011年　酒田事業所二度目の赴任を終え、本社に戻り、引き続き定年退職まで国内、海外のクリーン化現場支援、および人財育成に携わる。
- セイコーエプソン（株）在籍時、クリーン化推進業務25年
- クリーン化診断・指導、約160件、社内（国内、海外拠点）、社外含む。
- クリーン化技術教育立ち上げ、約150回実施。国内、海外拠点、社外含む受講者

4,500 名超
・赴任中に電子版寺子屋 “クリーン化塾” 開講（2010 ～ 2012）後継者育成目的、毎
　週発信　定年まで 120 号発信
　のちに本社品質保証部門要請により、本社広報掲載（国内、海外幅広く発信）
・2011 年 本社復帰
・2012 年 8 月 定年退職
・元セイコーエプソン（株）“クリーン化技術アドバイザー”
・元セイコーエプソン（株）電子版寺子屋 “クリーン化塾” 主宰
・現在、山梨県 北杜市在住。

〈定年退職後〉
【登録団体】
・山梨県：公益財団法人やまなし産業支援機構 専門家登録　“クリーン化技術”
・静岡県：公益財団法人静岡県産業振興財団　専門家登録　“クリーン化技術”
・秋田県：公益財団法人あきた企業活性化センター　専門家登録　“クリーン化技術”
・長野県：NPO 諏訪圏ものづくり推進機構　専門家登録　“クリーン化技術”
・ものづくり.com 専門家登録　“クリーン化技術”

出版：『日本の製造業、厳しい時代をクリーン化で生き残れ！』
DVD：クリーン化の基礎知識（2019 年 5 月発売）
執筆：・技術情報協会　クリーンルームの微小異物対策と作業員教育（従業員教育
　　　　の部執筆）
　　　・中小企業向け雑誌 Big Life21 寄稿
　　　・日刊工業新聞寄稿
　　　・ものづくり支援企業イプロス社 クリーン化基礎講座（6 回連載）2018 年
　　　　1 月～ 4 月
・クリーン化技術セミナー、企業内教育、講演会など継続実施
・企業現場診断・指導実施

【保有資格】
・特級半導体製品製造技能士・一級時計修理技能士・一級生産士・半導体製品科職業
訓練指導員・時計科職業訓練指導員・一級人事労務士・特許管理士・X 線作業主任
者・監督士・特定化学物質作業主任者・有機溶剤作業主任者・危険物作業主任者、こ
のほか統計実務・陸上競技審判など。
　できるだけ多くの人と会話ができるよう、幅広く取得。特に現場で使える資格を中
心に取得。

知っておくべきクリーン化の基礎　ものづくりに関わる全ての方へ

2023 年 6 月 14 日　第 1 刷発行

著　者　清水英範
発行人　大杉　剛
発行所　株式会社 風詠社
　　　　〒 553-0001　大阪市福島区海老江 5-2-2
　　　　　　　　　大拓ビル 5 - 7 階
　　　　TEL 06（6136）8657　https://fueisha.com/
発売元　株式会社 星雲社
　　　　　　　　（共同出版社・流通責任出版社）
　　　　〒 112-0005　東京都文京区水道 1-3-30
　　　　TEL 03（3868）3275
装幀　2 DAY
印刷・製本　シナノ印刷株式会社
乱丁・落丁本は風詠社宛にお送りください。お取り替えいたします。